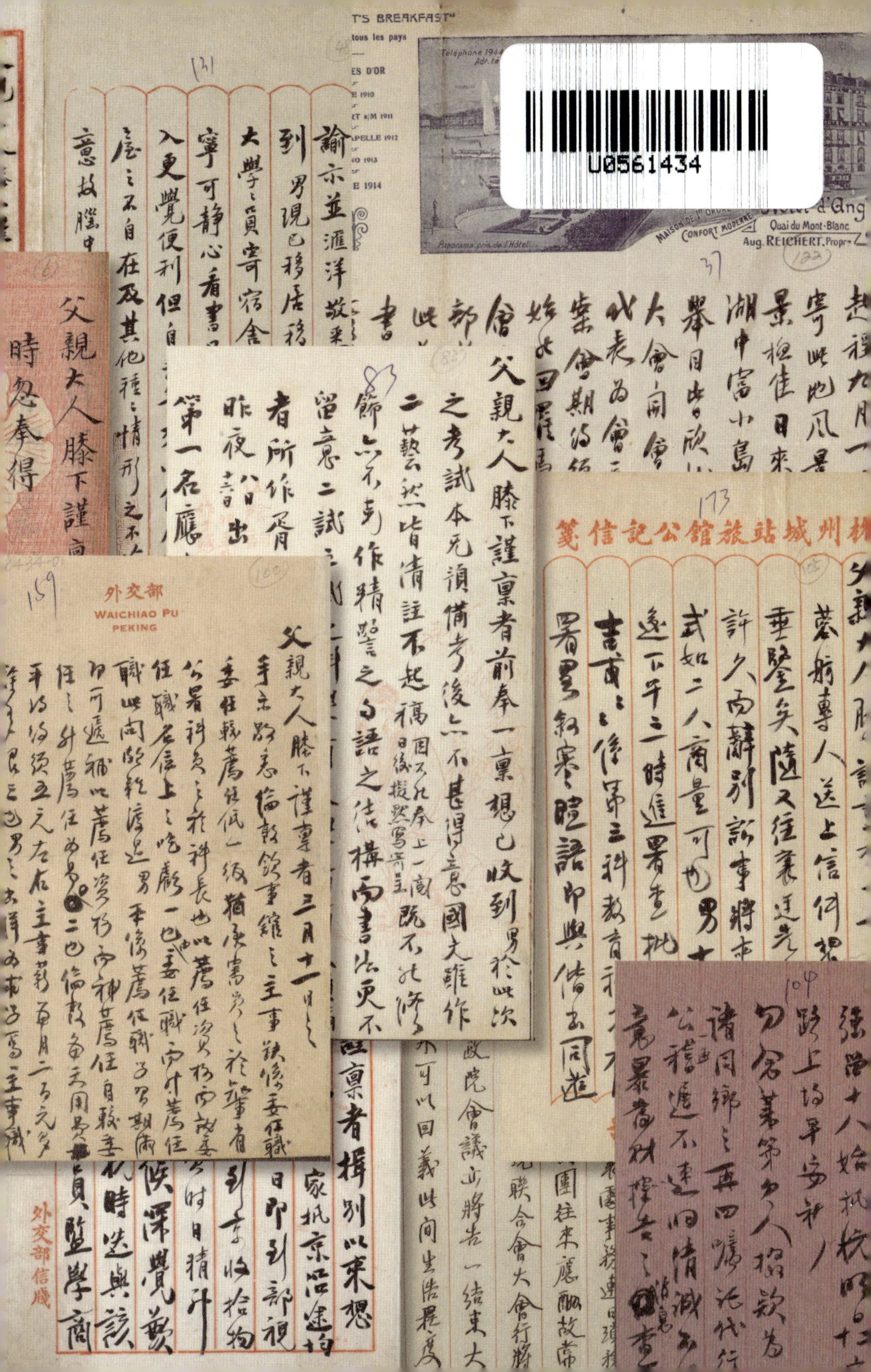

外交部
WAICHIAO PU
PEKING
杭州城站旅館公記信箋
外交部信箋
Quai du Mont-Blanc
Aug. REICHERT, Propre
CONFORT MODERNE

Yoyo. Chen

孙问西（1894—1959），浙江富阳龙门人，原名孙家桂，1919年改名智舆，字问西，以字行。抗日英雄孙承熙的父亲、孙晓梅的叔父。浙江宗文中学毕业，历试甲等第一，给予褒奖状（浙学之有褒奖状自此始）。1914年考入北洋大学。1915年考入北京大学。1916年选特别优待生得津贴。1919年经济门甲等第一名毕业，留任北大教员。同年高等文官考试位列经济专科第一名，入外交部总务厅。1920年任意大利公使馆主事，1921年充国际联合会秘书兼万国禁烟会会员，1922年升随员。1924年夏回国，进外交部条约司第三科（充荐任职办事）。1926年奉委加拿大副领事，辞不赴任。1927年迁盐务署谘议、外交部谘议及情报局。1928年充北平特别市市政府编纂主任。1930年在青岛特别市政府供职。1931年任中国大学、民国大学等校兼课教师。1932年任江苏高等法院第二分院书记官兼洋文秘书。1934年春任福建省民政厅视察。1936年夏任福建罗源县县长。1938年春任福建省县政人员训练所教师。1942年秋任苏皖联立技艺专科学校教授。1944年春任江苏学院教授。1945年秋任英士大学等校教授。1949年冬任浙江大学秘书。1955年因病辞卸职务。1956年获聘浙江省文史研究馆馆员。著有《美国现代史》《民生主义经济政策》，译有《苏俄布尔什维克的历史与组织》。

胡镇，浙江温州龙湾人，浙江图书馆古籍保护研究中心副主任，浙江省书法研究会主席团成员、副秘书长，浙江省书法家协会学术委员会委员。

问西家书

浙江省社科联社科普及课题成果

胡镇 整理

浙江教育出版社·杭州

编写说明

1.为考虑现代读者的阅读习惯，本书的信札原文全部改为简体字，个别异体字、错字等径改，不再单出校记，其余则保留原貌。

2.关于书信的时间考订问题，因部分信札存在农历（夏历）与公历（阳历）混用现象，导致时间判定存在不确定性。现制定如下著录规范：凡能通过历法换算或史料互证确定公历时间者，在每通信首以阿拉伯数字统一标注公元纪年（格式：YYYY-MM-DD）；若无法明确判定原始日期属性或缺乏足够考据依据者，则仅著录可确认的年份信息。

目录

代序

问西家书——寻找孙问西

浙江是享誉海内外的文物之邦，也是中国兴办现代公共图书馆较早的省份。作为我国最早的公共图书馆之一，浙江图书馆历史悠久、馆藏资源丰富，古籍珍品与地方文献特色显著。近年来，浙江图书馆重视地方文献的整理与研究工作，深入探寻浙籍学人著述、地方史志及珍贵手迹，整理出版《浙学未刊稿丛编》《浙江省珍贵古籍名录》《浙江图书馆藏稀见方志丛刊》《民国浙江续通志稿》等，助力浙江地方文化事业的传承与发展。

浙江图书馆所藏《问西家书》，系富阳龙门古镇孙氏家族后裔孙问西于 1914 年至 1933 年间写给父亲孙蓉第的近三百封家书。这些家书记录了孙问西从家乡龙门出发，一路北上求学、入仕的历程：他先后考入北洋大学、北京大学求学；1919 年通过高等文官考试（经济专科），以该科榜首成绩入职外交部；1920 年外派至中国驻意大利使馆任主事……书信内容丰富，涵盖了求学经历、家庭生活、职场见闻、外交事务、婚姻状况，乃至北洋时期历史变迁等诸多维度。孙问西出身平凡，求学路上虽历经坎坷，却矢志不渝。他始终怀着梦想与憧憬，勤学修身，不断完善自我，在人生征途上踏实行进。这些家书堪称民国时期知识分子的奋斗实录，深刻展示了民国社会变革时期普通知识分子的心路历程与角色地位。《问西家书》的出版，将为民国史和浙江地方史研究提供新的史料。

家书作为重要载体，承载着家族价值观、道德规范与文化传统。先辈借家书叮嘱子孙为人处世之道，树立如诚信友善、耕读传家等家风。传承家书，后代既能知悉家族历史文化、延续精神命脉，又能让优良家风扎根家族，凝聚发展力量。

孙问西的父亲孙蓉第对家风建设非常重视，曾撰有十一言联："祖有遗言莫纵樗蒱莫纵酒，家无长物半藏农器半藏书"。上联警示子孙远离赌博与酒色等恶习；下联将"农器"与"藏书"并置，构建起耕读传家的精神内涵。这副对联表达了对孙氏子孙在务实劳作与典籍研习中培育德才兼备品格的殷切期许。这不仅是孙氏一族世代坚守的精神内核，更是浙江大地无数家庭在岁月长河中沉淀下来的共通价值追求，承载着浙江人民对勤劳实干的执着坚守、对知识文化的尊崇热爱，传承着这片土地最本真、最深厚的精神力量。

《问西家书》的出版，不仅丰富了普通民国知识分子个体生命史研究的微观叙事模式，更通过乡贤精神的现代性转化，为传统家风文化的创造性传承提供了生动范本。这既是对富阳乡贤的深情致敬，更是对普通知识分子精神遗产的当代重释，对推动民国史研究、地域文化研究及家风文化传承具有重要的学术价值与现实意义。

浙江图书馆馆长　胡海荣

龍門之英

第一章

龙门之英　探源北洋

探源北洋

民国二年（1913 年）农历十二月，寒风凛冽，孙问西怀着对知识的炽热渴望，以及对未来的美好憧憬，毅然决然地踏上了北上的征程。他从家乡杭州富阳龙门出发，一路辗转，途径杭州、上海、南京……每一处停留，都是他向梦想靠近的坚实印迹。最终，他抵达了天津，这座承载着无数希望与未知的城市。

彼时的天津，北洋大学声名赫赫。凭借着深厚扎实的学识，孙问西被北洋大学录取，就此正式开启了人生中意义非凡的“北漂”生活。

001

1914-1-5

父亲大人[1]膝下：

谨禀者。男于初八日拜别至富，初九日到杭，初十日乘特别快车[2]赴上海宿一夜，今午后四点到南京下关[3]，明日早晨渡江往天津。询诸津浦铁路[4]局云：后日四点后可以到天津。男本拟坐海船赴津，任父[5]先生以为投考必须身体健爽精神活泼，若坐海船去，此时风浪奇大，昏晕必甚，将何以应考？不若坐车去。

男到上海后，道听价钱相去无几（三等十四元余），乃决定坐车。路上平安，请勿挂念。余俟到津后再行禀告。

肃此。敬请福安。

男家桂叩

十二月初十日

1. 父亲大人，即孙问西父亲孙榕第（1855—1934），字尔鋆，又字次修，号衡峰。同治十三年（1874）五月，兼袭云骑尉世职，诰授武德郎。宣统二年（1910）恩贡，充江西高等审判厅推事。光绪十五年（1889）督办富阳文庙事务，两年后大功落成。浙江学政潘衍桐给予“有功庠序”四字匾额，浙江省巡抚崧骏给予“懋著勤劳”四字匾额以示鼓励。民国四年(1915)任龙门中心小学校长。民国十三年（1924）国民政府内务部授予紫绶银质褒章，临时执政段祺瑞亲题“急公好义”匾额以资嘉奖。民国廿三年(1934)国民政府给予“仁心义举”匾额。

2. 指沪杭铁路特别快车。当时只需5个小时便可到达上海，而坐轮船大约要花24小时。

3. 民国初年，南京下关是中国南北交通枢纽和长江航运的中心，也是去往天津的必经之路。

4. 1913年，津浦铁路全线通车，北起天津总站（今天津北站，后因故延至天津东站），南至江苏南京浦口。

5. 金守淦（1877—1961），字任父，号六弢居士，浙江富阳王洲乡（今场口镇）塘下村人。与钱家治、邵裴子、马寅初等为同学。

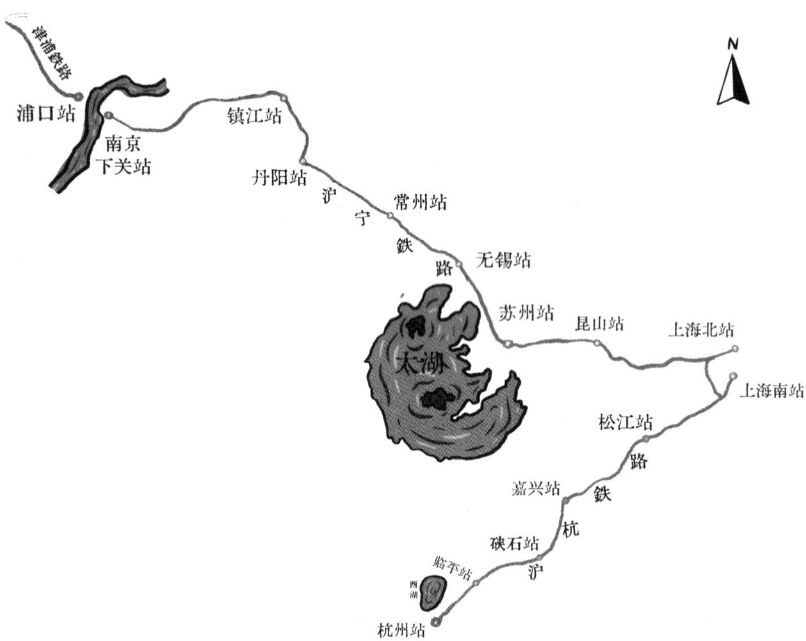

1914 年 1 月 3 日（阴历十二月初八），孙问西从龙门出发到富阳，4 日（阴历初九）到杭州，5 日（阴历初十）坐沪杭铁路特别快车到上海（上海北站：沪宁、沪杭铁路的始端站），6 日（阴历十一日）坐沪宁铁路下午抵达南京下关，7 日（阴历十二日）坐津浦铁路去往天津

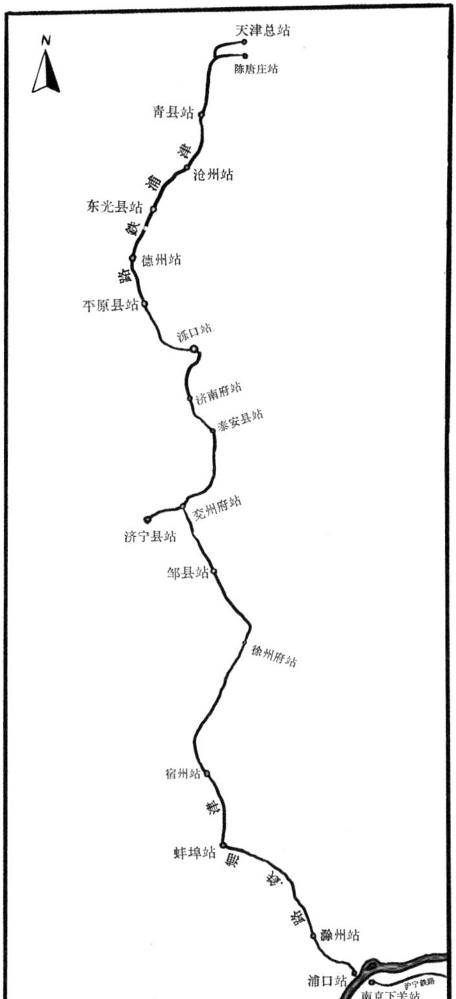

1914 年 1 月 7 日（阴历十二日），孙问西从南京下关登船渡江至浦口，坐津浦铁路出发天津，经过滁州、宿州、徐州府、济南府……跨过泺口黄河大桥、德州、沧州……一路北上，1 月 8 日（阴历十二日）下午，抵达天津

002

1914-1-9

父亲大人膝下：

谨禀者。梓枬兄在家时，允同来天津，到富阳伊就犹豫不决，或去或不去，忽决拟去，忽又决意不去，变化莫测。到杭州后又变化数次，男亦不甚强勉，遂于初十日下午二哥[1]同到上海，十一日早晨独往南京，二哥乃回杭州。抵南京后曾奉一禀，谅可收到。此事未有说及，深恐增益大人之挂念也。

十二日上午七点后渡江，此时轮渡已开，另雇小舟，江中波浪浩荡舟身上下，方叹行路之艰难乏味。不料抵浦口[2]登车后，会见同乡多人，考文法官者五六人，投考北洋大学[3]者亦有二三人，且同在一处，幸何如之。九点半开车，经历多方，沿途均黄野泥屋，无复有江南华美之景象，举目不禁为之伤心叹悼。夜寝车中，甫天明，达济南，遂于下午三点后（十三日）抵天津，寓老龙头泰安客栈。因价钱太贵，离北洋大学亦太远，今日遂移寓河北元纬路醒华旅馆，房饭钱三角五分，菜蔬亦尚好，四盘一汤，饭与面包并陈，随意饮食。且近日身体亦非常健爽，心颇欢乐。

肃此。敬请福安。

男家桂谨上

十二月十四日夜

来示寄天津河北元纬路醒华旅馆。

---

1. 孙家栋（1887—1936），字厦庭，号骧高。孙问西二哥，抗日女英雄孙晓梅和杂文家何满子（孙承勋）的父亲。浙江陆军测绘学校甲等毕业。1912 年，任浙江测量所测量员，测绘杭州城厢内外、西湖等地。1914 年，任浙江陆军测量局测量员，测绘嘉湖等处军事参谋图。
2. 浦口，系津浦铁路之南端终点。
3. 北洋大学，即天津大学的前身，始创于 1895 年，是我国近代建立的第一所新式大学。

民国时期南京下关江边轮渡堤岸

民国时期南京浦口火车站

003

1914-1-19

父亲大人膝下：

谨禀者。男于十五号（阴历二十日）上午八点钟往北洋大学受试，十六号下午考毕。考试题目均不十分艰难，所作亦自觉无甚大谬，然投考人数太多，共有四五百人。男来时以为此次考试迫近年终，人数必少，不料有如是之踊跃。但人数既多，试卷亦繁，阅卷者，恐未必肯细心遴选。若固如此，则虽所作不大谬，亦难乎命其必取矣。况凡来投考者，胥有中学同等之程度，非同昔日考生之不问程度高低，而冒昧一试者也。男于同等生犹不畏也，乃有许多高等学生及大学预科生一同来投考，是其程度不可测也。即此以观，则取不取更不可必矣。且考试时非必程度高定取，程度低定不取，亦有程度低而录取，程度高反落第者也，是中盖有运焉。

所幸者，男到津之三日，直隶高等工业学校[1]招考插班生，男因试焉。现已揭晓，共取五人，男亦与焉。设使大学不取，进工业乎（将来仍可进大学正科）？抑反里欤？尚须请大人斟酌。北洋大学约后日［廿一日（阴廿六日）］出榜，俟揭示后再行奉闻。

肃此。敬请福安。

男家桂谨上

十二月廿四日下午

二哥昨夜有信到云，局长有示，定廿五日出发测量，今年恐亦未必能回来过年。

1. 直隶高等工业学校，创办于1903年，初名北洋工艺学堂。

父亲大人膝下：

谨禀者。北洋大学已于前日（廿五日）出榜，男名列第三，徼幸之至，亦意料所不及也。共取五十名预科，第二部亦取五十名正科，各科共取四十余名。今日进堂，明日上课，功课甚难，除国文四点、伦理一点外，均是英语，法语及英文的历史教员皆外国人。男恐精力不及，难蕲优胜。

肃此。敬请福安。

男家桂谨上

十二月廿七日夜

男尚有书许多在县校，便时请三哥[1]向王子明[2]君携回。

1. 孙家模（1891—1952），字范吾，号楷人，又号峡山。孙问西三哥。从九品候选巡检，例授登士郎。

2. 王子明（生卒年不详），浙江富阳人。曾任教于富阳县立高等小学，为郁达夫老师。

005

1914-2-9

父亲大人膝下：

谨禀者。昨晨接一明片，知男前次所奉诸禀，均已收到，心甚喜忭。

现校中浙江同乡共有三十余人(杭州约十人)，同班者九人，同宿舍者十余人，人数亦可谓多矣，故居不觉寂寞。惟此地菜蔬殊吃不便，且校地在乡间，离天津市面五六里，饥时无由购买，点心更不便，必待星期日方能出外购买，一切所需物件途远道疏，亦似非常困难。但地方甚大，前有冰河，旁有树林，闲时颇足游观。又有电灯、自来水诸厂，皆校中所自办也，规模诚大矣。

忆今日为阴历正月十五日，即所谓元宵夜也，村中谅必非常热闹，此亦新年之佳节也，凡在远方者，能不眷念故乡、倍思亲乎？余容后禀。

肃此。敬请福安。

男家桂叩

正月十五日夜

父亲大人膝下：

谨禀者。日来竟于眷念弥殷时，忽奉得谕示，不胜喜忭。读之，敬悉一切。

此间同学约共三百名，新招预科百名。第一第二二类各五十名，招考时曾报明概不插班，正科既无文凭又难考取，故男归入预科一年级[1]，预科三年毕业，正科则视科目而有差别。现全堂共十一班，预科四班，正科七班。杭属同学除男及新城一人外，均杭县人。天津浙江会馆曾听说起，但不知其所在。又来示云，吾邑投考知事者取三人，但报上所报知事及第名单未见有吾邑人名字，抑不知何故。

二哥之遘险，早有信通示，当时颇为惊心动魄。后又示云，得病少气力，今谅可无恙。县校教席之必争早在意料中，男之不荐诸同学亦知其难也。任君去年男过杭时已有职务，故不令更换，免得许多周折。本校校长、教务长均于上月辞职，前校长[2]现为教育总长，教务长充约法会议议员。

下星期放春假[3]，当有几日可以休息，余容续禀。

肃此。敬请福安。

男家桂谨上

二月廿六日下午

1. 预科部第一、第二两类，都学习普通科学、国文、英文、德文或法文，作为升入大学的预备。

2. 前校长，指北洋大学校长蔡儒楷。

3. 根据《国立北洋大学校学事通则》，春假放七日，自四月一日至四月七日；暑假放七十七日，自六月十六日至八月三十一日；寒假放十四日，其起止日期，由校长临时酌定。

007

1914-4-26

父亲大人膝下：

谨禀者。前上数禀度均收到。兹已届阴历四月，乡间谅方在播种之忙。此地气候虽未如南方之热，草木萌芽虽未如南方之早，但前数日亦有南方五月时之热，且空气甚燥，令人倍加困倦，而草木则亦已一望碧绿，欣欣向荣矣。

校中暑假约于阳历六月十四五放，男拟于暑假时往北京一行，重试清华学堂，未知招考否，现已托人函问。此地年既久，费亦难以支持，故决意改学，若无可进，则仍于此地暂居一年。京中有无同乡故友可托？浙江在京诸会馆以何会馆为最高大清洁？均祈谕示。

上半年尚需学费洋十元，盖进校既缴十元，而下学期之学费亦需于五月初缴齐，望大人筹划洋数十元，从邮政汇上。家中倘无人能向邮政汇兑，或交任父先生，请伊代汇亦可。信封外面无须写明洋若干（写明多不便），汇费每元但约四分，挂号费八分。又：男欲做夏天小衫裤一二对，此地买做，价甚昂贵，亦请于家中做好。惟何时寄来，男当再行禀明。

前徐梓枏兄有信来，问及去年祝庚等借洋。男去年禀中曾说及存在男处，未说送还，观来信似未送还，请于渠[1]等暑假回来时送还。男若往北京，今年未必回来。余容续禀。

肃此。敬请福安。

男家桂谨上

四月初二日

1. 渠，指“他”。

父亲大人膝下：

谨禀者。日前上一禀，谅已收到。

男本拟重考清华，乃昨得回书云，此后高等班不复招考，奈何！奈何！惟现北京大学文科（内分中国文学、西洋文学、中国哲学、西洋哲学四门）、法科（政治、法律）均须招考，但法科无高等文凭不能考，文科不限资格。男拟考文科中国文学门，此间预科三年，正科四年，年限既久，仅得一正科毕业，使现入文学科，将来再转入政治科，七年以后而可得两正科之毕业，不亦较为愈欤！且方今一般新进之士蔑弃文学，等视弁髦[1]，以为无足重轻。识时者无不有诗书灭绝、礼坠乐崩之忧，吾恐数十年以后中国文学不堪问矣。今虽不足以言大对[2]，于一己，既可存国粹于万一，而于日用酬酢之间，又可免却丑态贻羞于他人也。今之据高位、秉威权、赫赫有名者，无非昔日之翰林进士，仗其文词以炫耀他人而已，曾有何术？如此，则夫国学之于人不亦綦重乎哉？但不知大人之意旨以为何如？若以为然，则男将于暑假时前往一试，不然，则姑待诸明年。设不往试，所寄之洋即十元学费，亦可勉强足用。尚请从速谕示，俾可预备一切。余容续禀。

肃此。敬请福安。

男家桂谨叩

五月十七日下午

再者，近来大人疯气是否全行消除？否则，男或回来时可买药试服。

1. 弁髦，"鄙视"之义。
2. 大对，指殿试，对答天子之询问或策问。

009

1914-5-29

父亲大人膝下：

谨禀者。昨日接谕示并六十元之银票。男于前星期日曾寄奉一禀，申说清华不招考，及寄洋之数目，以彼此路远不能遽相接洽，因有如此损失，悔莫及矣。又前禀亦说明，男复拟投考北京大学正科，未知大人意何如?

王家[1]自当作信去，或先请家中差人招迎。男现拟回家，以住与行，费用相差无几，或不能省，亦未可知。且北方热燥非常，南人居此似觉不便。即往北京，仍拟回来，或相时而定行留，请速示复。余容面禀。

肃此。敬请福安。

男家桂谨叩

五月初五日

1. 王家，疑指孙问西岳父家，即县城候选训导王镰公家。孙问西娶其幼女，生二子（孙承熙、孙承烋）。

父亲大人膝下：

谨禀者。前奉谕示，准男来京一试，因于今日偕孙君奇璞[1]（桐庐人）由津晋京。

上午八点开车，十一点后即到，可称迅速。拟于见馥亭[2]先生。该校报名二十号截止（今天十六号），考日未揭示，男未报名，定于十八九前往投报。惟此事宜守秘密，成则固幸，否则徒为人笑，故不以泄露为妙。考后拟回津，再或回南，本可住校，惟校中无厨役治膳，难以羁留。

校中于昨日停课，今日已无饭食，故当即起行。校离津城既远，购买点心特不便，且亦不能，恐只能回家。余容续禀。

肃此。敬请福安。

男家桂谨叩

六月十六日下午

1. 孙奇璞（生卒年不详），字潜若，浙江桐庐人。1913 年 7 月，与茅盾一同毕业于杭州私立安定中学（今杭州第七中学）。

2. 章毓兰（生卒年不详），字馥亭，浙江富阳人。1902 年 9 月，以浙江官费生资格东渡日本留学，同批赴日留学者还有钱均夫、韩强士、许寿裳、寿昌田等人。学成回国后领进士衔，后任清华大学教授、山东省府秘书长。

011

1914-6-27

父亲大人膝下：

谨禀者。男到京之日，寄奉一禀，谅已收到。

日前天下大雨，男以感受寒湿，因发寒热（微寒而狂热），至次日（前日）热犹未退，遂于前日下午以同居张君（湖南人）之介绍，往伊同乡夏君诊视。服药一帖，热即退。昨日又服一帖，现病已完好，略能行走看书。今日八点钟又往诊视，拟一方，想明日定能健爽如常。

北京大学定于下月一号考，迄今已廿七号，相间仅三日。数日来病缠于身，一切功课均未能预备。本拟不考，但既到此地，虽难望其成，亦不得勉一试，幸赖湖南夏君之灵，犹得勉强赴考，不然恐只能回来耳。该校共考四天，四号考毕，大约五号或六号可以动身出京。京中熟识之同乡均已会过，馥亭先生现已不住仁钱会馆[1]，住在西珠市口堂子胡同内。余容面禀。

肃此。敬请福安。

男家桂谨叩

廿七日

1. 浙江仁钱会馆由杭州仁和、钱塘两县联合兴建，坐落在北京珠市口西大街，会馆有院三重，40余间房屋。

父亲大人膝下：

谨禀者。男于二十日告别后所至均未滞留，遂于廿五日到校。路上尚属平安，请勿稍有悬念。

校中开课须三四日后，此时犹可优游息养数天，但以几千里之跋涉，苟无此数天之休闲，心神恐益不支矣。吾乡自男行后，未知曾一下雨否？收割谅将可完毕。北方不需雨而颇多雨，天气亦甚凉爽，与南方迥有不同。闻之广东同学，广东亦颇多大雨，甚至掩屋顶、圮室家云。而独吾江浙等处遍地亢旱无遗，天岂仅灾吾乡带扬子江流域之下流耶？男甚怪之。

男在家时，力田[1]托男向任父先生为伊弟说升级事（因下学期应降级也），男到富阳，任父先生已早赴上海，追男到上海第一行台往会，亦不见，故始终未得获晤。因亦未能谈及，只凭信上寄语，恐难见效。只可请伊托王子明君说妥，倘力田来家，即请转告详情。

肃此。敬请福安。

男家桂叩上

八月廿七日上午

1. 力田，即孙炳模（1897—？），字范轩，又字力田。娶西山裘志章长女，继娶富阳诸佳坞村胡祥裕次女。

013

1914

父亲大人膝下：

谨禀者。前上一禀，谅已收到。

男七号病痁[1]，却又似非疟疾。不冷，惟终日觉头眩头痛，身上炎热。本校医生视诊，难见实效。前日稍愈，又患伤风。但鼻中虽流清涕，而头部及身体外层，却又非凡燥热，口旁几燥而欲裂，甚奇。自病迄今已一星期，不上课亦已一星期，而体力未见稍有加劲，奈何！日来终日不出宿舍一步，闭户修养，但仍觉昏昏沉沉，不知所措。饮食虽有时与好时相差无几，然口中殊不觉所食何物。出外视诊，恐病加重，亦难便冒昧施行，心中正难筹措。现体力点无，不能执笔，但亦不得不肃奉数言，详陈病情。

昨闻孙君第三次知事考试，第一场甄录试已揭晓。据伊云，庚三[2]确未取录，并伊同学师范毕业者共五六人亦均落第。

肃此奉告。敬请福安。

男家桂谨上

十三号下午

1. 痁，疟疾的一种，多日一发。

2. 庚三，即孙增大（生卒年不详），官名群，字庚三。曾任浙江省立第二师范学校校长、国务院编译处主任等职。

父亲大人膝下：

谨禀者。十三日寄奉一禀，陈告病情，度已收到。当时病势甚凶迫，厥后静养，转日渐就痊。目下病已脱除，而神体似未甚充满，故虽可照常上课，殊弱不胜思。此亦若天降之灾，莫可奈何！

前者据孙君说禀，告庚三未取录，兹见报章所载考录，特送知事名单中有孙增文其名者，恐即增大之改名。男意“文”字乃“大”字之变相也，彼为此说者，盖未知增大之易名焉。

今上午接到二哥来函，谓伊亦病，自十三日（阳历）起至今，绵延几十日矣。始而痛于腹，继而泻转为痢疾。男为弟者闻之颇觉焦忧，如何同时而南北并病也。

此间现仍多大雨，南方未知何如？悬念綦[1]甚。天气亦非凡寒凉，不穿呢棉诸衣，难堪御冷。南边谅未至如此。

肃此敬禀。恭请福安。

男家桂叩上

廿一日晚五点一刻

1. 綦，“很”“特”之义。

015

1914-12-2

父亲大人膝下：

谨禀者。数月以来，未上一禀，深为惶恐。

阳历十月底，由鼎臣叔回北转接谕示，欣悉大人正殚心力以研求《周易》诸书，并命男亦须留意于本国学业。男以为凡古来之有大学问、大经济者，无不捐弃百事，潜心深究十数年而后成，况《周易》元空之理，奥渺难稽，自不易卒尔而晓也。且古之通达元理，有术数者，往往处于深山穷谷，探幽索微，积年累月，而始得其诀。昔有米兰人孤居荒岛十数年，矢力稽求幻术，及其后也，鬼神幽灵均为之用。此虽仅为佚事，亦足见术法之难也。男初到津时，亦颇思勋力于国学，继又改变心志，私意总以预备出洋为归，不如此终觉不快。窃以为研究国文，尚有时日，且须待之数年以后，非轻之也，缓其可缓也。故男现对于英文未敢一日稍怠，非偏重之也，急吾所急也。

本学期行将完结，明年学膳诸费男一无所有。学费且于二三星期后即须缴呈，而膳费亦适于此月完，望大人筹措五六十元，男意拟托一山[1]先生子带下，如此可有省许多邮费，月底缴费时暂向同学借用，谅大人亦以为然。刻预备綦忙，不克细陈。

一山先生子大约阳历一月四、五号动身来津投考本校。若洋筹定，存在何处，男将寄语通知。

草率谨禀。恭请福安。

男家桂谨叩

十二月二日下午

1. 一山，即朱一山（生卒年不详），富阳人。

父亲大人膝下：

谨禀者。本月五日接奉谕示，并汇票伍拾元。欣悉大人近复劬力于著作之业，并缮誊昔日旧稿，汇成一编，诚盛举也。男他日有力，定当付之剞劂[1]，因以播诸乡族亲戚友朋之间，以传示后人，以为吾子孙光也。庚三为道视学[2]，名义上固甚佳，但俸金恐亦不厚，闻之同学孙君[3]其兄前为省视学，每月不过八十元，则道视学可想见矣。曼陀[4]先生男知之，恐伊未知男之名也。此时作书，未免唐突。若大人有暇，可先修函问候次，或作信询问一切游学事宜。但男意游学必西洋，日本犹非所愿，将来万不得已，并或可游学日本，则姑一行，籍此以图名也。

日前人闻之孙君（同上，杭州人），渠兄去年在美国曾遇清华学堂校长，谈及该校招考事，云此后尚须招考高等班学生一二次，则清华学校犹有可投考之希望。但未知其时，盖孙君屡为其兄催迫，因亦急待一试，其兄约本年暑假时可以回国。男因之于每日省节几许时间，预备科学，而对于国学，实难有暇晷可以涉略也，所戒诸节敢不敬聆朝夕服膺，俾实践而勿失也。

数日前接二哥来书，今又接奉明片一纸，苦于北京无有回音，因无以为答，恐一次寄语未必有回音也。现同学石门马君南来投考本校，刻已考过，谅可录取。其父在山东候补知事，目下尚未得缺。得

1. 剞劂，“刻印出版”之义。
2. 1914 年教育部依据当时已有的行政建制，在各省试设道视学，以视察各县教育状况。
3. 孙君，为下文孙倬人，即孙仲华侄孙（生卒年不详）。
4. 曼陀，即郁华（1884—1939），原名庆云，字曼陀，别署曼君、曼公，浙江富阳人，郁达夫的大哥，为中国司法界在抗日战争中为国牺牲的第一人。

缺后，二哥事男拟请马君函商其父，当有几分希望。但二哥值此赋闲之秋，总以学文习字为要，日后自不患无职无位。倘无美玉，虽有善贾将不受其沽焉，此则吾人涉世之要道也。

比者津地连发大风一二日，树折地裂，门窗玻璃多有吹碎者。天气奇寒，不能出门一步，即屋内亦冷冽非常。火炉旁洗面之手巾一刹那间凝冻如冰，且火炉近旁滴水即冻。北人云近数年来未有之奇寒也，男因是不克作复（今虽较和暖，早上尚不能写字）。

肃此。即请福安。

男家桂谨叩

十四日夜十点一刻

父亲大人膝下：

谨禀者。久不问安，未审新春眠食何似，伏维万福。

男前禀中曾白清华尚有考试之风闻，稍稍预备各科学。后闻本年无此举，预备之力因以寝衰。现又闻似须招考，而男已停止月余，未预备，思之，殊甚懊丧。目下惟有重行预备，以待究竟。曼陀先生处，未知有信去否？第一信请勿说起男及他事宜，不过作寻常之函候而已，以后作信或提及一切，如此方不嫌突而见屏。

男观今日社会非有势位财富，则人皆垂目而视之。因惄焉如捣[1]，忧不成寐。欲经营善善，计无所出。念财富非旦夕所可聚者，又叹向无攀联之势于显要、相先相后之友与相交。而势位复非所能者，乃不得不稍求资格，俾足立身于他日之社会。而资格又非一蹴可至者，此男之所以不远千里而来斯也。男之来，纯由自意也，非他人指令，亦大人熟娴世事，察悉人情，谅不以男言为舛谬而垂谅焉。

二哥事，男总有以设法，此非宽心慰忧之语，祈大人勿多虑焉。

肃此。敬请崇安。并祝万福百益。

男家桂谨叩

正月二日

谨祝祖慈及全家福安。

1. 惄焉如捣，形容忧伤思念、痛苦难忍的样子。

018

1915

父亲大人膝下：

谨禀者。昨奉接谕示，展诵一通，复屏息而潜诵，若锥刺心，悲悔之念油然而生，惶恐诚莫此若也。男狂妄愚戆，忽视礼度，懵于上下言辞之体，以至出语不逊，大怫尊严之旨，悖愎乖戾之罪，容何可赦耶？男受性虽鲁钝，平日亦尝履行训诲，且亦稍稍窥法。大人在杭半年，在富半年，其间收支款项，均有簿存记留在家中，男他日回家，咸可呈阅征信。

二哥处，男自当婉转进劝，复大升之事，男未详悉。六一何以竟如此无礼，前禀中谓非有势位人皆下视者，乃指世情而言也。窃叹家门衰薄，势财难以希冀，故忧心忡忡，朝夕不安，非外出求学立品不已，盖不如此无以振家声也。倘大人细观上下文，自知辞意之无旁指也。

男往日尝读韩退之答吕医山人及崔立之诸书，嗜爱綦深，厥后自己作文立辞，一不慎则一种傲兀之气流露于楮墨间。故前禀中有如此不顺之言耳，男实昧于审察也，伏乞宽怀恕之。男他日有成，敢不惟命是从，惟训是听。梅先[1]古文男曾看过，沈祥甫男未知之。

清华刻又闻不招考，大挫男气。设有大情面或亦可进，但殊未能必也。男半年来专治英文及科学，国文已荒疏不堪，英文程度似有愈于国文，得此消息，因之不胜垂头懊丧。男意现急于改学北京，一面

1. 童乃羹（1885—1959），字梅先，号富春山樵，浙江富阳人。曾任商务印书馆编察，浙江省文史研究馆馆员。

读书，一面或可就事。区区志愿，惟此而已。

青竞叔公既若往京投考，请大人嘱其天津稍一停留。入京或出京之时，任其意可也（男意出京之时为便）。便或托伊买羽缎鞋一双（十足二），小楷羊毫几枝（四五枚，每枚约四五分）。二姊丈[1]既蒙冠臣叔公[2]引荐，诚甚善也。余容续禀。

肃此。敬请福安。

男家桂谨叩

星期六下午

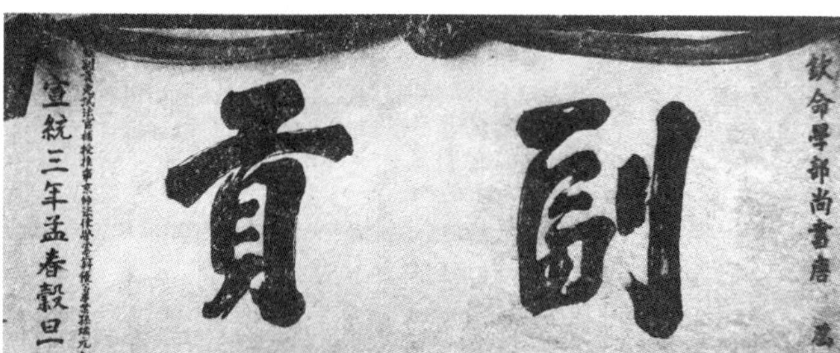

1906年，孙问西叔公孙瑞元（冠臣），以优异成绩（第118名）考入京师法律学堂，正科学习。宣统三年（1911）毕业后，学部尚书为其颁发“副贡”匾额，并授予免试法官

1. 二姊丈，即周开梅（生卒不详），富阳场口镇马山村周光元次子。

2. 冠臣，即孙瑞元（1875—？），字冠臣，优郡廪生，历任京畿陆军第二镇正执法官、浙江高等检察厅检察官、杭县地方检察厅检察长、省会军政执法处执法官、江苏省政府查案委员、仪征县知事、代理丹阳县县长。

019

1915-4-9

父亲大人膝下：

谨禀者。昨日奉接谕示，敬悉一切，附诗一纸，读之不禁神往。男虽聋盲，亦觉祥霞绮旭之灿烂、黄钟大镛之铿锵。惟男意末首，则殊不必，男等俱顽劣不肖，无有声誉足以显亲扬名。今悉举以示人，适形男等之丑也。何足以称荣？不识大人之意以为然否？

至于分送一节，此间均外国教员。即一二中国教员，亦属隔膜不相交接，似不合宜。日本要求春假期内颇形决裂，津门甚为惊惶，日来渐就平和。条款之已议决者，凡有六七。若旅顺大连展期九十九年（本系租借），安奉铁路亦展期九十九年，吉长铁路借款权、满洲七处矿产开采权，其他则若满洲日本人民居住权、购买土地权等，要求之底蕴及将来之结果毕究如何，尚未可逆睹也[1]。

清华学校既不招考，恐亦难以设法。青竞叔公现是否在永康，其通信处可否直寄永康县公署。投考知事者已达二万余人，定额仅取六百人，自以不考为宜。冠臣叔公既允引荐，二姊丈于监狱学校何以又不成？二哥现寓居象山县[2]墙头镇永定垦筑公司事务所，男已有信去，未有回信，不知何故。男近日身体稍有不舒，惟仍照旧上课。余容续禀。

肃此。敬请福安。

男家桂上

四月九日下午

1. 1915年1月18日日本提出“二十一条”后，袁世凯政府采取“以夷制夷”策略，密令外交总长陆徵祥拖延谈判，同时将条约内容泄露给英美驻华公使及中外媒体，引发国际舆论关注。
2. 象山县，今宁波市下辖县。

父亲大人膝下：

谨禀者。前上一禀谅早收到，询之事未见谕告，深为企望，伏维起居万福。

俞琴生君未有信来，度伊友亦无甚势力于该校也。日前阅报上知事试验榜，知冠臣叔公在京与考四次知事。此次知事较去年更难，既人众而又多运动，获选自不易也。

目下中日交涉已粗粗告终。日本于六日曾递出哀的美敦书[1]，交涉几至决裂，政府不得已再为让步，盖日本蓄心积虑，以开战为目的。兵舰五艘于四五日间抵秦皇岛，一若中政府答复不满意，即行进攻北方。一时非常惊惶，天津尤甚。七日晚得日本递出哀的美敦书之消息，当夜校中有同学数人归里。翌日南方人之回南者不下三十人，深恐一旦开衅，避燹无途也。男则置若罔闻，不稍恐怖，意死生富贵命也、运也，自扰奚为哉？南方虽无此种之惊怖，经济之困苦，谅亦已受之不少矣。男亦同受此种困苦，男本早欲寄书禀告一切，恐一旦战事发生汇兑不通，故迟延至今。现已借十元，五月份足用矣。学费十元，六月份膳费零用约八九元，望筹洋五十元，便时即行汇寄。

暑假时男拟留校修习，自叹年逾弱冠，一艺无所成，且年大而益觉呆笨，实深惶悚。现虽若修业不息版[2]，而每日总苦无所得，奈何奈何！余容续禀。

敬请福安。

男家桂谨上

五月十一日五点钟

---

1. 哀的美敦书，ultimatum的音译，意为最后通牒。5月7日日本发出48小时最后通牒，调军舰至渤海湾施压。5月9日袁世凯政府被迫接受修正后的《中日民四条约》（史称“五九国耻”）。

2. “修业不息版”，语出《管子·宙合》，本指研读书籍，现指（学生）在校学习或研究学术。

021

1915

父亲大人膝下：

谨禀者。二月一日奉接谕示，并汇洋五十元，欣悉家中蚕甚好，青竹价值甚高。诸友人函件可以简约答之者，大人则简约答之也。似不宜专驰心于文字，致精力为之疲困。男近日身体尚佳，较去年若不可以道里计，未审玉体何如？伏维万福。

前日莱第[1]叔有信来，据云自三月以来树縠叔公[2]未有寄给一钱，因听某人之言，故屡次催索，亦不得一回音，债台山积，呼号无门。嘱男代向树縠叔公一言，男以男向之言，不如大人言之之为有效也。可否请大人转告其家？或树縠叔公速寄洋数十元，以救燃眉。要之，二十世纪为智育竞进之时代，非有高尚之教育不足以存立于上级社会场中，告以为父母不可漠视儿童之教育也。

肃此。敬请福安。

男家桂谨上

八日晚

日来疲于考试，故迟迟回禀。

---

1. 莱第，即孙莱第（1895—1932），学名昆，字一峰，孙树縠长子。曾就读于富阳县立高等小学校，浙江宗文中学，北京朝阳大学法科。
2. 树縠叔公，即孙树縠（1868—1932），字福田，号尔耕，娶洋沙叶运长女，生二子一女。

負笈燕京

第二章

负笈燕京　学优思仕

學優思仕

在北洋大学求学期间，孙问西并未故步自封。对他而言，当下的学识积累只是起点，更大的舞台才是他施展抱负的方向。于是，他将目光放远，锁定了清华大学和北京大学，并最终如愿以偿，考入了北京大学，而且在法科考试中取得了优异的成绩，名列总榜第三名。这意味着毕业后将获得学士学位，这在当时相当于前清的进士，是极高的荣誉。

对于孙问西来说，勤奋和节俭则是必不可少的品质。只有勤奋才能不断积累知识和经验，只有节俭才能保持清醒的头脑和坚定的信念。所谓“精细勤慎”四字，正如他所言：“盖夫通都大邑，仕宦之家，恃个人之材智，以立身养家，然亦必勤以求学，俭以持身，始克有成，至若乡镇耕读之家，非勤无以起家，非俭无以悠久。”

父亲大人膝下：

谨禀者。男于上月（六月）廿六日到京，住杭州会馆。廿九日往北京大学科分科（正科）报考法科政治门。本月（七月）初五日起分场试验，初八日止，共考四天。今日（十三）出榜，男微幸录列法科总榜第三（毕业称学士，即前清之进士）。男此次来京并未禀明，擅自行动，慆慢之罪，不可恕也，尚祈宥之。

大学分科共分四科，即文科、法科、理科、工科是也。今夏四科均招考，男投考四科中之法科，此科报名人数百余人，大抵皆高等学校毕业生，程度颇高，但仅取廿八人，故男甚为微幸。其余文科取卅四人（报名人数约二百人）。理工科各取五人（报名人数约三四十人），欲录列一名，甚不易也。

男在京尚须留五六天再回天津，如有谕示仍寄北洋大学。阳历八月底拟再来京，入大学分科。此地用费甚贵，下半年最少一百元，望大人豫先筹之，将来再禀明托某人带来（省邮费）。男之棉袄已托孙君（仲华侄孙，荫村子）带杭寄家，日后亦当禀明托某人带下，余容续禀。

肃此。敬请福安。

家桂叩上

十三日夜

再者，男此次考试本可列第一，以英文试验作论说之，时间费去太多，故作至第三题时已到限，迫于时间之急促，而末题因未能完就。其他诸科学试题有一半平日豫备所不注意，故亦未能十分出色，具此原因而结果遂不能异于平常。昨日，郁君曼陀来馆相会，聚谈良久，言及富阳水灾，吾乡想来必受其影响也。家中近日忙碌如何？男又禀。

姓名	籍貫	在校或畢業年	系別	現況	通訊
孫得祿	河南中牟	民 8—9	理 ， 預		
孫啓龔	浙江山陰	民元年	預 科 一		
孫啓蕃	山東濟寧	民25—26	化 學		
孫蓮芑	河南安陽	民14	機 織		
孫惟垒	河南武涉	民14	史 學		
孫從元	浙江奉化	民 7	法 本 法 律		
孫淮陽	安徽蒙邱	民15	法 律		
孫陳紀	江西雩都	民12	機 械		
孫淶瑗	山西太谷	民10—13	預 甲		
孫景風（原名宸）	江蘇江寧		預 科		內五阁勤胡同 6 號
孫景雲	松江寧安	民14	法 律		
孫智輿	浙江杭縣	民 8	法 本 經 濟		
孫貴恩	河北豐潤	民25—25	化 學		
孫華曦	黑龍江望奎	民23	醫 大		
孫雲濤	江蘇高郵	民 6	工 科		
孫雲疇	江蘇高郵	民28	政 治	金大圖書館	南京金大圖書館
孫雲鑄	江蘇高郵	民 6 民 9	預 科 二 地 質	本校地質系主任	本校中老胡同宿舍
孫象陽	河南息縣	民 5— 6	預 二 部		
孫善掄	安徽壽縣	民26	化 學		
孫復皙	河北蠡縣	民15	地 質	北平市立四中	廠橋永祥里 9 號
孫顯理	廣東中山	民23	機 械		
孫發啓	河北肅寧	民 7—10	法 預		
孫發萃	安徽桐城	民 6 民10	預 科 一 經 濟		
孫發緒	安徽桐城	民10	土 木 門		
孫發端	安徽桐城	民 6	預 科 二		
孫軼塵	安徽桐城	民10—14	法 律	考選委員會第一處處長	南京本會
孫邊方	安徽壽縣	民 6	預 科 一	醫	上海浦石路 668 號
孫媛貞	江蘇武進	民24	史 學		
孫傳文	江蘇銅山	民24—26	經 濟		
孫葆瑋	福建閩侯	民 5 民 6	預 科 二 理 科	本校成績課組員	地外白米斜街甲 5 號

—176—

1915 年，孙问西考入北京大学，1919 年，更名为孙智舆，并从北京大学法科经济门毕业。图为《国立北京大学历届同学录》（1948 年）书影

父亲大人膝下：

谨禀者。十四日京中奉寄一禀，想已可收到。

十七日回津返校，校中尚有同学三十余人，但南方同学仅数人，故稍觉寂寞。男此次报考本注明入政治门，顾观政治门之科目不如经济门之实在有用，故拟改入经济门。然男欲于毕业后设法进外国公使馆，谙练外交事项，似又宜入政治门。二者不能权其孰得，因不得不与大人一商榷焉，请代决定。男在京时，于考后略拜会同乡，故友章君馥亭已于去年离部至江苏，郁君曼陀男于十二日至大理院见一次。十三日伊即来杭州馆一次，翌日男又往伊寓会一次，尚觉温和可近。近较之馥亭之倨慢，似有间矣。和叔[1]先生于阳历二月底抵京，住方家园，男亦前往拜会一次，渠与郁君均嘱男代为函候大人。

男于赴京以前生病一次，用去洋数元，继又往京应试，故所用较平常预计溢出甚多，及回津后已亏空七元余。男拟于九月一日或二日入大学分科，此地膳费尚需九元，零用费约三元。男以书籍衣物加多，一箱不能容，已于放假时，托衢州同学买箱一只，约需三元，其他托买物件亦约需三元。至于往京进校以前所需火车费、饭费及一切杂费约需四元，共计二十九元。进校后所需各费另立清单于后，以便察核。现时用款男可暂向同学借贷。天津本地亦有朋友，无论多少，均可移拨，请勿挂念。男明年回家拟稍稍设法，以轻大人之负担。此间

1. 和叔，即孙树礼（1846—1936），字和叔，号公履，孙家治之子，孙祖烈（成伯）之父，浙江杭州人。

实无可设法，往京后将来或可设法，亦未可知。

下半年银洋、棉袄男意托甘溪里徐佐君[1]（在大学预科）带来较便，否则如有确实妥当之人带杭，托戴逵荪[2]或孙倬人（即仲华侄孙）二君带来亦甚便。戴住灰团巷门牌二号，孙住小营巷黑色木台门内，但一切物件均须于阳历八月二十左右备齐带出。究竟托何人带来，请速谕示，以便先行通知。余容续禀。

肃此。敬请福安。

男家桂上

二十日

北方今日颇多雨，昨夜大雨一宵，房屋几倾。

1. 徐佐（生卒年不详）。茅盾在读北京大学时，同班同学中有毛子水、胡哲谋和徐佐三位浙江老乡。

2. 戴逵荪，即戴应观（生卒年不详），字逵荪，曾任国民政府教育部参事暂兼督学。

父亲大人膝下：

谨禀者。月前寄奉二禀，不知收到否？深以不得一示为念，抑未审福履何似？伏维健康为祝。

男近日每于上午选读国文一篇，读毕则披阅旧时所读之文，下午则读英国名人著作，并采阅英文报纸，傍晚则稍习书法，夜则随意披读尺牍之类。但终日总觉无所获，而时间亦复迅速不足用，洵乎下愚之难以为学也。男意入分科后必期于学业上稍有异于人，借以博得微名，为他日立身地位。至若纷华绮丽之乐，非敢与他人毫发竞也。本斯志也，故每日选读古文、英文以作先期之预备，而古文之最爱读者，莫如韩文。韩之文气力浑厚坚劲而整严，令人读之不厌，间尝读陆机、李康之作，其华赡似有异于韩文，但亦不敢遽谓胜之，盖韩之行文若别有一种兀特之气，而非他人之所可跻步者也。惟近代曾文正之文，则又别树一帜可以为桐城之冠，可以为第二之韩文公。今读其文一二篇，茫茫如大海，非悉心读之，则其间之蛛丝马迹曲折段落不可寻也。公尝评论古来述作之深博，而次其纯驳，若公者亦足称深博矣。男于英文亦选择读之，不稍懈怠，此男区区预备之愚志也，虽曰不逮，志则如斯。

男入京后，拟代二哥于参谋部上一禀，请求录用。或咨回本省，请以作禀，格式寄下。若大人拟稿寄下，男钞录之更妙，还乞作速图之。男之衣物用款，男意托孙君带来为便，孙君亦于此次取入大学，且家住小营巷在宗文中校[1]后面。若秉瀚[2]或莱第叔赴杭托伊带交（八月二十

1. 宗文中校，即浙江宗文中学，杭州第十中学的前身。
2. 秉瀚，即孙秉瀚（生卒年不详）。

左右谅当赴杭），想更便耳。如因人地生疏，恐有遗误，则戴君伊等均曾见面过，交戴君亦可。近日，男手有病，难工于楷，尚望恕其恶迹。余容续禀。

肃此。敬请福安。

男家桂谨上

八月一日下午

再者，男又拟为二哥作一禀投效经界局，前见报上经界局筹划开办经界学堂，养成专门人材，则其现在之缺乏此项人材可知。但此禀不易下手，请代拟寄下。《丛桂集》究竟如何处置？此后望示及。

（“消息盈虚”四字暂不改，盖经济界之情形如货物价值之高下，纸币价格之升降变化甚速，往往消息之间足以使人穷，使人富，故曰“消息盈虚”。若曰“万分急迫”，则必有所指，如一人一家一国之类。）[1]

1. 察其笔迹，此段或他人所作，宜另当别论。

父亲大人膝下：

谨禀者。前日接奉示谕，教问綦详。男谨读悉，本拟即行裁报，乃倏忽间觉意志索然，神疲体倦，竟不克自振拔，而此二日间精神恍惚，坐若忘行。若迷读书不知其所止，心烦虑乱，莫识所从，盖有似不得不就郑詹尹[1]一卜也。今稍胜，即将垂问各节，一一禀明。

男于阳历一月接收家洋伍拾元，至五月初用完（学膳费、零用费、救国储金、捐校中零星捐款）。六月初接收家洋伍拾元，除学费十元，还洋十元外（五月份用款，五月中禀中已禀明），仅有洋三十元，往京以前用十余元（均登录账簿），余在京用去。男在京多用洋三四五元，亦非男自用，均因交际上及应酬上而用，窃念在外向鲜戚友、故旧。倘或稍能得助于朋友，亦未始非将来之幸福也，但求不虚掷而已。

来谕谓前寄之洋，作上学期用费，后寄之洋作下学期用费，此亦仅能言之已也。前寄之洋用于上学期既形不足十余元，而后寄之洋虽或于可以下学期敷用，而暑假八十天将何以渡之乎？且前尚有积欠十余元也，洵乎言之非艰，行之惟艰。言焉，未之能行也，大圣之言岂欺人哉？来谕又谓火炉费每日一分，前闻同学云买一火炉就须洋六七元，每房间三人，一人当派有二元余。而一人出费，一分三人，仅三分，即在北京买木柴仅得十斤左右，如何足供一昼夜之用乎？家中苦况，男无日不在心中，故特于今夏投考北京正科，思欲于大人在时得一正科毕业，或能稍博荣誉微利以慰大人，并以慰家庭也。

1. 郑詹尹，古卜筮者之名，后指代善卜者。

目下膳费零用在在需钱，不得不向同学暂借，家中既不能多筹，男实无以对彼等惠借之厚情，且彼等亦非多金钱而可久欠者也。往京后一时甚难设法，和叔先生现无职位，而郁君向无交情，似难开口，且于学校一路不甚熟悉。渠言伊二弟（浩生[1]去年冬来京）居京半年，求一事而不得。浙学校闻已停闭，且离大学远，殊多不便，其他亦无相识、具有力之故旧可以为男谋，故非一二年后求之同学，间或和叔先生有识位能代设法，实难以望成。

近见报上和叔先生之长子[2]已任命为新简墨西哥公使随员，刻已起程赴墨，渠在外交部办事，故得有此差委。任父先生日前有信来云，八九月间拟来京一行，《古文辞类纂》一书自当托伊带回。男拟本月廿四五日赴京（迟到恐无宿舍，自租房屋需钱更多）。禀稿或祈早寄到。余容续禀。

肃此。敬请福安。

安男家桂叩上

八月九日下午

1. 浩生，即郁养吾（1891—1971），名浩，小字浩生，郁达夫二哥。
2. 和叔先生之长子，即孙祖烈（生卒年不详），字成伯，与孙祖燧（孙树礼二哥孙树义之子）同为万寿恩科举人。

九月份至十二月份费用	
学费	十二元
讲义费	二元
寄宿费	四元
膳费	二一元六角
	共三九元六角
仆役洋灯及零用费	二四元
十一月至十二月火炉费	六元
	共六九元六角
禀中开列诸费	二九元
	共九八元六角
阳历下半年大约总需百元	
明年正月份至三月份费用	
学费	九元
讲义费	一元五角
寄宿费	三元
膳费	一六元二角
	共二九元七角
仆役洋灯及零用费	一八元
正月至三月火炉费	九元
	共五六元七角
明年四月份至六月份费用	
学费	九元
讲义费	一元五角
寄宿费	三元
膳费	一六元二角
	共二九元七角
仆役洋灯及零用费	一八元
回南路费	二〇元
	共六七元七角
校中书籍未知如何，兹未敢预计列入表中	

孙问西所列在京费用表

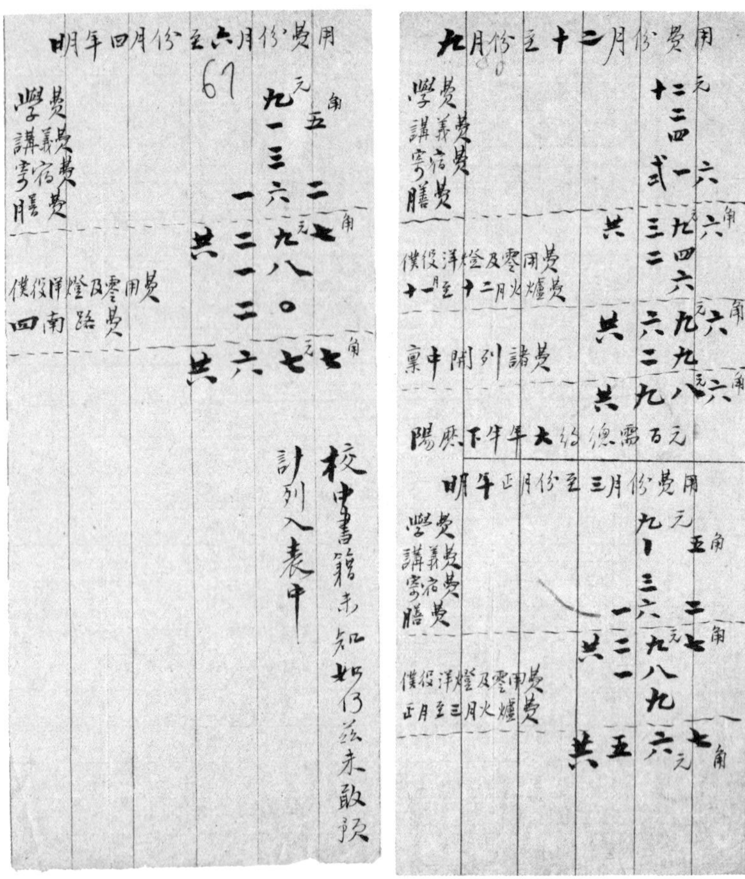

明年四月份至六月份费用

學费	九元五角
講義费	一
寄宿费	三
膳费	一六二
共	二九元七角
僕役洋燈及零用费	一八
回南路费	二〇
共	六七元七角

校中書籍未知如何茲未敢預計列入表中

九月份至十二月份费用

學费	十二元
講義费	二
寄宿费	四
膳费	贰一六
共	三九元六角
僕役洋燈及零用费	二四
十一月至十二月火爐费	六
共	六九元六角
稟中開列諸费	二九
共	九八元六角

陽歷下半年大約總需百元

明年正月份至三月份费用

學费	九元五角
講義费	一
寄宿费	三
膳费	一六二
共	二九元七角
僕役洋燈及零用费	一八
正月至三月火爐费	九
共	五六元七角

孙问西在读北京大学时学费、膳费、寄宿费等费用表原件

父亲大人膝下：

谨禀者。男于八月廿一日到京，曾有一片寄三哥。连日就大学附近觅租房屋而不得。二十九日租定太仆寺街中华学舍，房屋三小间，敷二人之用，每人每月房饭费八元半，一面仍托人向校中总监学商量。宿舍一间已允，俟新屋落成后再行设法，大约下月或可移入。

男于三十日由杭州馆迁居太仆寺街，此地距大学较杭州馆近一半有余。开学在即，住杭州馆终不妥便，故不得不于此地暂住一月。孙君倬人已于前日抵京，明日恐将移此同居。银洋衣物亦伊带来，据云系蒋起龙[1]及戴逵孙二君送伊府上，非徐佐君带来也。

二哥禀稿已拟就，兹附寄呈。政禀中不提及他事，只言因病假久远遂免职。去年九十月间确系生病，故即将来查明，系赌博事亦可诿言，既病何能赌？禀中指言局长因人处事，若参谋部查问局长报称因赌博免职，并不偏倚，则可举李某同犯起用之例证之，而局长之过，益坐实矣。前谕中示及二哥自行辞退，但二哥寄男信中言免职，并不说辞退，故禀以免职之情形作之（想不至误）。乃義子在法科经济门已阅二年。

肃此。敬请福安。

男家桂上

1. 蒋伯潜（1892—1956），名起龙，又名尹耕，以字行，富阳人，学者，教育家。

027

1915-9

父亲大人膝下：

谨禀者。男于前日由太仆寺街中华学舍移入本校寄宿舍，屋小人多，然尚可勉强居住。

今日校中举行开学礼，明日开课，课程尚觉完善，教员大抵皆东西洋留学生，及一二外国人。男现已由政治门改入经济门，因政治门所有之科学，经济门均有；而经济门所有优美之科学，则为政治学所无也，故决意改之，诚恐噬脐莫及也。校中有旧同学四五人，不甚觉寂寞，日前寄三哥在中华学舍一片，想已可收到。余容续禀。

肃此。敬请福安。

男家桂谨上

此处已改名，号则未改。

父亲大人膝下：

谨禀者。久未奉禀，深庯驰念，伏维兴居万福。前示及禀稿早已收到，并照行。然迄今无消息，恐无人关说，亦无效也。

目下男在经济门受课，钟点较政治门多，而功课亦较政治门为繁重，且英文课本居多，日夜在案披阅，犹有不给。幸身体较昔日为健旺，故尚能勉强支持，不然难免无陨越之忧。然注精力于校中课程，而无暇复从事于文字书法，亦一憾事也。

下半年清廷诸宫殿均开放，准人游览。男于上月中曾往一游，仰观太和殿及中和、保和诸殿建筑之精壮，规模之宏伟，诚令人瞻览欣慕靡已，于此亦足见古代帝王之崇高矣。其余文华、传心诸殿亦高伟深闳，非常人所得梦见。而武英殿中古物珍品罗列如市，商鼎周彝灿然陈焉，而昔日皇家珍奇之物，更笔所难尽述，亦足证帝王之富厚矣。人生一世得来此漫游一次，上以瞻仰历代帝王室之陈迹，下以俯视来世，虽不免有今昔之感，亦诚无上之乐也。

男以本校距前知县董公寓甚近，拟往拜谒一次，寄谕时请将称呼示告（当面，谅不可再以董公呼之）。余容续禀。

肃此。敬请福安。

男家桂谨上

十一月一日夜

029

1915-12-4

父亲大人膝下：

谨禀者。久未奉禀者，前四日奉接一谕，敬悉一切。

余君寓碁，男上月问号房，则云外出数日，尚未归。日昨又问之，则云校中无此人，前系误答。次日男询之湖南人，则亦云此人。男以电话访之法政学校，亦答以无此人。故日下此信尚搁在男处，无从投递。北洋大学事，男自当托同学处置一切，现时拟暂迟延勿理。董公家已往探问，确已故，曾于前禀说明。曼陀处男于上月往会数次，遇见一次。嘱转言之事，亦已告及。察其态度甚淡，然无论其力能为男设法与否，即或能之，恐亦未必尽心耳，故不愿作无益之请托。

男今晚读韩愈《祭柳子厚文》有云：“凡今之交，观势厚薄。”不禁而兴无限之感慨也。和叔先生处上月亦曾往数次，但伊自己现亦无事，似亦未便开口。故近日以来尝静坐凝思，觉甚少兴趣，颇作厌世之想，恨天既不赋我以俊秀之资，而又令贫乏如是，何天之厚于人而薄于我也。且日来体力衰弱，难以尽力操作，逐日功课未克一一遍读，而参考书更鲜有余力及之也。即己观人，总觉万事不如人，遑云胜人未知，古所谓河伯百以为莫己若者，其才究如何耶？国体问题讨论经营久矣，定局后大位自当属之。袁氏闻初拟十二月二日登极，继以三殿修葺尚未完竣，延至明年一月二日。现又以国际上关系，难以率尔进行，故一时未能遽定。要之，即位之期想亦不远矣。三殿刻已修葺过半，景象焕然一新，闻太保殿改名承天殿，中和改名启运，保和改名治隆，大体似无更改。事关国是，兹亦未便多言。

前星期会见宇襄[1]，言月杪渠将回里为其父祝寿，男意吾家宜稍致礼，以相与周旋。宇襄平日虽不肯为人尽一举手、一投足之力，但亦不可不预筹他日之地步也。下学期用款拟请托宇襄带来（款已早用完，故下期总须六十元），渠于本月廿九日当可到场口[2]，小住二三日即当返京。二哥处前已数致明片。

肃此。敬请福安。

男家桂谨上

十二月四日夜

1. 宇襄，即潘竟（1887—1939），字宇襄，浙江富阳场口人，潘菊潭长子。曾任国民政府训练总监部总务厅长、国民政府军政部总务厅长。

2. 场口，位于杭州富阳县境南部，南邻诸暨市，西连桐庐县，为富阳县四大埠之一。

030

1915-12-13

父亲大人膝下：

谨禀者。日前寄奉一禀，想已可收到。

上星期上海稍有骚扰，一炮舰为匪徒劫去，旋复夺回，不一二日敉平如常。北京近日甚宁谧，中央国民代表会联合各方面代表呈文（二次）大总统，戴为皇帝第一次呈文之答覆。大总统以鲜功寡德，谦让未遑，命别选贤能，以肩此任。第二次则云，既一再呈请，姑俯就民意，勉荷斯任。以男推之，登极之期不远矣，乡间谅必亦稍有所闻也。

前日会见宇襄兄，云渠定于本月廿五日动身回南，三十日可到场口，明年一月四五号即当旋北。并谓男曰如有物件，伊可代带，对于男颇表睦切之象。前禀曾请筹洋六十元（广东洋钱此地亏折其巨，不可带来），可托伊带来。校中有刑法、民法诸课目，刑法男已买就，民法无专本，均与他法合辑成部，价贵，未便遽买，如家中有民法，亦请托伊带来［如像《六法全书》《民法》与他法编辑成部者，不必全部带来，以免繁重（带《民法》第一编、《民法》第二编）］。

一月一日为其父寿日，吾家似当致礼以敦交谊。蒋君震龙[1]本不认识，亦送礼焉。二哥久无信，未知何故？此地天气颇冷，已下雪数次，但尚可耐。

肃此。敬请福安。

男家桂谨上

十二月十三日灯下

1. 蒋震龙（1893—1962），1917年毕业于北京大学法科经济门，1928年至1930年任德清县县长。

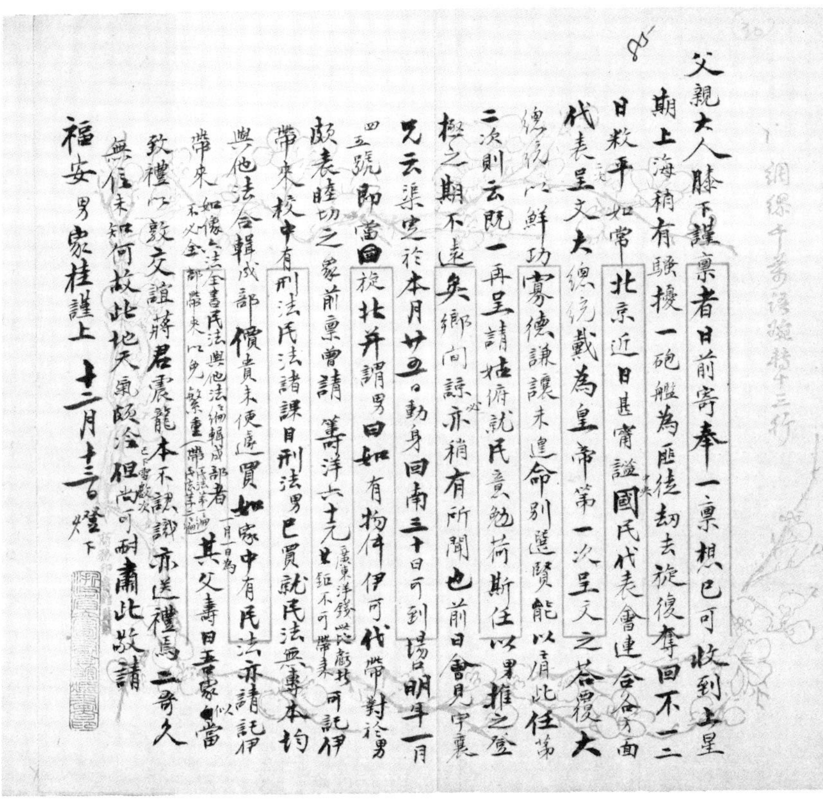
父親大人膝下謹稟者日前寄奉一稟想已可收到上星
期上海稍有騷擾一砲艦為匪徒劫去旋復奪回不一二
日敉平如常北京近日甚寧謐國民代表會連合各方面
代表呈文大總統戴為皇帝第一次呈文之答覆大
總統以鮮功寡德謙讓未遑命別選賢能以肩此任第
二次則云既一再呈請姑俯就民意勉荷斯任以畀推之盛
極之期不遠矣鄉間諒亦稍有所聞也前日會見宇襄
先云渠定於本月廿五日動身回南三十日可到揚明年一月
四五號即當回旋北并謂男曰如有物件伊可代帶對於男
頗表睦切之義前稟曾請 籌洋六十元廣東洋錢無從觀甚鉅不可帶來可託伊
帶來校中有刑法民法諸課目刑法男已買就民法無專本均
與他法合輯成部價貴未便遽買如家中有民法亦請託伊
帶來 如係與他法合輯成部者不必全部帶來以免累重 其父壽日吾家自當
致禮以敦交誼蔣君震龍本不認識亦送禮焉 二哥久
無信來知何故此地天氣頗冷但尚可耐肅此敬請
福安 男家桂謹上 十二月十三日燈下

信稿书影

031

1915-12-22

父亲大人膝下：

谨禀者。久未奉禀者，上星期六接奉一谕，男亦于上星期一寄上一禀，目下想已可收到。

宇襄处男实无力致礼，只可请大人馈送，闻蒋君拟送洋一元焉。逵荪在高等师范，非与男同校，上月其叔故时，未分讣闻，因未送礼，送挽联一副，诚亦甚善，但逵荪现已运柩到鄂，住在武昌汉阳门直街四十六号顾公馆，杭州恐已无家焉。以丧礼而送于他人之家，似不甚妥当，若无大碍亦不妨缮就送去。惟在京诸旧同学无一送礼焉，或者待逵荪回京后，详询一切情形，再行办理可也。余寓碁之信已亲送去，其人衣食居住言语谈笑均不知清洁检束，非振奇有为之人也。中华大学[1]系光复后私立之学校，办法及学生程度不甚善。

男现所居之分科大学，即北京大学正科，在马神庙后门。预科在译学馆，即徐君佐[2]所居之处[3]焉。上月教育部发下一令，命大学学生均须改穿短装制服，校长奉令遵行，不顾学生经济之如何。初曾谓由校中设法筹办，故前禀未说及。乃前日忽有牌示，命学生缴制服费洋十元，随同学费纳入，而诸旧班班长禁口不争，若男者其如之何乎。来谕谓寄洋五十元，本难敷用，今又须多缴洋十元，更难以维持矣。而家中之财赀又奇绌如是，奈何奈何！若目下能多筹几元最善，否则望明年及早筹定寄下，将来如能得一教职，诚两利焉。

---

1. 1912 年 5 月 13 日，湖北黄陂富绅陈宣恺、陈朴生合捐资产创办私立武昌中华学校。1913 年，改校名为私立武昌中华大学，开创了中国私立大学之先河。
2. 徐君佐，即前文徐佐君。
3. 北京大学预科的学生宿舍，一部分在译学馆，为两层楼的洋房，是清朝末年的遗物。另一部分在沙滩，是新造的简易宿舍。当年茅盾的宿舍就被安排在译学馆。

明日冬至，休业一日，后日即继续放年假。男初以为年假时可稍舒，间得勋力于国文。乃政治经济诸课均须自著论说一篇，而经济尤难，至少宜在三千字以上，用英文作述，故非先涉略一二部书不能下手。

二哥月余无音信，年终回富与否，尚不可得而知，俟探问后再行禀报。

肃此。敬请福安。

男家桂谨上

十二月廿二日夜十点半

（左）北京大学第二院大门；（右）译学馆旧址

032

1916-1-17

父亲大人膝下：

谨禀者。上月廿七日之谕早已收到。宇襄亦已到，寄带之洋，男亦如数收存。前谕提及同学胡某，胡某系陈仲恕[1]先生所荐，目下在民国大学中学班充教授，非朱监督[2]所荐。今年暑假清华招考各级插班生，程度最优者即于暑假后资送出洋。男拟往投考四年级，若考卷稍优，今年即可出洋，否则明年可出洋。家境如是，不得不迈往一试。明后日起当从事豫备，恐无一刻之暇，校中功课拟置之不理，大人以为何如？惟课目甚多，均英文考试（十五六门），未知暑假时能否预备完竣，亦一甚难决之问题。

二哥现未知在何处？上月曾有信谓即将离宁波，若未回家或在杭亦未可知。余容续禀。

肃此。敬请福安。

男家桂谨上

一月十七日晚

1. 陈汉第（1874—1949），字仲恕，号伏庐，浙江杭州人。清季翰林，辛亥革命后历任国务院秘书长、清史馆编纂。

2. 朱监督，即浙江宗文中学校长朱丙炎（1850—1921），字硕甫，浙江杭州人，光绪年间举人。

朱丙炎为浙江宗文中学（今杭州第十中学）题写校训：质朴耐苦，诚实不欺

033

1916-2-3

父亲大人膝下：

谨禀者。十二月廿八日接奉谕示，敬悉一切。

宇襄并无他语，且南洋均已代为兑换。北京钞票既便而又免亏折，到京后曾请寿酒一次，男亦列席。清华男虽有其志，然预备殊难。四年级名额仅十名左右，邀取更难。若欲往考，势必弃置校中功课，不取则进退失据矣。故尚须审慎筹思未便冒昧遽定，以考高等文官之一。然论之本国大学与外国大学权利等所异者，金钱、学识之二方面耳。

前寄与叔父之信，男亦恐有不妥，故附寓禀中不直寄。树穀叔公只可面商，伊未能自读信也。乡邑间银期极紧，亦意料中事。北京平靖无惊，天气甚和暖，迥异往年。南方不料有如此之冷。随宇襄来京者，仅李保生一人，会见数次，男代为觅一甚便宜之寄宿处。六月中北京举行法官考试及各项外交官考试，保生大约欲就一职，届时投考法官亦未可知。宇襄曾为保生向曼陀言欲就事之意，曼陀默默未肯承允（言时男亦在座），恐或因求事情之难也。

昨日为除夕，蒙陶君吉甫（在教育办事）邀往分岁，谈笑大半夜，极一时之欢。今日述庭兄[1]（赵新甫之子）又邀共午膳。其弟连城在本校预科，伊宿舍与男处甚近。男与伊昆季谈尚欢，恰平时亦常相往来。午后宇襄来过，适未归，因未会见。明日拟回往贺年。

耑[2]此谨禀。恭祝新禧。

男家桂拜上

正月初一日下午四句钟[3]

1. 述庭，即赵迺传（1897—1986），字述庭，浙江杭州人。
2. “耑”，同“专”。
3. 句钟，清末民国时期表示时间的一种方式，文中的“四句钟”约为四点钟。

父亲大人膝下：

谨禀者。初一日奉上一禀，想已收到。

清华男已决拟不往，盖预补既难，而即官费出洋，得一大学毕业资格，至少尚须五年。男在此三年以后大学即可毕业，年限之相差如此，而将来之应试高等文官，则本国与外国大学又毫无区别，故不如留此之为愈。且第二次高等文官考试适当男毕业之年，立可应试。繇[1]此种种度之，不往投考，亦未为拙也。

二哥事去年参谋部递一禀，无丝毫成效。男意现在军事倥偬频凑之际，需人必多，测量人材为行军及交战前所必不可缺者。此时投效参谋部，谓愿尽微劳以襄理，征滇军务[2]或能录用亦未可知。男此时功课繁杂，作禀颇费经营，未能遽行竣事（且同房同学甚多，有许多不便），可否请大人作就，由男送部？

昨见报载经界局设立经界学校[3]一所，定于阳历三月一日至三日考试，开办想亦不远矣。该校学员分特科、正科二种。正科应试者以中学毕业为合格，考入后一切费用均由该校供给。至应试特科者以曾学土木工及陆军测量学校[4]毕业者为合格，考取后一切费用由校供给外且每月津贴十元，一年毕业，毕业后即由经界局录用。男意二哥之资格甚相当，已寄信嘱伊往上海投考。但或恐不成，故最好大人作禀时提及。若参谋部无法录用，请参谋部转送经界学校肄业（北京常有此例，男意经界学校毕业薪水必甚优）。事在旦夕，请速图之。

又：若大人有余暇，请另作一禀，向陆军部投效（此禀可稍缓）。

---

1. “繇”，同“由”。
2. 1916 年 1 月 1 日，云南军政府发布讨袁檄文，袁世凯在北京迅速成立“征滇临时军务处”，亲自主持用兵计划。
3. 1913 年，蔡锷被袁世凯调至北京担任全国经界局督办，一说其在崇文门外曾办有“经界学校”，性质与大专学校相同。
4. 1906 年，清廷传谕各省开办陆军测绘学堂，由督练公所参谋处主持其事。

凡事皆须乘时机，当此军事旁午之际，学测量者未始非进身之良会也。男以为失此不图，后悔无及矣，故恳大人代图之。

耑此敬禀。顺请福安。

男家桂谨上

十五日晚

035

1916-2-25

父亲大人膝：

谨禀者。十三日接奉纸片，惊悉祖母业已弃世，阅之再三，不胜汍澜悲悼，恨去年未有回南，以作最后之团叙，以承垂暮之余欢，而今已矣！纵他日或能稍达微志，安得复申奉养之愿乎？未知始于何病？起于何日？月前未见一谕示及，故忽得此片，惶惑异常。

二哥现在想已抵家，伊在杭曾有信来，谓到上海时，经界学校试期已过，未克应考。此地虽已递禀，然仍无批示。前见报载，该校续招生一次（本月廿七至下月一日），未审上海亦续考否？现为时已晚，又难赴期矣。惟据前信，则谓曾托一人请巡按使[1]保送，但须及早图之，迟则又恐难以设法矣。

目下帝制问题及洪宪年号均已发明令取消。其原因，盖由广西之毅然，继云贵而宣布独立，广东之电告，军心动摇难以维持。江苏、浙江诸将军之电陈平和解决，以安大局，以舒民生。康有为、汤化龙[2]之联合致书总统，逼请退位，免军财之耗，伤生灵之涂炭，藉以收拾残局。加以日本之跃跃欲动，外交界之警告频来，于是帝制之取消会议始行决定，而有帝制及年号取消之申令，但将来大局如何，尚未可逆睹也。北京甚安宁，一切秩序如常，浙江想亦无甚惊惶。

前谕示及今年乡中复设学校二所，未知去年议定归男所收之租谷如何处理？（日昨秉瀚来信云，学校系二姊丈所发起提倡，未知

1. 民国初年，各省最高的民政长官称为“巡按使”，掌管全省民政、巡防及警备等事务，并受中央政府的特别委任，监督财政及司法行政事项。

2. 汤化龙（1874—1918），字济武，湖北蕲水（今浠水）人，光绪年间进士，曾留学日本。

确否？）闻县知事已更换，庚三寄语宇襄托转致该知事（亦将军府中人），委伊收发之职（谅为肖愚[1]也），宇襄一笑置之。

春假在即，学膳费已经催缴，请速汇下（至少须六十元。若一时不易筹措，分期寄下亦可）。是所至盼。

肃此敬禀。恭请福安。

男家桂谨上

廿五日夜

---

1. 肖愚，即孙瑞钟（生卒年不详），字忠甫，号肖愚。编辑《富阳节孝录》《富阳节孝随录》等。

036

1916-3-3

父亲大人膝下：

谨禀者。前月寄奉一禀，谅已收到。所请代作之禀，未审曾完就否？

刻见报载陆军部竭力搜罗闲散职员分别起用，以防军界人物之流入滇军方面。故斯时未始非二哥复职之良机，但禀中似宜作壮烈之语，有投笔从戎之概。至若委曲巽顺之辞，恐非现时所能收放也。目下大局如是，男意甚为焦灼。北京地方虽平静，而金融之恐慌，有非可以言尽者，南方当亦不能外是。

男于前月初寄一信与朱硕甫[1]先生，嗣后又寄一信与钟郁云[2]先生，托伊代为设法，俾得自行谋生，以供给一切用费。朱先生尚未有回信，钟先生已有一回信，据云京中虽有一二熟友，然皆依人为食，绝无势力，辗转相托，必无结果，并劝男以不易学校为是。男观其所言，尚属诚切，事纵无成，亦感激焉。男仍拟若暑假回南，与伊面商一切较妥。朱先生实一能力无决断之人，轻言而难行，常据他人之功以为己功，有若大言不惭者。莱第叔所传者，实皆其大言也。

现第二学期行将告终，第三学期之款需用在即，还请大人竭力筹措，至少约须六十元，务请于月底由邮局寄下。若有妥当便人往杭由银行汇寄，可省邮费一元余［银行汇兑每元一分。（中国银行）］。

肃此敬禀。恭请福安。

男家桂上

三月三日晚六时

今日校中有法科年限缩短一年之说，未知究竟如何。

1. 朱硕甫，即朱丙炎。

2. 钟郁云，即钟毓龙（1880—1970），字郁云，晚号庸翁，浙江杭州人。光绪年间举人。曾在浙江高等学堂、杭州府中学堂、嘉兴府中学堂、安定中学堂、浙江女子师范学堂、宗文中学堂等校任国文、历史、地理、修身等科教员。1921年至1946年任浙江宗文中学校长。下文称呼“钟师”。

037

1916-4-16

父亲大人膝下：

谨禀者。十三日接奉一示，并汇票一纸，谨悉种种。

男前次所缴学宿等费均向人贷借，现虽接收几十元，除还人外，所余已无多。幸此函早发，若迟发一二天，即不能寄到。目下浙江、北京间汇兑电报皆不通，陆氏兄弟（仲雍、叔良均在会计讲习所）在此惶恐万分，忧来源之已绝、告贷之无门。

近复谣言纷起，因颇岌岌思归。传闻沪宁火车亦已断绝，而沪杭之不通已属确凿无疑。江南大局未知何如，而南北间条条未能融洽，和平解决恐已无望，将来之状况竟未可逆睹也。幸北京尚平安，绅商军学各界人士无何等之惊惶现象。所可虑者，恐用费之无出耳。

昨日下午宇襄与宝森二人已出京南下。宝森于上午来男处，适在上班时间，未会见。男亦不知宇襄亦与同行，且下午尚有功课，故未往送。二哥事，男前者曾与宇襄谈过，现既回南，二哥可往会一商（先探听伊究竟在何处，任父或知之）。参谋部批示出后，男又递一禀，嗣又寄一信与唐次长[1]（参谋总长段祺瑞仅挂虚名）。昨晚往参谋部，尚无揭示，未审能收效否？余容续禀。

耑此。敬请福安。

男家桂谨上

四月十六日上午

1. 唐次长，即唐在礼。

父亲大人膝下：

谨禀者。久未奉禀，殊深驰念。日来风云，益趋恶剧，眷怀更甚。

北京秩序虽如常，然停战期限将满，二方条件均龃龉不相入。而袁总统又无引退之表示，衅端将重启于旦夕间矣。近来居民恐慌，纷纷向中、交两银行换现提存，该银行苦难于应付。昨日已由国务院出令禁止换现洋，或提存款。故昨今两日居民益形恐慌，而货物因以腾贵，日后之局面未知伊于胡底。

二哥在杭州曾通信一二次，朱先生已有回信，但无良好结果，附呈原信一阅。男拟他日面商，或能得其许诺。男又拟设法向县署请补助费以济不足，但此皆须男回南后始可进行，在此固难以设施也。上半年男尚缺少二十余元，还祈设法筹之。惟照现时局面推之，此地下半年开学与否，亦尚在未定之数。若不开学，姑就事一年，否则或译书一二部，藉以稍得微赀，以裕将来。

肃此。敬请福安。

男家桂上

五月十四日下午

039

1916-5-30

父亲大人膝下：

谨禀者。前奉一禀，想已收到。而久无谕示，益深悬念。

光阴如箭，宛若白驹过隙，暑假又在目前矣。校中学年考试已举行二种科目，其余诸科目统候下月（阳历六月）十二日考起，大约十八九可完竣。男精力不及人，未能十分努力，同学中有一二人竟有牛马之力，能深夜不睡。虽其资质未必胜男，但其功夫亦甚可畏也。时局如斯，解纷难卜何时。校中下半年继续开办与否，亦殊未可断定。一切行李留存校中，抑或随身带回，亦为难决之问题。盖往来搬运甚不便，留存校中又恐学校停办，他日携取为难也。

二哥近无信，未审家中有信否？杭事究竟如何？深用眷怀。男尚需洋二十七八元，望筹划从速汇下。目下交通不便，物价又腾贵，所费益钜，似非昔日可比也。天气颇热，可穿单衣，南方谅较热焉。

肃此敬禀。并叩福安。

男家桂上

五月三十日夜

父亲大人膝下：

谨禀者。男在杭寄一禀，并对一副，谅均收到。

汪君任三[1]处礼未知送去否？系念綦深。男于十二日由杭赴沪，十四日上轮，十五始开行，十八抵津，宿一夜。次日入京，校中于十四开堂，二十四日方开课，故到后犹可从容休息数天也。本校浙江津贴生缺额，此次男已补到，约有洋五十余元，今年可得款项。男拟买一皮袍奉上服用，下次拟作购书之费（虽有五十余元，购外国书籍仅有五六本）。平日用款仍须设法另行筹划。北京近时政局尚安谧，市面亦平静，惟银行作梗耳（未兑现）。

耑此谨禀。余容续陈。敬请福安。

男家桂

八月廿七日上午

1. 汪任三（生卒年不详），曾任富阳县临时参议会参议员、富阳县政府文献委员会委员。

041

1916-11

父亲大人膝下：

谨禀者。久不奉禀，惶恐奚似！

日前接二哥书，得稔福体违和。后接大姊夫[1]诊治，病势稍杀，诚万幸也。目下未知尚服补药否？此后务望节劳，以资修养，勿令稍觉疲乏，则元气当易速复也。男忆此次病之所由起，亦未始非收割时积劳所致也。革命伟人黄兴、蔡锷俱于本月疾没。黄兴之死尚不足惜，蔡则文武兼资，沉默寡之，论有功而不居，有利而不攘，其死也，实非民国前途之幸也。比来北京政局貌似镇静，然意见分歧，暗潮甚烈，故言论虽多，终难裨于国事也。

任父先生已于大前日到京，昨日来校相会，适男上课时间未能把晤，明后日拟往拜会。县校校长闻为宋君攸伦，想必重平竭力所主持也。天气寒凉，加意珍摄，是所至要。

敬请福安。

男家桂叩

1. 大姊夫，即许正始（1872—1927），字善元，号约梅，别号船园。历充乡议员及县参议员。娶孙蓉第长女，生二子，许逢赉（字百朋）和许逢靖（字百揆）。

042

1916-11-22

父亲大人膝下：

谨禀者。十四日寄奉一禀，谅可收到。

昨日接二哥书，得稔大人病愈后症又变样，阅之颇觉惶悚。第一次二哥寄语谓病已粗痊，故男亦不甚措意，安禀因以迟迟。不料元气未复，而病症嬗迁也。兹买就大参一枝，上品骡皮胶四两。目下药材价值均奇贵，而参尤甚。所买之药，未知能对症有效与否？请姑先尝试之，若果见奇效，再行买寄可也。

至于钟师函介一节，至今尚未见有来信。男此次过杭曾见钟师，伊云渠友在西山养病，不在京，待渠友到京后再写信寄京。男上月探悉其友已回京，即函催，然迄今一月未有回音，诚不知其何故也。或再函询，亦可又向县署请补助费一节。男到京未半月，即请郁君曼陀向许重平[1]函商此事，并提及宾兴公款之可以挪用。许重平复以公款业经拨归县校未可挪用，而其他款项亦窘拙未能设法。后又请宇襄函商，重平亦不答应。大抵富阳目下在场诸绅仅知包打官私，饱自己口腹，满一人私囊，诚不能责以公益事及提倡学子猛进之热心也。言之甚堪痛心，实不能又为我邑悲，而浙中津贴现亦尚未汇来。男欲购置书籍几部，胥以价太大未果，而读书人书籍似又不能不买也，奈何！奈何！

现值任父先生来京，男拟与伊作一商榷，未审伊亦能代为设法否？男自当徐徐图之，大人可弗顾虑也。此时总以静养为要，请万勿焦思劳念，致伤神体。至若男之荣槁穷达，自有命运在，恐非人力所得而左右，亦惟默以伫待而已。

耑此敬禀。祇请福安。

男家桂叩上

十一月廿二日夜十时

1. 许重平，字仲平，浙江富阳东梓关人，孙问西大姐夫许正始之父。清末民初富阳杰出诗人之一，并与郁曼陀过往甚密，且有诗词唱和。

043

1917-1-12

父亲大人膝下：

谨禀者。多日未奉安禀，系念异常。近半月以来，想福躬定必佳胜，但时临腊底，还望清虑节劳为要。

男今年本拟买一皮袍奉上服用，惟目下皮价甚贵，普通羊皮虽亦有价值便宜者，但质料坚重，不宜于年老人服用，欲求一质料轻松合于年老人穿者，非在三十元以上不可。男意当大人新病之后，药材较要，衣服次之，故特行买骡皮胶一大盒（半斤，每斤八元），一小盒（一斤，每斤二元四分），四大盒骡皮胶已有十余年之久，洵为多年陈品，而小盒之胶亦在五年之上，谅服之当比平常膏胶为佳。男现甚不信参，以为参之真者，固佳。但未必有真品，与其出重价以购假参，不若购真实可靠之胶之为愈也。兹因俞蔚芬[1]兄回南，特托带交复源盛米店转寄，谅不日可到。

本校已由大总统任命蔡元培先生为校长，前署理校长胡仁源[2]已卸任离校。新校长于阳历一月四日到校视事，闻将大加整顿，并改革一番，不许学生在官厅当差或兼他职司（确否不可知）。因此男颇不愿再行兼事，事既难谋，又无相当之事，且恐得不偿失也。若乘此时竭力用功，俾稍露头角，则蔡先生既为当今有名有数之人物，将来有事请其帮忙或设法，自属较易也，但不知大人之意以为何如？且时间之经过甚速，二年半功夫一刹那间，即届毕业之期矣，故男以为谋小利不如看书用功之为得也。男颇欲买书籍几种，但价值甚昂，动辄在十元以上，且须寄信到日本去购买，一时实难举行。

肃此谨禀。祗请福安。并颂年祉。

男家桂上

十二月十九日夜十点半

1. 俞蔚芬（生卒年不详），毕业于浙江省立第一师范学校。
2. 胡仁源（1883—1942），字次珊，浙江吴兴人，曾任北京大学校长。

044

1917-1-18

父亲大人膝下：

谨禀者。前上数禀，想均已收到。

日昨接二哥信，得稔福履，渐就康愉，目下惟待补养耳。据云日服煎药，谅见效更多，从此日增月益，无疆之休，可得而几也。男在数千里外，诚喜慰万分，尚望加意珍摄，俾早登于仁寿之域也。校中已于大前日放年假，至下月八日止。

肃此。敬请福安。

男家桂谨上

十二月廿五日夜

045
1917-2-12

父亲大人膝下：

谨禀者。十四日接诵初七日之手谕，敬悉种种。

男自旧腊奉禀后，迄今历有多日。早拟肃修寸书，晋问兴居，藉悉近情。得示后，知病已全除，惟乏力耳，忭慰之至。药石虽少验，而尚能善饭，亦甚幸也。奉上之胶均为陈品，谅无甚气味。男本拟买参，以其真假不易辨，而同仁堂之参价较贵，故宁买胶而舍参。前门外天桥相近有所谓东大市者，买皮可较他处稍便宜。但非识皮而有经验者，则非皮买错，价钱必吃亏，故钱足，以向大店交易为妥。

大花园之事，本甚可忿然，苟以形而上之眼光观之，则大人之胸怀必可稍稍放宽。人为己之生命快乐而生，非以我人之生命而徇外界烦扰之事物也。苟日以外界烦扰之事物为怀，则精神上必受激刺而不快，而神体上亦因之而不舒，而真吾之生命快乐遂由此而远矣。人生斯世，决不能离世而独立。而一与外界接触，则横逆之来也，常日且什佰。吾人处此境遇，必不能漠然无感于怀，然若贱视他人而自视高人数等，则任何忿怒之胸襟，必稍可自解而自宽，而真我之快乐，或庶几可得焉。盖忿怒之事，即健全之人亦不宜多有，况大人新病之余乎？故男敢以腐言，以尘清听焉。

任父现住西城师范学校，有事机而尚未成熟。去年托潘郁[1]致许重平之信，非仅男一人之名，大学三人之名均提起焉。杭州长官既有省中津贴，当不能再行呈请。校长虽可行文，然如县署之不准其如之何。盖校长之行文无强制的性质，故必先得县署之准许而后行文，庶可无偾事之羞，无手续之徒劳。男曾思之再三而后出此也。余容续陈。

敬请福安。

男家桂谨上

廿一日夜十一点

1. 潘郁，疑为潘竟兄弟。

父亲大人膝下：

谨禀者，正月二十一日寄奉一禀，谅已收到。二十七日又寄一信，二哥想亦可送到。

二哥现赋闲家中，男虽代为焦急，然竟无可设法，求事既难而亦无人可为力，以当一举手之劳。间有一二同学在外任事者，均依人为食，无蚁驮之能。男以为就目下而计，惟有读书求学以耐闲，徐徐筹划以善后而已。

校中自蔡元培先生任校长后稍有改革大学之组织，此后将大一变，但学生之已进校者皆不受影响。据云自今以往校中仅办文理两科，法、工诸科均将停止矣。大学向例文、法两科，学生毕业时须有论文一篇（任择一题，著作数万言，亦一种小著作也）。男离毕业时尚远，固不必作杞人之忧，但光阴如箭，两年功夫亦恐仅一刹那间耳，故拟编译《财政学》一部以当论文。论文难以出色，且未能售买。编书一部，既易出色，若稍可观，并可重价出售。男意自今年暑假起从事此举，未知大人之意以为何如？但欲从事斯举，非买欧美大财政学家书籍几种会合编纂不可。男现拟暂买二十元之书籍（洋文书籍甚贵，二十元仅可买书二三种）。不足者，则或可取足于藏书楼，请大人筹洋数十元以资举办。

又：上半年学膳等费尚差三十余元，请共筹四五十元寄下，其余零用等费，男可请任父先生代为设法焉。

耑此敬请。顺叩福安。

男家桂谨上

二月初四日夜

047

1917-3-23

父亲大人膝下：

谨禀者。久缺安禀，殊为驰念，只以身体时觉疲乏，而功课丛积如麻。

考期迫近，故难分力于笔墨酬酢之间，同学间书信因之未能常通。大人尚能留心于文字，仿古人笔法构撰文碑，甚盛甚盛！钱潮[1]在日本高等专门医学校，日本无所谓东洋大学校，只有东京帝国大学。胡君现为民国大学[2]附属中学班教员，男以为此种事情可不必现实叙出，盖附属中学班教员未为荣也。且杭州三中学中与胡君同时以第一毕业者，以胡君为最无上进之志。毕业杭府中学者，早往美国留学。而毕业安定者，亦在北京大学，现与男同年级，惟不同班不同科耳。往杭州、上海一行，即无事亦可藉以游览，以开拓心胸，想此时光景，与五六年前当大有不同也。于斯可见中国近数年来社会上事物进化变迁之速矣。

大姊夫以相念而赠诗，然男不能诗，亦犹曾子固也，实无以为答。其病究竟如何，系念綦深，望大人有便作书时转为询安也。考期迫于眉睫，男实无暇作此种应酬之书牍。男意待暑假考毕后，再行裁答也。蔡校长初到校时颇欲变革校制，嗣以频遭各方面之反对，于焉作罢。惟闻工科确拟归入北洋大学，以北洋工科较胜于北京也。

1. 钱潮（1896—1994），字君胥，浙江杭州人，中国微循环障碍和莨菪类药研究的先驱之一。曾在东京帝国大学预科班和九州帝国大学医学部学习。

2. 民国大学由国会议员吴景濂等人于1916年在北京创办，租位于宣武门外的四川会馆为校舍，由马君武任校长。1930年，民国大学更名为私立北平民国学院。

对德外交策略始而抗议，继而绝交，现已预备宣战。内阁已遗交宣战案于众议院，请求同意，惟议院方面近又发生他项情事，故一时又停顿进行。盖开议投票之日，忽有公民数群以请愿国会，令其投同意票为辞，喧扰议院，甚至殴打议员。众议员见此逼迫情形，遂不开议，汹汹而散。

云《丛桂集》租事，男意似宜力争，既收租于前，固不应放弃权利于后。且冠臣诸人既承诺于先，自不当食言于后。第一年四人平分，众皆无言。今男一人独收，彼辈即有违言，是只可彼辈享权利，而男只可当彼行使权利时略分其余润，如此，何足以照公允？冠臣未知在家否？男拟待考毕后，作书与伊一谈此事，目下无此间工夫也。校内约五月初可以考毕，那时作信，想尚不迟。余容续禀。

肃此。敬请福安。

男家桂谨上

三月廿三日夜十时

048

1917-4-8

父亲大人膝下：

谨禀者。奉谕示，并汇洋，敬悉种种。汇洋亦如数收到。

男现已移居，移至学校后边北京大学学员寄宿舍。男独占一室，故颇安宁，可静心看书。且离校较前稍近，出入更觉便利。但自去年来，以住居房屋之不自在，及其他种种情形之不恰意，故脑中时不适意，以至于今，常觉昏痛，不克用心。自移居以后似稍胜，但半年来根深蒂固之脑疾，终未能一旦豁然去除净尽也。嘱买之《地理辨正》翼，男往琉璃厂数次，遍搜访而不获，已托湖南于君代购，渠云买到奉送。青丞[1]四五日内动身，此书恐难由青丞带上。庚三亦来京，男见一次。

敬请福安。

男家桂上

四月八日夜十时

1. 青丞，即孙增雯（1885—？），字青丞、青臣，清末邑庠生。

049

1917-6-22

父亲大人膝下：

谨禀者。上月奉一禀以后，即因学年考迫近，预备维艰，故亦未能时寄安禀，藉候兴居。兹考试已于十九日完毕，男拟不回南，暂留北京，假此余间以补所短，或亦有桑榆之效也。

黄帝曰："日中必彗，操刀必割。"夫人之生也有涯，而学者之求学也，其时间亦有涯。以有涯之生之时，向而欲求茫茫无涯际之学，则虽圣智如夏禹、孔子者，亦将寸阴之足惜、一席之不暖也，况乎一般愚柔之小民乎？是愚者之欲明，柔者之欲强也，更须加什佰倍之功夫。非然者，吾将见其堕落，必靡有成就矣。黄帝之言，盖以警志士之不可坐失时机也，虽然顽夫廉，懦夫有立志者，必其本可以廉，本有志也。五彩鲜色之表现于白纸者，必其纸为纯白而有受色之性质表现之能力也，非然者吾恐亦鲜有济也。男惕于前之说，不敢不有振励鼓舞之气。而观于后之说，则又惑于墙之果可粉也耶？木之果可雕也耶？然而不敢不朝夕自勖以自警也。

男拟于此假期内专研究租税学，庶免业广难精之弊，但男意总欲购买书籍数种，未审大人竭力筹款否？而在京居住费用亦甚大，膳食须较平日贵一半，故以费用论之，行与住相等，惟在此可以致力于学业耳。

冠臣目下是否在家，若在家？男可作书与伊一谈。《丛桂集》租事款项，如易筹措，请寄五六十元。否则请先寄三四十元，以便给付膳食。南方天气如何？皖北一带及山西河南均有因亢旱而无收成者，此间前数日大雨，民间称便。

耑此谨禀。肃请福安。

男家桂谨上

六月廿二日午后

050

1917-7-19

父亲大人膝下：

谨禀者，上月底以大考甫毕，休息数天。

自本月一日复辟以来，警报频传，以故终日惶惑，心绪纷繁，即欲读书而亦不能。自十日起消息渐紧，十一则共和派、复辟派之谈判，遂决裂。张勋负，固不屈，筑土壕积沙袋于其南湾子宅邸之要冲，预备作城巷之交战。南湾子者皇城之东南隅也，离本校不过一里余路。男以为事变未即起，拟于十二日往西山暂避，殊知即于是日黎明四时许开始击斗。男为枪炮声惊醒，方醒时以为共和军之攻击大门南边之紫禁城也。惶恐异常，及出寝室一听，方知声来自东南，则共和军之攻击张邸也必矣！斯时亦已无可逃避，故伏地而卧，以免为流弹所中焉。自四时起至七时，炮声、步枪声、机关枪声复连重叠而出，无一息之间隔。自七时候，声稍杀焉。午后则惟时闻枪声，已无炮。四时后即枪声亦无闻矣。谣传是夜尚须战斗，故避寝于洋房讲室内，殊知因受凉，隔一日而痢疾作矣。昨、今两日，觉稍痊可，故缮就致冠臣先生书一封，以便大人及早可与商议。若渠出外未得见面，则今年租谷仍收之可也，将来让他们向男说话。

本月时事已寄报四五次，故不赘及。十五日之谕示，曾于七月十一日收到。惟下次若寄洋在五十元以上，可托汪君任三由兴业银行汇寄，既省汇费，且较简便。暑假后若有人北来，请带下细茶叶一包。男自己虽不甚喜茶，然向有客至，则不得不用焉。

肃此。敬请福安。

男家桂谨上

七月十九日午后三时半

051

1917-7-29

父亲大人膝下：

谨禀者。阴历二月初一日奉上一禀，与冠臣先生之信寓焉，目下谅已收到。

男自阳历七月一日复辟以来，心绪未能有一日之凝宁，当复辟期内则终日惶惑忧惧，不知京师之治安何似。共和军既奏凯旋以后，则以微染时病，精神颓唐，志气益以怠惰而不振。而自十五日后，阴雨连绵，无有一日之间隔。迄今十余日，天公犹愁眉蹙额，作冉冉欲雨之态，霉雨闷人之天气。不料亦于北京亢燥之地，见之天时人患，均与吾为仇。而男半年来之宿愿，遂百不得偿一焉，奈何！奈何！惟略读韩文及临摹颜字而已。男本拟于暑假期内，读《曾文正文集》一部，继以求之不得，乃作尽读《古文辞类纂》中韩文之计划，此心此愿，未知亦果能遂否？

男远在千里之外，不能与家中人接谈，每日心有所得，亦微以贡献于大人，及兄弟之前。而深夜转念吾家之怠惰堕落，弛漫而不振，朝夕忆及，辄以为将来莫大之隐忧。盖夫通都大邑，仕官之家，恃个人之才智，以立身养家，然亦必勤以求学，俭以持身，始克有成。至若乡镇耕读之家，非勤无以起家，非俭无以悠久。所谓勤者，非连作工一天一夜而戏游二三天之谓也。必量力行事，持之以恒。所谓俭者，非不吃饭，不吃菜，不穿衣，或酌减饭菜衣之谓也。必审察巨细，节啬有方（吾家往往以省小钱而失大者，亦往往斤斤于小，而忽于大者）。盖用勤俭二字者，非日夜工作不止，一钱不用。有时反以不太勤为得，有时转因不俭为利者。盖行此二字时，必须稍运智力，以适合乎现情者为上，以不拘守为宜也。家中俭，则不可谓不俭矣。而于饮食蔬菜一端，男以为似觉太啬也。人之脑力体力，颇与食品为缘。苟食品精良而滋养，则人之体力自健，智力自充。而所谓食品精良滋养者，非必吃鱼吃肉，即有各种蔬菜罗列在前，则食欲自增，兴味自好。而考之生理学，后者实较前者为清腴而滋养也，但须烹调有方耳。由上言之，男不得不劝吾兄弟，按时栽培各种蔬菜，务使绰然有余，毋虑其太多也。至于“勤”之一字，家中无一人能实践之（大人白发老年，自当休养，勿事繁剧），即男亦只能知之言之，而未能躬行，故胸中觉有无限愧怍。以后务望家中各人力去怠惰，以勤为志，即以裕家为归。善之宜修者，即知即行，沛然若决江河；恶之宜去者，如芒刺在背，不尽除之勿措焉（自善字起意，谓事之应做者，立刻做之，勿捱一天算一天。行有不当者，即去之，勿以小过而无妨也）。苟各人矢志以勤，以立身立家为归，则家岂有不兴旺哉？望家中各人振起精神，皆作自立立人，自达达人之想。妇人在内，则整洁庭宇，安藏器具，使有条而不紊，而所用之家伙，亦必[1]人不能终日读书，则以花园菜园为运动场，以种菜栽花为徒手体操，岂非为益身心、健筋骨、裕家庭之无上妙策哉？

又：人不可有体育而无智育，则于种栽之暇，娱诵诗书，亦调换暍力之法也。望吾兄弟种读兼营，亦即体智并进矣。尤望家中早睡早起，使之清鲜，而无有沾滴尘埃之垢。至于吾兄弟，对于个人，则以迁善改过为先；对于一家，则以种蔬菜栽花草树木及读书为要。每日

1. “必”后，疑有缺文。

必须自省能迁善否？改过否？如有善而未迁、有遇过而未改者，必努力行之。而“种栽读”三字，每日必须行其一，或每日均有之。盖凡早睡则可省灯油，早起则可令精神爽快，眼敏手捷，作事有成。男费几许时间，作此一函，务乞大人恺切晓谕，令家中各人，勿视为陈言腐语，则幸矣。美总统富兰克林曰：“教人如人，非受教也。”提示不知之事物于人者，如人忘之，而非不知也，还请大人本此意而行之。果能如男所言，则坐立厅堂，心志安宁（以庭宇整洁也），游于园泽，则意清而神钦（以有花竹萧疏之乐）。当膳食时，则有蔬菜之淡腴而幽香，起居雅净，俯仰有资，岂不蔚然一勃兴之家庭哉？请吾兄弟勉力行之，而无事时，尤以在家读书，勿他游为佳。

（下次家书，当择《曾文正公家书》中之纯美切当可行者，钞奉，以告我兄弟。）

肃禀。顺请福安。

（信纸用完，故多以零张碎片充之。）

男家桂谨上

七月廿九日午后

052

1917-8-5

父亲大人膝下：

谨禀者。昨日奉接手谕，敬悉。

近日北京时时下雨，天气非常潮闷。男似受湿热，终日昏倦，头痛，腰背亦酸而无力，故今日执笔写字，手不应心，全无腕力，奈何奈何！男自暑假以来，虽常读书写字，然以旧病未除，新病常染，此心此身，总无完全爽快之日。多看书即觉头痛不舒，多写字又觉体倦而无力。七月以来，一事无成。清夜自思，实无可以告慰大人之处，伏求大人训励加责罚也。

男前数日寄奉一禀，劝家中个个人须做"勤"之一字，男近来怠惰已极，以己所不能之事，而劝人做之，自问颇觉汗颜，但心则无他。男又有一言，请我兄弟切实奉行之，凡做一事必须全副精神贯注（先思后做），既要简捷，又要周到。如是，则无论人之贤愚，必小有所成。

敬请福安。

男家桂上

八月五日午后

父亲大人膝下：

谨禀者。十六日奉读七月七日之谕，敬悉一切。

《丛桂集》租利，今年究竟归谁收管，想当尚未定夺。彼辈与男如此为难，实属狡变蛮横之至。彼辈见男无才无势，村中又无得力之友助，故意作此轻侮之举，男引为深恨。目下虽莫可如何，誓必不忘于将来，盖其心诚可诛，其名尚正与之争，于县省署似不甚大方，以之讼于教育部，似更幺幺不足挂齿，男百思不得上计。

昨晚与校长蔡元培先生商量此事，男拟请其出函与知事，由知事发一公文与乡间绅士。伊云：私人名义出函，只可言情但此，惟与知事认识，始可由校长名义出函，又嫌唐突，不如由校中发一公函（仍署校长名）与知事，请知事劝解为佳。不知大人究以何如？若果如此办理，请由科举停后，开一略史，某年归何人收，某年归何人经管。男忆庚三亦曾收过几年，伊收管时乡中有无学校？最好请大人作一禀式之文字，由男钞呈递校长，再由校长据禀一公函与县知事。如此办理转折固多，似较稳妥。若田产为数甚巨，彼等之名目不甚正当，则以之诉于县省署，固可即以之讼于教育部亦未始不可。况今教育部长乃蔡先生之门生，亦何患不能占胜？特以细微之事，似不便出口耳。且冠臣既退托（助主）不管，则仍接管之可也。盖来余家声言，归男收管者，系介卿[1]，非冠臣。似冠臣一人亦无取消之权限，如大人照此出言，则彼必有所掣肘，而介卿决不肯，显与余家为难，声言取消前议

1. 介卿，即孙炳福（1874-？），庠名秉福，字介卿，号闻石。浙江公立法政专门学校校外生优等毕业，曾任富阳龙门区立高等小学校兼第一、第二国民小学校校长。

也。男意决不欲退让以示弱，乡中学校固须维持，然何得牺牲他人已得之权利。且学校亦非四五十元所能充裕济事，而对于男一人觉不无小补。且今年校中宿费增加一倍有余，下半年又须缴制服费十五元，男实无以应付，约计校中下半年一学期所需学宿制服等费在四十元左右，而膳费尚不计入。所幸者，男此次暑假学年试验考列第一，总平均分数在九十八分以上，照前例可免学费，今年未识何如。男平日颇郁郁不伸，故却以此为慰，想大人亦必以此为乐。

前寄六十元男已用完，所买书籍约有二十元之谱。任父处男以其暑假间空送往十元，上半年伊曾接济男四十元，伊接济男四十元较宇襄、曼陀等有百倍之艰难，伊独接济男一人，而宇襄、曼陀二人非不知男之景况，漠然视之，不加一助。受人之惠，当亦谅人之苦衷也。现略假用二十余元缴去宿费十元，而制服等费尚无着落，膳费亦难措手，如何？如何？请大人斟酌筹措之。

至于《丛桂集》租事，凡大人能力所及之处，亦请独断行之，勿庸咨商。男也琐事尚多，弗敢黩扰清听，明后日当详于二哥信中。

肃此敬禀。恭请福安。

男家桂上

九月九日上午

禀到，即请复谕。

男下半年移住第四斋（照原地址亦可），来示照下列地址：北京内城骑河楼东口北首北京大学第四寄宿舍。

父亲大人膝下：

谨禀者，久不接示，初八日奉读一谕，不胜欣慰。

《丛桂集》事已详陈于前禀，兹不复赘。金樱子[1]、鸡豆[2]已采取如此之多，甚好甚好！男近练拳术，故身体尚健，惟校中饭食太坏，以至精神兴趣颓挫，读书寡效耳。

大人自九月初至二十后，病十余日，男在千里外不得朝夕侍候，闻之无任忧惶。目下谅已痊愈，以后务望加意珍摄，免致起居稍有不适。三哥承叶君贷资经商，计亦甚善。下半年家中尚闲空，出外三四次，颇可以启发生机，活泼性灵。但三哥心太粗，忽于经商，不甚宜。此后当于"精细勤慎"四字上加一番工夫。

先祖妣出殡，男颇思一送，但所择日期均不甚恰合。十月初十固太早，而十二月十一日又亦迟，盖校中年假大约自十一月十一二日放起至月终止。男若在家待至送葬，最少须请假二星期，于功课及明年考试分数，均大有影响，故碍难待至如许之久。十一月既不利，可否于十二月初四五以前，选择一吉日举行丧事？至于不发讣文，在平常人固甚妥善，而在先祖妣之地位，恐大人不免招他人之批评，还请熟思之。生圹能平稳最好，男但求可以放心而已矣。乃羲之子在财政部办事，月薪四十元。

肃此敬禀。恭请福安。

男家桂上

1. 金樱子，别名金罂子、刺梨子、糖罐等，是日常生活中比较常见的一种食物，也是中药。
2. 鸡豆，即鹰嘴豆。

055

1917-10-11

二哥惠鉴：

前奉一信一片，想已收到。迄今未得只字，不知何故？

廉君之信，终无从投递，此人究在何处？兄可否由旧同学处再一道听。先祖妣出殡日期，定在十二月十一日实太迟，盖已在校中假期终结二星期以后。弟即回南，恐难待至如是之久。

又：弟目下经济非常拮据，前已以信告兄与三哥，可否连筹三十元汇寄？

此白。即请近安。

弟家桂白

十月十一日下午

父亲大人下：

谨禀者。前接谕示，敬悉一切。

家中种种困难情形，大概皆以男一人在此读书之故，倘一旦停止读书，家中即可舒裕自如矣。男在外经济一方面虽动受牵掣，然对于家中已觉包袱深矣。好在毕业期限为时已不甚远，以阳历言，明年暑假即为男本国读书终止之期矣。请大人对于凡一切耳目所接触者，弗过为忧虑，盖否而复泰，困而后苏，亦天道之常，人事之恒。此中几微虽尽，非人力所能左右，然兴坏之端，亦惟人作之始也。

校中已放假五六日，再过三四天即须上课。统计阳历年假不过八九日，故颇难南归。先祖妣之丧，谅不日即当举行，男不克回里一送，实深歉负。此次法官考试，吾邑亦有五六人来京应试，足见吾邑人文之进步，较前已不止倍蓰也。家中膏子，未知煎就否？本可托此辈人带来，谅家中亦不之知，自后不识有无人北来，希留意焉。

今年十一月（不记何日）为男岳母寿辰，男本拟由此间稍买物件致礼。但以路途遥远，寄送不便，花钱多而又不体面。且大人在家在南，倘男自此间买物致送，则必有不识礼度、不禀告父母擅自行动之诮，而大人亦恐来俗人之讥评也。特此商陈，可否由家中备盘一副致礼？日后诸兄弟之亲家即以此为例，请速示告，或命二三哥作速复示。男颇望三哥作一函复示，欲以觇三哥究竟能否写平常信札，且以察三哥好学否也。二哥字有长进，文亦较前为顺，但仍须努力用功，勿自满为要。

敬请福安。

男家桂上

一月三日

057

1918-2-10

父亲大人膝下：

谨禀者，上月廿一日奉上一禀，乞速复示。迄无回谕，不识何故？后又寄语二哥请伊作复，亦杳然无音。闻以言骨肉之情似太疏漠，以言作事程序殊欠敏捷，小事如斯，大事可知。男诚不敢一言及于大人六十老翁，不知二哥等抑何若是？比来又月余，未禀请安矣。伏维玉体增胜、眠食万福为祝。

男近来顽躯尚适，惟自阳历去年暑假开学以来，心绪无日不烦闷郁恨，非有所求也，非有所好而不得也，盖恨不得安心尽气以读书也。男非自己不欲安心尽气，专致力于学以期有成也，乃为同房者及其嫖、吃、著之友所扰。而然同房者为谁，即甘溪徐某也。渠自己于“嫖、吃、著”三者，虽不甚用钱，但其嫖、吃、著之友日日来相喧扰。故男除上课外，无日能看书，以是烦闷痛恨，无日或已。男欲移外居住，以经济困难，因以因循，苟且按而不动。而半年来，黄金之光阴于焉化去净尽。

目下考试将临，而男于功课曾未翻译，及之将看书，或方看书，即有人来。而当男疲倦休息，一无人至，斯亦甚奇。男急欲移外居住，俾得专心尽气读书，以期稍有成绩。但一移动，至少须十余金，务请大人为男前途计，竭力设法。并筹零用数十元寄男，是所至祷。男从前在中学时，虽有人在旁喧扰，亦能看书。目下神经衰弱，且迫于社交上关系，有人来不能不略应酬，而一日有人来，则终日废弃矣。男意长此过去，将来必有无穷之遗憾，故不得不呈商大人，以遂初志。徐某男素知其多喧扰之友，故伊去年来时，男不愿与伊同房。伊坚求与男同房，以同乡兼世交，亦不便再三坚拒，殊知结果不出男所料，奈何！奈何！（此种情形不可为外人道）禀到，祈速示。

敬请福安，并颂阖家新禧。

男家桂谨上

除夕

譯書言志

第三章

译书言志　履职北大

履職北大

在北京大学就读期间，孙问西惜时如金，闲暇之余便投身于《货币论》的编译工作。然而，长期的高强度工作让他心力交瘁，身体每况愈下。稍微阅读一会儿书籍，便感到精神困倦，双眼酸涩；每餐进食两碗以上，腹部就疼痛难忍，这皆是心力衰弱导致消化机能受损的缘故。

与此同时，毕业的日子日益临近，未来的抉择再次摆在孙问西面前。所幸当时北京大学有一项传统：各班成绩第一名的学生，可留校担任教员或助教。孙问西凭借经济门甲等第一名的优异成绩，顺利留任北大成为教员。然而，留校任教并未完全消解他对未来发展的迷茫。经反复思量，他决定备考高等文官。令人意想不到的是，他一举高中，名列经济专科之第一名。

父亲大人膝下：

谨禀者。久缺禀候，弥深钦悬。比维福履康胜为祝。

男于二十日考毕年考，二三日来，惟休息游览而已。暑假期内，初意本拟回南居住，但今日颇犹豫，盖男欲于此间暇编译《货币论》，回南后能否达此目的，殊未可必，以家中无宽畅清净之房屋也。去年暑假，在京初以张勋之捣乱，循以身体之不舒，故百余天之暑假实无成绩之可言。今年又安能再松松放过？若大人可允，男将新屋内之什物尽行搬出，并自男到后不准有任何人进出，即弟侄女辈课读亦须在外边房屋，男或可悉心编读，即可回南居住，否则男区区定志决不能令其冥冥消减于无形也。倘大人俯允男请，请即令家中搬移什物，扫涤灰尘。男可以预备南归。究竟如何，祈作速明示。

啸风于十九日起身，目下想已到家。庚三在此谋事，似尚无眉目。近其夫人亦在京。天气炎热，南北谅无甚差异。乡中农事状况如何？希示告一二。二哥日前有信寄来，以身在考中，故未能即时作复。

耑此。肃请福安。

男家桂谨上

廿三日夜九时半

059

1918

父亲大人膝下：

谨禀者。男自初五日揖别后，抵杭住五日，一切尚属平安。初十赴沪，车上稍受风寒，至客栈食新鲜油腻，即头痛身热。当夜坐车赴宁，翌日早至下关，头仍痛，热亦未退，乃不得已进栈休养，服药二剂，热退，头亦减痛，但人已不支，精神颓然，不堪问矣（共五六日汤水不进）。

莱第、啸风亦随男而病，复进南京就诊于杭葆贞。杭君者（年七十余）南京第一名医也。男亦请杭君开二方，三人病均自此渐就痊愈。男等十四进南京城，十六下午出城，十七动身至浦口搭车赴津，讵知车行至山东济南以相离六七十里许之晏城，有兵匪骚扰，乃停开。此翌日（十八）早晨八点也。又进栈寄住，夜九点闻又开车，以前路兵匪已肃清也。乃偕莱第、啸风上车，次日早六时半抵津，即于七时二十分京奉车至京。现男病已痊，但精神大损，非数日所能恢复，补亦不能投，惟有静养而已。综计此行多用银钱无论矣，而所至均不利己病，同行者亦病。男自幼出门以来，路途之阻碍，从未有如此之多也，得毋谓出门日期太不拣择之故耶？（徐辅之谓初五系大败日）

别直参昨日买就，系白色原质。别直参未经做作，故原汁俱存，一点不泄。参店伙云，其力当较黄别直参倍蓰也。盖黄别直参先蒸，再用冰糖敷色，故原汁稍泄，而味已变，功效远不及白色原质别直参也。黄色别直参先加做工后加关税，价值较贵，每两十元。白色别直参系采参者偷出，故价值远廉，每两仅五元。昨日买参之店男又略与认识，故所买之参较它店便宜多矣。兹买一两一钱一分寄上，祈检收服用为祷。倘尚不足，乞及早示知，以便再买，盖白参已不多矣（店中仅有十余两）。

耑此奉陈。敬请福安。

男家桂谨上

廿一日

060

1918

父亲大人膝下：

谨禀者。前日寄奉一禀，并参一匣，谅可收到。参如欲再买，请即示告。白参已不多，亦难得也。男此次来京在杭逗留稍久，南京又病居旬日，所用银钱较常倍蓰[1]有余，家中所给银钱到京盖几已一空如洗矣。而下半年因校中招生綦多，宿舍房费腾贵异常，宿舍、膳食两项固已不胜其担负。而添置书籍费亦浩大（预备作论文须置备多种书籍），凡此皆不得不用之款，实无可免逃者也。

莱第处今年不能抽取，只可待明春再说。盖渠在杭多用，后又随男而病，校中缴款亦较他人为多，此万难索还，惟有请大人勉筹若干寄下。倘如不可，将明年应寄男之银钱，今年给男以备敷用，明年再由男徐图补救之方，未审大人以为何如？想必蒙俞允也。膏子动手煎否？祖母坟决定改穴否？此皆甚紧要之事，不容迁延贻误者也。乡中戏期近，谅又有一番热闹。耑此禀陈，不尽愿言。

敬请福安。

男家桂谨上

廿三日上午

1. 倍蓰，即数倍。

父亲大人膝下：

谨禀者。十月初一日，由树穀叔公处转奉参一匣、禀一封，谅早收到。又前谕曾云，本月汇寄款项若干，何至今寂寂无音信也？祈速兑数十元以应急需。倘有便人可向杭州中国银行汇下，藉以略省邮费。

京中自十一日起，各校既放假三天，庆贺协商国最后之胜利[1]。自廿五日起，教育部复通令各校放假三天，举行提灯会以庆祝之。本校为各校之领袖，自不能外，此于廿八日午后五时会集各校至东交民巷各公使馆内游行一次，九时始归。是晚灯彩辉煌，街市繁闹，颇极一时盛况。吾人于此而知，作大事须具有坚强之毅力焉。使当日段合肥[2]屈于国会之阻挠，而对德不之抗议、不之宣战，则今日中国之地位究何如耶？

校中上学年考试成绩之最优者已发表，男仍侥幸免学费一年，照往例每年每班免学费一人，今年法科四年级共五班，本当免五人之学费，乃仅免三人之学费，男得与焉，亦幸矣。

肃请福安。

男家桂上

十月廿九日

1. 指第一次世界大战结束。
2. 段合肥，即段祺瑞，因生于安徽合肥，又被称为“段合肥”。

民国时期北京东郊民巷使馆区俯瞰图

062

1918-12-6

父亲大人膝下：

谨禀者，前接一谕，谨悉一切。

男现已移居北池子，门牌亦十五号尚志公寓，以后信件寄此可也。兹再买白别直参一枝，重一两，寄奉，以备应用。山西生地亦已寄信托带，到后即当邮奉。

又：男所服之膏子方，初服似觉有效，每天均有大便，近日大便仍在肠中坚凝不下，欲出不出，以致头昏，腹时胀痛，为之奈何。可否另开一方试服？男现已从事译书，书竟可有四五十万言，惟无暇研究国文，亦是一缺憾者。北京局面尚平静，但时疫流行，实属讨厌。曼杜[1]之子此次疫病，几濒于危，现已渐苏，当不至有意外矣。兹以邮局将关门，故仅草上数语，下次当再详禀也。

敬请福安。

男家桂上

十一月四日午后

1. 曼杜，即郁华（曼陀）。

063

1918-12-21

父亲大人膝下：

谨禀者。上月所寄各禀谅均收到，何至今无只字之见赐也？犹忆九月中之谕示，曾允于十月汇款若干，以敷急用，刻已十一月过一半矣，大人尚念及之欤？夫家居容易，固不审在外者之艰难，而艰难之在外者未始不知家中之困窘，故亦不敢频函催促，姑就近挪移借用。夫举债果可暂，而不可常，且亦必有偿还之一日。如今月余不见款之汇到，而又音问之全无，其将何以自安乎？望此禀到后，无论款之有无，或汇否，希转嘱二、三哥速行寄语以相告。

耑此敬达。恭请福安。

男家桂上

十一月十九日夜

父亲大人膝下：

谨禀者。日前接奉谕示，并汇洋伍拾元。

男在尚志公寓一人一室，膳食有时与啸风、一峰[1]同餐，但独餐时居多，盖一人一室而独餐似较便也。托山西同学所带之药材确系党参，非生地。来谕问及此事，恐当时作禀有笔误矣。前服膏药似颇滋补，近来精神甚佳，作事亦尚愉快，每日睡六七时即足。年假前数星期往往天未明即醒而起，就寝亦必在夜分十二时后，以天气太寒，手足均冻，乃改为迟起晚睡，然亦天方明而即起。惟此间膳食太恶劣，殊不嗛意。

祖母从速迁葬，固甚善，未审有无其它窒碍耳？膏药既送往东梓[2]，想不日可煎就服补，以冬季为佳，谅明春大人精神必可较前胜倍蓰也。乃羲家遭回禄[3]，京中已知之。上星期宇襄谈及渠弟媳妇力田之姊已逝世，其弟幸襄甚为怨恸。男以阳历新年不便相劝，但自男观之，死生亦人事之常，生固不足喜，死又奚足戚？顾此可与达人道，难与流俗言也。

男现拟改名智舆，易字问西，字面声音有无不妥之处，请大人斟酌审定之。下次寄谕，即请示及为祷。

耑此。敬请福安。

男家桂上

一月八日夜

1. 一峰，即前文孙莱第。
2. 富阳东梓关位于富春江畔，属于富阳场口镇辖区，自古即为富春江南岸的军事要地。
3. 回禄，借指“火灾”。

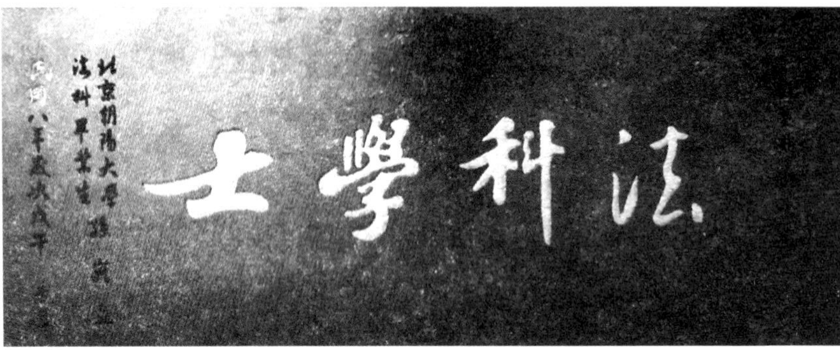

1919 年，孙崑（文中称莱第、一峰，孙问西叔公孙树穀的长子）毕业于北京朝阳大学，取得法科学士学位，并获“法科学士”匾额（今人复刻）

父亲大人膝下：

谨禀者。光阴容易，一年又去。兹届阳春，万象更新，遥祝福履康嘉，百事如意，以忻以慰。

男去年冬季奉一禀，略商改名之事，迄今未见谕复，深为悬悬，此后希酌定示及。山西党参，据山西同学来函云，已代为买就寄去，目下想当收到。每斤价小洋十六角，亦不便宜，恐非由上党购取，而由山西省城零卖之故也。但价虽贵，渠云送男，不需寄钱。惟交情尚浅，一文不寄，亦觉难以为情，故仍拟买物若干，寄送以报之。王君品学极优，在北京大学理科肄业时，每次均考列第一。今充山西师范学校及第一中学教授，与男尚为莫逆，常云愿与男同出洋游学。其毕业而归焉，男送而赠之。现常有信件往还，与一般泛泛者固不同焉。

翻译之书，刻已达三分之一，大约本月月底初稿可告竣，已译者十五万字左右，译完可达二十五万字之谱。惟毕业在即，后事茫茫，京中觅一栖枝更觉为难。但男愿在京以图将来之发展，不愿仆仆向外省焉。若大人能往诸暨求信一二封自较便易，此间虽有一二人可托，然力量甚微，无足依重，尚希大人策以示男。现在同学间亦有所组织邀男帮忙，但不可恃，亦不愿耳。

肃此敬禀。恭请福安。并颂阖家新禧。

男家桂叩上

正月初四日

066

1919-3-3

父亲大人膝下：

谨禀者。正月初寄奉一禀，早早收到。所请训示诸节，迄今几及一月，尚未赐复，殊深悬悬。

目下想福体定必嘉豫，何自去岁十二月以来竟无一字之诲教也？膏煎就否？效力如何？山西党参寄到否？比南方亦能稍佳欤？男定拟改名，前所陈明之二字，究是否可用？请速斟酌示复。

又：毕业在即，下半年立身问题一时恐颇难筹措。高等文官考试与否，今尚未定。即考，男亦不愿与试，盖取则每月不过得二三十元之津贴，否则反足致辱，殊觉无谓。此间虽有一二人可托，但力薄，恐万难满男之所希冀。忆大人去年曾说诸暨陈某与今当道有旧，能从此谋得一信便佳，而图事犹须迅速敏捷，望大人竭尽所能，弗延误时机为祷。日前得树穀叔公书，惊悉三嫂业已逝世，不胜惨怛惋惜，希转嘱三哥旷心怡神，以自慰为要。

耑此敬禀。不悉缕缕。恭请福安。

男家桂上

二月初二日下午

067

1919-3-6

父亲大人膝下：

谨禀者。昨奉谕示，敬悉一切。示之前半，不赘复述。

至于所释之书初稿，迄今尚未完竣(以新旧历假期内多酬应之事，精神亦不甚佳)，初稿完竣后应再修改一次。校阅者实无其人，盖校阅此种书籍者，须深通科学而兼长于国文。校中教员仅能就科学一方面，而略指其缪误；文字一方面，罕有能为力者，姑待译毕再说。

男名决拟改，不日当函禀县公署，嘱其转达校中，再呈教育部更易新名。同学组织前曾提及，但未指明其事，以吾辈方出校之同学力量有限，组织之事必甚单微。即欲组织一实业杂志社，及调查实业。一方面科学上材料机关而已矣，此事成与不成尚未可决。即成，男决不愿与焉。盖经此次翻译，知笔墨之事甚苦。而欲就文字求生涯，实大足以耗丧身心，且必不能偿给吾所望也。知事考试今岁必无，男颇欲在京图事，但无有力者为之设法，奈何！若能得诸暨陈某、何某之信，或可略偿我愿。男又拟在本校谋一教席(此惟若男之考在前列者，可以谋之)，顾未觅得进行方法，且亦少人代为先时提说，惟无论如何拟试行之。

本月二十左右，男略有应酬，请大人筹洋三四十元从速寄下，免误时机。至若陈某、何某之信，亦须及早预备，至暑假后，已不及矣。敢请乘机策进，弗失时为要。近日有考试，草草不尽。诸容续禀。

敬请福安。

男家桂上

二月初五日下午

068

1919-5-4

父亲大人膝下：

谨禀者。前接一谕，敬悉一切。男事承大人多方设法，实深惶愧。

目下校中即将考试，预备綦忙，无暇会客见人，姑待下月再说（本月二十五日左右即可考毕）。惟翻译之事至今尚未告竣，初稿虽完，修改者不及十分之二，抄录更无功夫。现校中限此十日内缴出，不得不雇人代抄。然以所翻译者，虽经过二次修改，竭力删减，尚有二十余万言。托人代抄，所费亦不资，大人可否设法以应此项急需？毕业在即，行毕业式须着毕业礼服，各毕业生当各制备礼服一套，价洋十余元，请大人竭力筹措，以资应用。

谱事肖愚如此捣乱，可置之不理。惟当与宝庆等竭力联络，俾便策应，而一般无知无识之族长、房长，须以甘言逶迤之令为吾用，而不肖愚。附甘言之不足，则权用其它方法笼络之，亦未始不可。此曹自不难利用而驱使之耳。总之在世做人，与人以小便宜，则人皆吾听吾令。吝此小便宜，则众皆责难苛求，而大吃亏随之矣。斯类事情之情势，人心之心理，吾人在一般之上作事者，须常体贴而伺察之，则帮扶者自众，而反对者自将畏而敛迹矣。此皆男近年来身受，而亲所观案之谈，未知大人以为何如？又做人莫要于现察，无观察力者，做人无进步，人之长短无由去、无由取，己之长短无由见、无由改。所谓观察力者，刻刻留意，察物察己，体贴情理，惩前密后之谓也。

昨日北京学界以外交失败、情势凶恶事，开游界大会，唤起一般国人之心理，并赴曹汝霖宅大闹，焚其宅之一半。时章宗祥（前日本公使，方归国数日）适在曹宅，重伤焉。另寄报二份，俾便知其详情。

耑此奉禀。敬请福安。

男家桂叩上

四月初五日下午

1919 年 5 月 4 日，学生游行激于义愤，痛打了时在曹汝霖宅里的卖国贼章宗祥，并火烧曹宅。军警赶来镇压，逮捕了 32 名学生。5 月 7 日，经各方营救，学生获释。图为北大师生欢迎被捕学生归来留影

069

1919-5

父亲大人膝下：

谨禀者。前奉一禀，并寄报二份，想已收到。

北京专门以上各学校自十九日起罢课，至今尚未有转圜之机。教育当局亦无法可施，教育总长傅公[1]早已辞职远引，而大学校长蔡先生亦于九日（五月）南下，迄今犹无从追随其踪迹，以故教育界主持无人，凌乱不堪言状。男校中本定于二十一日起举行毕业考试，如今以各学校均在罢课期内，校长教职员皆无办法，而教育部亦无确实指示之方法，一切停顿。未知何日始能解决此问题，重行整理教育界，俾克就范而弗逾越。观其势，罢课之风潮似非月内所能了结，盖学生要求政府执行之条件，皆事实上所绝对办不到者。如要求政府对于欧洲和约不签字；要求政府惩办卖国贼曹、章、陆三人；要求政府挽留傅总长等是也。既宣言不达到目的不上课，则要求之条件有绝对的不可能，而复上课之事亦转为绝对的不可能。若必欲坚持到底，则暑假前恐不能恢复学校之秩序矣。惟于男之毕业仍无妨碍，盖无论如何毕业生之文凭，终当于暑假期内发给也。

前谕曾云诸暨当有信来，然至今无之，不识何故？恐亦未足恃焉。男上半年之费用尚需五六十元，请大人暂筹借五十元寄下，待男回来时再行设法弥补。拟于七月初南下一次，届时当筹脱卸此次债务之方法。请从速复示。

耑此敬陈。余容续禀。顺请福安。

男家桂上

廿四日下午

1. 傅公，即傅增湘（1872—1949），中国近代藏书家。

父亲大人膝下：

谨禀者。奉示敬悉。毕业考已毕，此次试卷惟社会政策一门用中文，余皆用英文，作英文所作诸卷，均在万字以上，中文所作之社会政策，以教授胡先生（名钧）[1]特面谕，以简单为是（知余平日喜作长篇），故仅作千余字。前日往渠家，云卷已阅过，尔作冠全班。兹将草稿抄奉，乞赐观焉。其他诸先生，男去，均甚客气，对于男之考卷颇满意。

高等文官夏历九月举行，已有明令公布。译稿早完，惟尚有一二卷未誊清，共分十卷，四百余页，书名《银行论》，系美国人摩尔登（Malden）所编述者也。校中虽有编译处，但当此学潮甫息、秩序未复、校长远扬、校务无人主持之际，高等文官，男若在京，拟姑一试。但不可对人言，以男在京常对同乡宣言男不屑应试、彼考试官何配试男等人。男本拟直接出洋，以太疏忽而失机会，胡先生钧愿为男留心帮忙。胡先生现为参议院议员，在京极有势力，系前清进士，旧学亦甚佳也。诸暨至今无信，奈何！

陈叔莘[2]现为总统府秘书，男已由电话问过，亦何暇顾及此哉？

耑此敬禀。恭请福安。

男家桂上

廿七日下午

---

1. 胡钧（1869—1943），字千之、稚仲，号赞廷，湖北沔阳人。民国成立后，任北京大总统府秘书。后任北京政府外交部汉口特派交涉员、北京大学及政法专门学校教授等。

2. 陈叔莘，疑似陈诜（字叔辛，号公羽，浙江诸暨人，陈遹声第三子）。

第二试科目：

《宪法》《行政法规》《经济学》《财政学》《统计学》《民法》《刑法》《概论》《商法》《国际公法》《国际私法》《中国历代财政大要》《中国现行租税制度大要》

第三试科目：

《农业》《政策工业》《政策商业》《政策殖民政策》《交通政策》《银行学》《货币学》《簿记学》《票据法》《破产法》《交易所论》《保险论》

071

1919-7-16

父亲大人膝下：

谨禀者。奉示敬悉。

高等文官男本意不愿应试，以考取亦无甚所得，故不如不考之为愈。惟大人欲男应试，或可勉强一试（但不必为外人说）。高等文官考取者分甲、乙、丙三等。甲等派部录用，二年学习期满，有奥援即可补升佥事（位次司长一等，司长之上即总次长）。胡先生曾云，以汝在校之功课应考可必取，惟等第名次不能前定耳。等考取高等文官，余将来帮忙自易措手。乙等分省录用，丙等尚须入各种特别机关补习。男现往应考，尚专心预备，庶几可望甲等前列（乙等甚无谓），故须多置书籍，俾资浏览，并须起居饮食如意，俾便用心，故所云暂寄五十元，实不足敷用，请筹足百元汇下，庶他日不至有奔波借款分力分心之虞，尚乞愚意为祷。

叔莘及何某处当及早设法得其信，男可在京先行谋事，将来庶不至赋闲，贻他人笑。最好现在即得其信，暑假后即可就事。朱硕甫先生非男自行回南催迫不可，故目下所望者，惟叔莘与何某已耳，务希先时图之，庶免噬脐之忧。

耑此。敬请福安。

男家桂上言

七月十六日午

大人若难能筹足款项，男只可自行回南筹借。

072

1919

父亲大人膝下：

谨禀者。前寄数禀，想当早已收到矣。迄今尚无复示，甚念！

诸暨方面究竟能否设法，希作速图之。男在此所谋者，未能如意，颇觉闷塞。高等文官考试取列最优等，在实业界之范围者得选派出洋考查实习。男所学之经济学，未审能否包括在事业范围内？苟能考取拟设法疏通之。故目下最好能得陈叔莘之信，先往会晤，藉资认识，将来可托其代谋，男以为此径最佳。富阳无出西洋者，男首当为一邑之倡。且此项出洋者仍优给薪廪，与普通出洋入学者不同，既官且学，诚计之两得者也。

前大人许筹洋汇寄，请即速寄下为盼。此间用费甚巨，现下既常用，又当从事应酬，以至日苦奇绌，奈何！男在此向各方面谋划，大约下半年或可有位置一二，特恐薪资太微，男宁弃去不就，免误前途，并贻无穷之羞也。若新国会解散，男拟设法举款二三千元办众议员。盖在众议院能稍得势，将来各总部次长不难吐手而得，故男拟筹款与现在旧众议员稍稍联络，苦在无应酬之巨款耳。

耑此奉白，敬请福安。

男家桂谨上

三十日

073

1919-8-1

父亲大人膝下：

谨禀者。男现已决定应外交官考试，不应高等文官考试，以此次外交官考取后薪资较优也。若外交部内有人帮忙，即可出任公使馆内之职事，或领事之类（但目下切弗告外人，恐贻人以笑柄）。祈作速筹寄洋百元，俾得与外交部人员稍稍联络，并供日常之费用。

耑此。敬请福安。

男家桂上

八月一日午

074

1919-8-2

父亲大人膝下：

谨禀者。男于昨日寄奉禀，想可收到。

此间本有一二小事，虽不愿就，但谋之可以成功。现此一二事以他种关系之阻隔，甚无把握。诸暨方面情形究竟如何？希作速图之，凡谋事贵有敏强之手段、一往直前之精神，否则逡巡畏缩，鲜有成功。男平日当预备考试功课时无他方法，亦无他长，惟彻日竟夜，以不辞劳苦、不怕死之决心对付之而已。

又：凡作事贵有决心，心既决，乘风破浪，赴汤蹈火，亦甘受不辞，仿佛如鲍超之背水阵一般，宁死毋生。能如是者，方有成功之希望，方克底于成功，不然吾意天下事，究鲜有侥幸而坐享其成功者。诸暨若能以信催促之，即足以信求之可也，否则请大人自往一行。惟天气甚热，长老出门颇觉不便。请大人写信，烦二哥出外求之亦可，务尚得其信自行寄下，再弗仅得其致书，北京之空言敷衍面子已也。男意能托人致书于陈叔莘最佳，男就目下之情形以论，并就自己之眼光而观，就事实（预备考外交官）恐精神不济，即无事亦不足为辱，想大人亦同此心理。惟同乡中若秉瀚、徐辅之者，必将窃笑嘲讽于旁，背多后言毁语，故不得不从速谋就一二事，免贻笑于彼一二小子。

昨日禀中曾告应考外交官之事，窃弗先告局外人，亦以秉瀚之善多毁誉之词也。男从前以为此人尚觉纯正可与，殊知未与久处，未审其人真正之品性如何。自去年以迄今，兹暑假相处一年之久，其本形毕露，乃知此人即蚁细之事，亦不能与共。其道人之瑕疵，毁人之背后，与徐辅之等，其处处之欲占人便宜，不肯吃一点亏，自称能自大与庚三相若，男以为此人与乃父乃弟相去不啻若霄壤也。男在此凡作甚有关系之事，或较重大之事，从不告人，亦不与人商，惟一意冥行而已，谅大人亦鉴及男之苦心孤诣也。所请之款请筹足百元，速行寄汇，以便应用。太迟实难任意布置一切，希力图之。

耑此。敬请福安。

男家桂谨上

八月二日

书辞皆甚草率，以仅写二十余分钟也。

又：男近来所寄之禀件，请收藏一处，封之，免人窃看。

075

1919

父亲大人膝下：

谨禀者。前奉诸禀，想承垂览矣。

男既决定应外交考试（高等文官之一种），但所试均用英文字所试。诸科目又非平日校中所教授，故须从新认真预备方可。但男自去年译书以来，无一时之暇游豫逸。现译稿虽已抄改完毕，而所译之文字达二十万字左右，远较多于诸同学，然心力疲瘁已极，不堪复用矣。稍阅书即神倦目榶，饭进二碗以上即腹痛不能忍，此盖心力弱，消化机能亦因之而不健也。故欲应此次考试认真预备一月余，实精神身体两难胜荷，因不得不先投以补剂。男从前在南方时，历试诸种药品，觉无一能疗我病、益我弱躯者。惟承志堂之（陈年小块）龟鹿二仙胶最佳，乞大人于秉瀚来时，托买十元或五元为盼（务须除年块较小者）。

耑此。敬请福安。

家桂上

父亲大人膝下：

谨禀者。顷郑君振夏[1]来寓，交送谕示一封及龟鹿胶十元。此次胶药，男以啸风到后，知前信已允及，即致书深佳坞钟一香君代买。今钟君亦买来八元，故此次胶药一时未免太多，且亦无银元支偿，奈何！

本校教员，男拟不就，以薪太少，有损名誉也(每月大约不过四五十元)。外交官以校中复考，毕业文凭因之迟延未发，故不能按期报名，爰不能应考。高等文官考试科目太繁(共二十五门)，恐时期已促，预备不及，与其徒劳，不如保全，令名之为愈。且应考人员太多，阅卷者未必仔细阅卷，而阅卷者又未必为有学问之人。卷之优劣，恐无真正之评判，随意录取，而真有学问之人未必能幸取。男因此犹豫未决，且考试之科，多有平日所未学者。即有平日所已学者，亦皆用英文教授，而考试时均用中文，中英难免有隔阂处。故男窃以为，不应考之为愈、之为高，未识大人以为何如？

耑此肃陈。敬请福安。

男家桂叩

十二日下午

男已改名智舆，教育部已批准。

1. 郑振夏(1898—1949)，浙江富阳人。曾就读于北京大学俄语系，后入历史学系。

077

1919-8-13

父亲大人膝下：

谨禀者。顷接手教，敬悉汇票五十元，亦收存。（困于暑疟，一病弥旬。今方稍愈，进素菜粥食）

二嫂之洋早收到。至于发信各处报告，回南并无其事。男今年来除寄信家中外，与其他富阳一人无曾有只字之往还（自去年抵京，未有与富阳人返信过）。即秉瀚前月寄一片，男尚不愿作复，且至今未复，此真无风生波、故意造谣也。至于毕业名次，未敢自定（下月底方可知），但决不出二名外。大学毕业皆称学士，此不易之学位也。

高等文官与外交官同时举行，不能兼考，但薪金外交官较优。譬如高等文官考取之分发各部充学习者，每月五十元，与外交官之考取充外交部学习者，每月五十元，相较数目相同。但外交部发给之薪金为现洋，前项各部学习所得之薪金皆票洋（值现洋五成多），占大部分，故实在所得之值远较差矣。至于高等文官范围虽广，但取录人数甚多。外交官较少，多多矣。男前有三四北洋大学之同学考取外交官者，不过二年皆纷纷往外国充领事，或公使馆之主事。而同学之考取高等文官者，至今犹在部，得四五十元之票洋，二者之前途亦可想见矣。

费用一项，男自谓待己颇啬而吝锱铢，尚为之一计，至若朋友交际酬酢之时，则似倾囊亦有所不惜，然亦非外对于人人而然，仍视其人耳。上代无显官，当朝无奥援，苟不于朋友一伦，而稍事联络，将何以堪？不知人情世故，不通达事理者，不能出门，不足立身于社会。一钱不用，虽大学毕业，亦终于富阳人而已。男知之，故及时预备也。秉瀚以预科学生，去年用四百元，一峰用三百余元，辅之用五百元。彼辈之用钱，皆用于自身，不足为训。秉瀚自吃自穿而已，对人一文视如命，一峰自吃自听戏而已，辅之自穿自嫖而已，皆非做人之正轨。男对于彼辈面虽不言，心中笑之非之男寒门也。思立身于社会而光大于将来者也，安得不别筹处世之方？男所用之钱数，与彼辈相若，但用法不同斯，他日之结果将大有异耳。伯韬对人对己均吝啬，亦非合于今世社会之潮流、之心理，故将来颇难得意，男敢断言也。譬如在学校中，各教员、各同学皆知男之姓名，不知有蒋震龙三字。在校之成绩，与男虽微有不同，惟做人之方法，亦自不同耳。深悉社会心理学，洞知一般人之心理者，方可立足于社会，否则难乎其有侥幸也。

耑此奉陈，不尽。敬请福安。

男家桂

八月十三日下午六时半

078

1919

父亲大人膝下：

谨禀者。前禀说及北京大学教员，以薪微不愿就。上星期男在一大饭庄宴请教务长及教员二三人，并同乡二三人（曼杜、宇襄、任父诸人）作陪，费洋十余元。教务长马先生知男不愿就此薪微之教员，今日招我往会，告我每星期再加三点钟之功课合已排定者，每星期共为六点钟，每点薪金五元，每月可将七八十元之谱云，惜此项薪金票洋占十分之六七耳（每票洋一元，目下仅合现洋五角零），然薪金虽少，男谋此已极费苦心，而普通一般同学尤非所能梦中希冀也。近闻有自外国毕业归国者，皆在京无事，如此则男亦当知足矣。且钱虽少，名誉固甚佳也。

男近来用费甚大，本月单应酬费一次，已用去四五十元。现尚力谋往日本公使馆就事，在在须有充裕之金钱，藉以联络应酬，庶乎所谋得达到目的。奈何日苦拮据，将何以求上进哉？阳历年底，男大约总可回南一行，以资省视。此时朝夕看书，实无一刻之安闲也。

耑此。敬请福安。

男家桂叩

十八日晚

079

1919-8-24

父亲大人膝下：

谨禀者。昨早奉一禀，晚秉瀚还来，接示及洋五十元，具悉种种。

男于前禀中曾说述在京情形，故费用一项，常苦不给。“多”之一字，更非梦见，亦惟求其不虚用而已。毕业名次，现未能确定，盖尚有各种问题未解决，故分数亦未算，但有一事可以代表名次者。校中向例，凡各班之考第一者，得留校为教员，或助教。从前每次毕业十余班，考第一者十余人，每有四五人留校（此盖不特成绩优良即可，尚须平日与重要之教授相联络）。今年校中以班数不增多，反减少数班，故各班成绩最优而留校充事务员者，尚有一二人。至于留校充教员者，惟男一人。

男对校中教务长声言不充事务员（废时大多，不能读书），并不愿充普通之英文、历史等教员，须任专门科学之教员，教务长一一应允。但谓今年班数减少，钟点不能多，故薪金亦不能多，只可暂为屈就。且专门科学本有教员，亦须商量更动，方可是以留校。充教员之问题已定，所未决者，钟点与薪金耳。男此时亦不求金钱，但求大学教员之名誉、之资格而已。来日方长，金钱之问题尚可从容图之。至于学位，凡大学毕业者，皆称学士。前禀及毋庸疑虑名次，或载入谱，或否，均可由大人作主，不必再问及也。

耑此敬禀。顺请福安，

男家桂谨上

八月廿四日下午

080

1919

父亲大人膝下：

谨禀者。接示敬悉。高等文官男已准备往试，但觉未有十分把握，将来结果如何，殊难逆睹也。回家之期总须在阴历十月底边，或十一月初旬。若高等文官能获售[1]，则早回亦未始不可。膏胶价洋虽多以药之多寡而论并不多，男服二块一日，看书到晚，尚苦精力不济，目楛头痛，所买之药，或方可足用。校事自下月起授课，按钟点计算，故早回家，或请假，均不啻自扣薪金也。

曼杜之弟荫生[2]昨日到京，刻来会余，据云渠亦来应文官考试。男现须有五十元应酬费，只可就近告贷。

耑此。敬请福安。

男智舆叩

此名已由教育部准许

1. 获售，特指科举考试得中。
2. 荫生，即郁达夫（1896—1945），原名郁文，幼名荫生，字达夫，浙江富阳人。

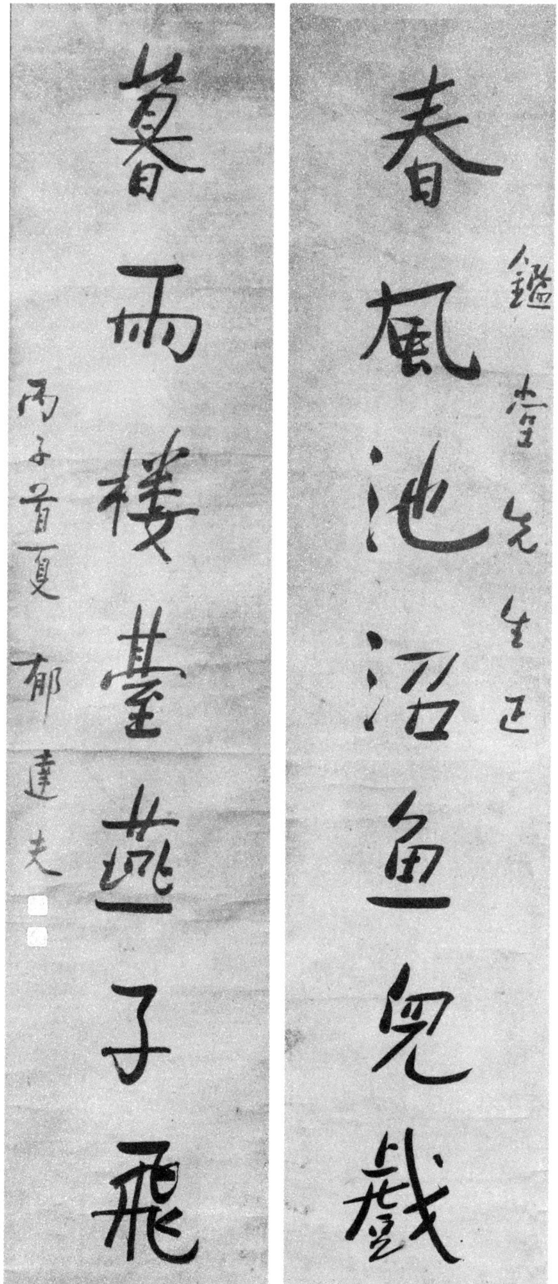

郁达夫行书“春风暮雨”七言联（浙江图书馆藏）

081

1919-10

父亲大人膝下：

谨禀者。顷奉手示敬悉。

高等文官本月十九日（阳历）考起，月底可考完，下月中旬定可揭晓，结果如何，竟难逆睹。惟前闻和叔言，正阳门前观音菩萨之签，人皆称灵。男因往求一签，签曰："丹桂飘香远，中秋月满时。置身霄汉上，得意折高枝。"若观音菩萨而灵，则男亦庶几可幸登选矣。曼杜处男便时可提及。现京中各同乡均甚重余，往说当有些微之效。惟辅之、啸风面顺而背毁，男亦惟有束身自修而已。荫生来此考高等文官，意气轩昂，光芒万丈，的是吾邑后辈中之俊秀，为人亦敏而好学，将来可有成就，男颇器重之。

至于来示云云，恐大人太不谙现时社会之情形，太不权两方智识程度之品位矣。且某君业已前定，即未前定，男亦未敢自作不想当之事。今世女人而欲觅配留学生及国立学堂有学问之人，非女留学生及女师范毕业生不必妄想。如男者，窃以为富阳无一女人可有智识及品位偶余。从前，男在宗校时，曾有教员数人问及婚姻之事，今则同学中颇有愿介绍女师范生中之英文绝佳者，然事已定，无可挽回，故所问均拒之。男意示中所商量提及者，最善莫如得一孝悌力田者而字之，当今人人平等，无贫富阶级，无贵贱阶级，只有智识阶级。智识劣下者偶劣，智识中中者偶中中，智识上上者以偶上上，斯可矣。否则格格不相入，男人说天，女不懂；男人说地，女又不懂，家庭必无和谐之日矣。吾东方人常谓西方家庭多和睦，东方则十室九乖，此无他略，现西方家庭之组织，及家庭各人之智识度可知矣。男平日所遇之西人，无论男女皆有相当之常识。具此常识者，中国四万万中，恐尚无一千万之数。男遇有西方女人一二，其所谈皆有男所未甚了了者，其所知之中国情事及一切弊端，有男所未常闻而不之见，或未加以察其智识程度为何如耶？如此则家庭中，虽欲不睦，亦不得矣。

郑君已进高等补习学校，蔡校长处，男曾为之关说。蔡先生以其为师范资格，颇难通容。教员薪之多少，以钟点而定，他无问也。学校中现无教员住室，不能移入。至袁文叟[1]之财政厅长，从此恐难再出，以其在甘肃系卷款而逃。现甘肃省长尚多方搜查之。其人目下在何处，亦不得知。庚三此去，诚甚幸矣。皮袍一件当买奉，男之皮袍今春为贼偷出，亦当另买。统计一切用费，男于此二月中，尚须与曼杜商借一二百元款项，方可回来。盖男之做品，非欲硁硁自守、一钱存一钱者。所能窥测，上之为总长之预备之树基，下之为异于庸俗之趋向、之途径。男在此可间接与总长、次长联络者数人，但欲交结贵显，非寒酸状态之可暴露。男与曼杜常进出，五六十元或七八十元之数额以供急需。其人亦尚蔼然可亲，较之晚近之富阳新出之人头角崭然者，相去远矣。

耑此奉复，不尽。肃清福安。

男智舆叩

1. 袁文叟，即袁毓麟（1873—1934），又名袁毓麐，字文薮、文漱，浙江杭州人。

082

1919-11-2

父亲大人膝下：

谨禀者。日前奉一片敬悉。

高等文官考试今上午考毕，共分四试。第一试专试国文，十月十九日举行，题曰：《大学》之末七篇之始，所以正人心塞乱原论。男于“四书”抛弃已久，故得题后，殊觉棘手。从各方询问，亦不得要领。即有一二举贡，亦仅知“《大学》之末，七篇之始”之大意，亦不知题语是成语否？有出处否？男亦只有从大意做去。又以题旨不甚清楚，且不知其来历，故作一夹卷，作上下二篇。每篇八百余字，借以截长补短，庶几不至大落人后。应考高等文官者，六千八左右，分三期考试。是日与考者共二千人，闻知题之来历者，仅一二人。第二试，十月廿三日举行。考试科目共十二门，由典试官任出四五种之题目。男是日作卷三本（作三卷者，仅二三人）。天黑不能再写，不得已完卷。第三试，十月廿七日举行。科目亦十二门，任由典试出四五种之题目。男是日作满三卷（接卷二次），天黑未能竟我所欲言，只有停写。点卷时，天已甚黑，就中和殿阶上点卷。天黑，不辨字行，强用目力，归后眼痛数天。今日十一月二日口试，高等文官考试从此告竣。

此次文官考试场设在三殿，第一试在太和殿，第二试、第三试均在中和殿（指经济专科而言，男应经济专科，其余仍在太和殿），第四试之口试亦在中和殿。考试之试卷均用弥封，关防似甚密，然下级之办事员作弊甚多。又闻出洋二千元得录取一名，售出名额将近百名。此次大总统教令，定高等文官名额四百八十名。如是，则无人无钱者，诚难乎望取矣。男此番所作之试卷，虽材料字数较多于他人，但书法以及修饰之功夫不甚讲求，取与不取，正难预料也。况弊窦如此之多，则邀取更难矣。十日出榜，姑待一星期再看。此次应考者富阳有七人，龙门三人，郁家二人，尚有张宝燮、胡继瑗二人，未知能有几人录取？男恐无望。特闻龙门喧传男之应考高等文官已久，所为可恨耳。

男近日考试及预备时期，每天仅睡四五小时。故考毕后，精神异常困顿，修养正须时日也。现最感苦痛者，眼枯耳。

耑此。祇请福安。

男智舆上

十一月二日

083

1919-11-9

父亲大人膝下：

谨禀者。日前奉一禀，想已收到。

男于此次之考试，本无预备，考后亦不甚得意。国文虽作二艺，然皆清注不起稿（因不能奉上一阅，日后拟默写寄呈），既不能修饰，亦不克作精警之句语、之结构，而书法更不留意。二试三试之科学有未学者，有未预备者，所作胥想当然之文，考毕，殊觉不快。讵知昨夜（八日十六日）出榜，男竟获售，且忝列经济专科之第一名。应考经济科[1]者，得四五百人，仅取十六名，男忝列首名，亦幸矣。各科应考者，共计六千人左右，各科取录者，共合四百八十名。我邑郁曼杜之弟浩生考取医科中等，约在第四百名前后。青丞此次大幸，刚及格，考取法律专科中等，名次在第四百七十三名。

此次考事，想大人悬念綦殷，因寄一快信到富阳，托蓉芳专差送呈。今后，男略有重要用途，请与树榖叔公商借现洋二百元，从速由银行汇下。至于用途之细情，下次再行详禀。

耑此肃陈。恭请福安，并颂阖家日祉。

男智舆谨上

十一月九日上午

1. 经济科，即前文经济专科。

1919 年孙问西高等文官考试位列经济专科之第一名。时任国务总理靳云鹏为孙问西颁发“高等文官”匾额，由典试官周树模题写

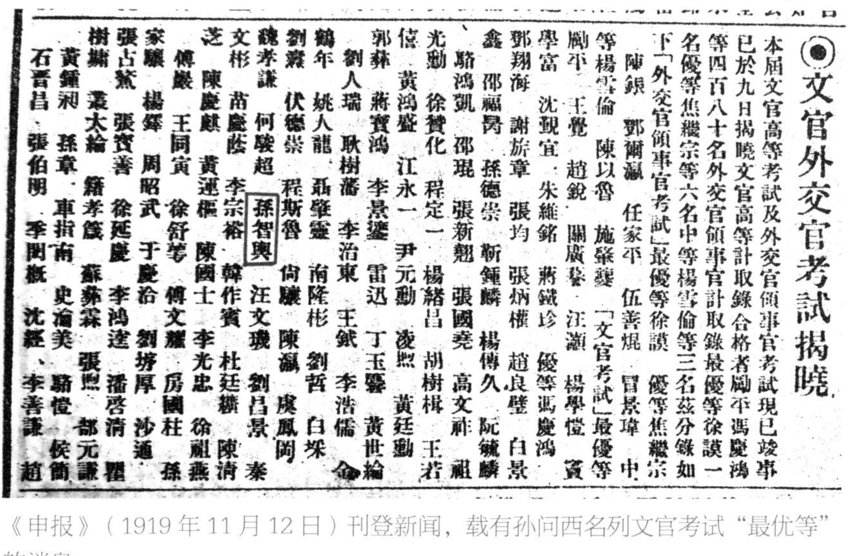

◉文官外交官考試揭曉

本屆文官高等考試及外交官領事官考試現已竣事，已於九日揭曉文官高等計取錄合格者勵平馮慶鴻等四百八十名外交官領事官計取錄最優等徐謨一名優等焦繼宗等六名中等楊雪倫等三名茲分錄如下「外交官領事官考試」最優等徐謨　優等焦繼宗　陳銀　鄧爾瀛　任家平　伍善焜　冒景璋　中等楊雪倫　陳以魯　施肇夔「文官考試」最優等勵平　王覺　趙銳　關廣鑾　汪灝　楊學愷　賓學富　沈覲宜　朱維銘　蔣鐵珍　優等馮慶鴻　鄧翔海　謝旂章　張均　張炳權　趙良璧　白景鑫　邵福昺　孫德崇　靳鍾麟　楊傳久　阮毓麟　駱鴻凱　邵瑕　張新翹　張國堯　高文祚　祖光勳　徐贊化　程定一　楊緒昌　胡樹楫　王若僖　黃鴻鼇　江永一　尹元勳　凌熙　黃廷勳　郭森　蔣寶鴻　李景鑾　雷迅　丁玉璽　黃世綸　劉人瑞　耿樹藩　李治東　王鉞　李浩儒　俞鶴年　姚人龍　聶肇靈　南隆彬　劉哲　白垛　劉霖　伏德崇　程斯魯　尚聽　陳瀛　庚鳳岡　魏孝謙　何駿超　孫智輿　汪文璣　劉昌景　秦文彬　苗鹿蔭　李宗裕　韓作賓　杜廷楝　陳清芝　陳慶麒　黃運樞　陳國士　李光忠　徐祖燕　傅嚴　王同寅　徐舒箸　傅文耀　房國柱　孫家驤　楊鐸　周昭武　于慶治　劉墉厚　沙通　瞿張占鰲　張寶善　徐延慶　李鴻逵　潘啓清　樹蘭　叢大綸　籍孝儀　蘇彝霖　張熙　郗元謙　黃鍾和　孫章　車指南　史瀹美　駱愷　侯簡　石晉昌　張伯明　季閎概　沈經　李善謙　趙

《申报》（1919 年 11 月 12 日）刊登新闻，载有孙问西名列文官考试“最优等”的消息

084

1919-11-20

族长大人钧鉴：

叩别以来，想贵体康宁，百福骈集，为无量颂。

此次高等文官考试，应考者约有六千人左右，平均计算每府只得二人，吾浙严、处两府属投者之人亦不少，然均抱向隅之憾。增雯、智舆同处一乡，且系同族，沐历祖历宗之遗泽，均蒙入选，亦本事也。所慨者，处境甚寒。增雯自入泮以至高等专门毕业，并两次晋京应文法官考试。智舆由小学以迄大学本科毕业，又应高等文官考试，所费均在二千金以上，负债累累，告贷无门。分发以后，几至不能到省，深堪浩叹。邻村如环山裘氏小剡，李氏宗祠庆骧、宝森晋京应试，均送旅费一百五十元，他族待寒士如是其优。吾族乃如秦越人之视肥瘠，先人泉下有知，恐亦有所不愿也。大人为一族之长，用特备情，请求大人召集诸董事，商由祠内津贴，增雯、智舆每人百元，以济急需。倘异日风云会合，吐气扬眉，皆祖宗之遗泽所赐也。

余容续禀。肃此敬叩。诸董事前均此。

增雯、智舆叩上

十一月二十日

1913年，司法总长为考取司法官再试乙等第十二名的孙增雯颁发“法官及第”匾额

第四章

高等文官　立志外交

高等文官

立志外交

在“北漂”的五年里，孙问西见识了社会的形形色色，饱尝了人生的酸甜苦辣。这些经历如同磨刀石，不断磨砺着他的意志与毅力，也让他对人生的真谛有了更为深刻的领悟。最终，孙问西凭借高等文官经济专科考试榜首之绩，顺利分配到外交部工作，同时还兼任北大教员。这对于他来说，无疑是祖上恩泽的体现，也是他自己努力奋斗的结果。

孙问西的成功并非偶然，所谓“千般苦楚，均要人肯吃”，他自己也讲：“欲必事之成，当振励精神，舍弃一切。惟的之是趋，而艰苦劳瘁，甘之如饴也。破甑之人当不屑，苟且因循，惜小而失大，遗终身以万古愁。天下无侥幸之事，百事以为须伏命恃运，此其人难乎。与言为人矣，斯人亦将与草木同腐矣。”他的故事，告诉我们，只要有坚定的信念和不懈的努力，就一定能够跨越重重阻碍，实现自己的目标。

父亲大人膝下：

谨禀者。昨接快函敬悉。

男此次考试预备期间甚短，而结果居然如是，诚非所逆料，得不谓先人遗荫余泽之所致乎？吾校前后毕业（法科经济门）同学，应试者约八九十人。凡在校中考列优先者，大都赴试焉。录取者，以吾校为最多，约十人上下。国立专门法政学校经济科毕业生应试有约在百五十人以上，录取者仅二三人。其他各处学校凑合之数百人，取数人。即此，足见北京大学与他各校学生其学诣之深浅，确有较然不同者在。而男又忝列经济专科之首名，良非幸事乎？古人之一失足成千古恨，男平日作事，不作则已，作则必谋操成算之术。曾文正所谓“打脱牙，和血吞”。胡文忠[1]所谓“千般苦楚，均要人肯吃”，欲必事之成，当振励精神，舍弃一切。惟的之是趋，而艰苦劳瘁，甘之如饴也。破甑之人当不屑，苟且因循，惜小而失大，遗终身以万古愁。天下无侥幸之事。百事以为须伏命恃运，此其人难乎与言为人矣，斯人亦将与草木同腐矣。男涉世十余年，以在外，而知各种社会之形形色色，以饱尝事故，亦略知所以为人之道矣。每见有一般人，其在外之

1. 胡文忠，即胡林翼（1812—1861），字贶生，号润芝，湖南益阳人。清道光十六年（1836）进士，曾任湖北巡抚。

期间，其读书之时期，与男相若，或有过之者，而对于人世之情，为人之道，有漠然不知为何者，此其人诚不可思议也。

校中文凭尚未发报，可从简说明［国立北京大学法科经济门毕业第一名，文官高等考试经济专科[1]取列第一名（用此数语便可）］。毕业与文官并报为佳，典试官及襄校官之姓名另纸抄奉，男意中可报报单者，容他日再告。至分发何部，现尚未发表。男本意欲往外交部，故托国务院法制局参事钟子扬先生向国务院铨叙局[2]关说，继见胡先生竭力劝进财政部（理由容他日面禀），渠托教育部长傅岳芬[3]向铨叙局为男关说。上星期男赴襄校官王孟群[4]先生家（由蔡元培先生介绍也）请见，谈不数语，即问愿往何部，男以财政部对，彼欣然允为向铨叙局关说。以铨叙局长与彼颇有交情也，大约男总可赴财政部办事。又青丞与男商议请求祠中津贴，兹先将初稿奉阅。

耑此。敬请福安。

男智舆叩

1. 文官高等考试每三年举行一次，第一次文官高等考试于 1916 年 6 月举行。北洋政府的文官考试分为文官高等考试、文官普通考试和特种文官考试。1915 年公布的《文官高等考试令》规定，考试类别分政治、经济、法律、文学、物理、数学、测量、化学等 22 类。

2. 北洋时期的铨叙局职责大致相当于封建时期的吏部。1912 年 7 月 21 日，北洋政府颁布《铨叙局官制》，职权规定为荐任官以上之任免及其履历事项、文官高等考试事项等。

3. 傅岳芬，即傅岳棻（1878—1951），字治芗，号娟净，武昌县人。清光绪年间举人，曾任山西抚署文案，山西大学堂教务长及代理总监督。辛亥革命后，历任北洋政府国务院铨叙局佥事，教育部司长、次长、代理部务。1919 年后，历任北京大学、北京师范大学、东北大学国文教授。

4. 王孟群，即王荫泰。

父亲大人膝下：

谨禀者。前奉一禀，想已收到。

分发事，现国务院尚未有明文通告。男大约总可分发于财政部，以教育次长、代理总长傅岳芬代为关说。而襄校官王孟群先生以蔡先生之介绍晋见，亦慨然允为向铨叙局关说。虽未发来分发何部，实已如同确定。兹将可报之单者，另纸开列，并请斟酌报之。

又：一峰现已负债累累，欠出五六十元。请向其家中催索洋百元或八十元，以资清偿。并可同我回南，否则男自身既拮据异常，彼不得男之扶助，更难维持其现状矣。惟寄洋时，男意以交余为佳，既可代为清偿债务，又可略抑制其胡用。希速告树穀叔公，赶速寄款为要。

耑此奉白。余容续禀，此请福安。

男智舆叩

回南之期，约在阳历十二月二十左右。

087

1919

父亲大人膝下：

谨禀者。顷奉一示敬悉，汇洋已如数收到。前二谕问及之事，曾上一禀告及，想可送达。

开贺时期，前后由大人酌定可也，至于报纸匾额，似不宜出县，以限于县内为佳，亦祈慎重斟酌。典试官夏襄校官姓名前禀已告及，兹不另。今年同乡入京肄业者，除钟、郑外，尚有汪学骥（画图山人，系余学生），及汪秉政（老山坞）二人。校中毕业考时，教育次长袁公[1]已去职，政府早已改命傅岳芬为次长代理总长。今次为男向铨叙局关说分发事。觐见日期，尚未公布。闻此次徐总统[2]拟亲自延见，并在公府怀仁堂赐筵。一俟觐见日期确定，分发照钦出后，即当奉闻。

胡继瑗名传寿，系富邑胡来泰[3]之小东家也。完谱约十一月中甚善。男于十月底即可动身回南，至于皮袍邮寄甚不便，想男到家尚可赶用（裁缝工人可先定于十一月初五六日），若大人定，须邮寄，亦可照办。

耑此。敬请福安。

男智舆叩

1. 袁公，即袁希涛（1866-1930），字观澜，又名鹤龄，江苏宝山（今属上海市）人。清光绪年间举人，清末民初教育家。
2. 徐总统，即徐世昌。
3. 胡来泰，即清光绪末年富阳当地较有名望的粮店，老板是胡锡荣。

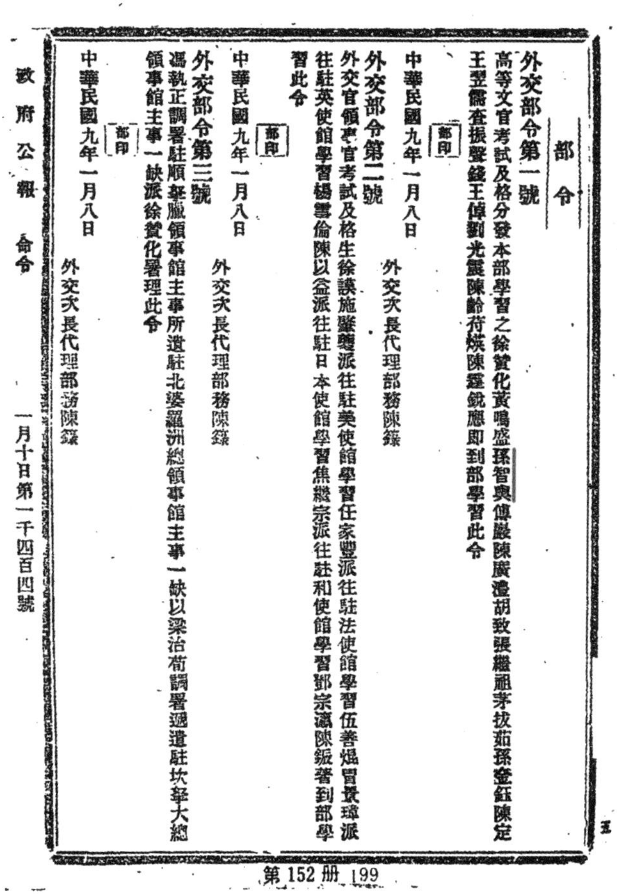

部令

外交部令第一號

高等文官考試及格分發本部學習之徐賛化黃鳴盛孫智興傅嚴陳廣澧胡致張繼祖茅拔茹孫登鈺陳定王堃儒查振聲錢王倬劉光麓陳齡荷祑陳霆銳應即到部學習此令

中華民國九年一月八日

部印

外交次長代理部務陳籙

外交部令第二號

外交官領事官考試及格生徐謨施鑒疇派往駐美使館學習任家豐派往駐法使館學習伍善焜冒景璋派往駐英使館學習楊雪倫陳以益派往駐日本使館學習焦繼宗派往駐和使館學習鄧宗瀛陳鋠著到部學習此令

中華民國九年一月八日

部印

外交次長代理部務陳籙

外交部令第三號

馮執正調署駐順拏臘領事館主事所遺駐北婆羅洲總領事館主事一缺以梁治荀調署遞遺駐坎拏大總領事館主事一缺派徐賛化署理此令

中華民國九年一月八日

部印

外交次長代理部務陳籙

五

政府公報 命令 一月十日第一千四百四號

第152册 199

《政府公报》（1920 年 1 月 8 日外交部令第一号）载孙问西分配到外交部的消息（《政府公报》中国第二历史档案馆整理编辑，上海书店出版社，1988 年 12 月出版，第 152 册 199 页）

父亲大人膝下：

谨禀者。连日办理文官外交官团拜事务，甚觉忙碌而困倦，近日始蒇事。稍暇，爰将来示所问及者，一一禀明。

至于报纸一层，终以男前说为是，不可变更。但来请求者，亦不妨通融。如杭州孙姓数家，殊属不宜，切不可报（荫村有二子应高等文官考试，均不取）。所谓礼尚往来者，必其礼之适于时方可，否则不贻笑他人不止。庚三之报纸为人登报，各处讥笑，岂大人亦忘之乎。必如来示所云，则是昔之曾对我行叩头礼者，今必报以叩头礼。叩头今已废，我犹行之，非特他人讥之，亦且自失身份矣。故务乞坚守男前禀所说，不或稍变。

男拟本月（阴历）廿六七动身回南，月底或可到家。但十一月二十左右即须起程。北返极迟，亦当再十一月内也。教员薪水以校费支绌，现所定之额较前禀所告者犹少。薪水按授课之月起算，男自十月（阳历）二十左右起授课，当自十月起方能得薪。而以教育部不发款，薪亦迟延不发，如何得措置裕如也？且此间应酬费甚大，男非冠臣、鼎臣辈，但思死守不作上达之谋者，故所应用之经费，自非在乡间者所能管窥蠡测。盖若如冠臣、鼎存辈则终身如是而已矣，焉有后望乎？分部后，教员当然兼任，何愚至若是而辞之欤？问青、蔼人辈，如得暇便，当往会。至于皮马褂料，倘男金钱稍能筹措宽裕，拟买奉，否则且待明年再说。男意大人旧有之皮袍套，可改作马褂与背心各一件，不知大人之意何如？

耑此敬禀。肃请福安。

男智舆顿首

父亲大人膝下：

谨禀者。男十五日到县后，本拟十六日即搭轮复杭，嗣为诸亲友所强留，十八始抵杭，明日（二十）定须赴沪北上。路上均平安，祈勿念。

莱第欠人掇款为时已久，男以诸同乡之再四嘱托，代行索还。树穀叔公一再稽迟，不速归清，诚不解其何所用意。暴发财控告之消息查无实据，想系讹传。公呈宜早递，“宜缓”何理？公呈无他用意，一以证明“单”冒具阖族之名，一辟此“单”之诬控，使此“单”无所碍于讼事，早之不逞，何言乎“宜缓”？树穀叔之意，盖亦恐有伤于瑞钟之感情也。

三哥亲事，男仍主用吹手，吹手不过用四五元而已。倘男之言不见听，则以后家中有人须用四五十元，或四五百元，需男负担时，将来概不能从命。男现大人，常吝于小而忽于大，见于近而不察于隐，此各端之所以难各适其分也。刻以事，不克细心，谨草此达意。

敬请福安。

男智舆顿首

十九日

090

1920

父亲大人膝下：

谨禀者。揖别以来，想兴居嘉豫耳。

男自家抵京，沿途均甚安，适到京之第三日，即到部视事，赴校上课。又以初到京，收拾物件，布置房屋，颇费时日精神，故尚未能握笔奉候，深觉歉然。百朋[1]回校事，在杭时迭与该校朱校长及他教员监学商量，目下未知如何。英第[2]亦退学，男在家时曾嘱代为关说，男到杭后探问退学原由。朱校长云，英第与百朋等退学者，共六七人，均系狎游土娼而除名。事经校务会议议决，无可挽回。校务会议由全校教员组成之，故所议决之事，非校长或教员二三人所能擅改。男既迫朱校长速办百朋之事（只能转学，回校恐难）。英第之事，因未便再行诛求。到京后即寄英第一信，告以宗校情形，并表歉忱，男自谓做人亦尚周到。英第来信言辞之间，似非强男代办到、回校或转学不可，并谓"莫学杨朱之自私自利"。男意自幼年以来，何所图于伊家？更何所私利于伊家？男在家时，彼曾否顾余一次，抑或请余一次。今以谊属亲房托事，固非男所宜推诿，但托事先加人以痛骂，天下宁有是理？为人如此不懂道理，如何得出门一步？

现在家中亲事，想已着手预备，忙碌情形，不待言喻。男本拟及时寄家洋百元，但以部中俸薪按日扣算。男既不到部，去年仅到部三二次，故上月俸薪无几。北大校薪上月归代理人领取，本月尚未发给，故所拟之事不克办到。若家中急用，暂寄四五十元亦可，否则待三月初，准寄奉洋百元。

耑此。肃请福安。

男智舆叩

1. 百朋，即许逢赉（1903—？）字百朋，许正始长子，孙问西外甥。
2. 英第，即孙英第（1898—1950），学名俊儒，字席珍，号仰贤。曾任国民革命军三十三军第四路司令部执法处军法官，山东省郯城县百货捐兼卷烟特税局分局长，福建罗源县第二区署署员。

父亲大人膝下：

谨禀者。兹由振夏接读来示，敬悉一切。

前示已收到，但无呈稿代表一节，男自当声明并当告知事。肖愚之是否为代表，须得各选举人之举伊者之通告，方得为凭。自称代表，何足证信？新董事之组织，旧董事尚未交卸，族房长尚未承认。自法律上观之，未能发生效力，明矣。更何所据而控人侵吞公款乎？县署吴某（字吉甫），系男昔日宗校之同学，彼此次之如此竭力，想因全不知为余家中事之故。男当修函通知。肖愚与大人平日之品格操行如何？男拟请同乡京官写一公信以备知事之参考。至于入署辩疏，切不可一人独去，须四房六董同到，并须待男稍稍布置完妥再说。目下惟静以待之，勿急为要，千祈弗过焦灼愁虑。男自有相当方法以解决之，并祈弗轻于入署。

耑此。顺请福安。

男智舆叩

十三日夜

刻写就与吴君吉甫信一封，乞转交为要。知事信，明日再写，当格外详细说明原委。时已深夜，故不及写也。

092

1920-3-29

父亲大人膝下：

谨禀者。顷接手示，备悉乡中情形。

男远在千里，不能直接与庚三折冲樽俎，诚恨事也。彼辈错而不肯认错，思与男敌对，男强硬人，即小事之不足轻重者，亦不肯迁就人意。况有关面子者，肯为彼辈低首下心乎？公呈不过辨明诬单之非，阖族公具，无有控告之性质。房族长及旧董事之具名，公呈不过自述不知之情节，非对肖愚为诉讼之行为，彼辈何必虚心若此。新董事方举出，并未接管，且颇有绝对不承认者，旧董事何得？当然无效，自话自听，不足入解人之耳。庚三到县，见知事，恐亦无甚结果。

男正月初曾与知事一信，非有托也，盖所以免后此之托焉。请寿酒在京与男之往还及开贺、送对，固属人间相交之情，受之者，诚宜佩感！但不得谓此后即令怒骂之屈辱之甚，或加以种种不法之举动，受之者，不应有所抗议也。庚三之言乃是骗小孩子之言，又云将与男大闹，致男不能吃饭。男畏何人？男在社会立身之地位，吃饭之根本皆由数年之力学，生平之积行而得，不仗亲友，不凭情面，能吃饭与否，特吾本领尚在否，何求于他人？何畏乎他人？庚三之言乃是吓小孩子之言，吾非乡愚村夫，肯由此而为彼折膝屈服乎？增荣、力田既承彼等，仍持前议，不改所为，当厚言慰之。锡彼更须竭力联络之，再好稍露（若当事情吃紧时），将来与以特殊之援助（说明男意可也）。如此则彼辈更当同心同德矣，作事亦更觉顺利快便矣。在世做人，处处须周到圆滑，方不为人所弃，人转我为助。男平日常恨知之而不能行，想大人纾余有暇，当能行之而弗难焉。

昨日京中有一报馆邀男作中西文编译主任，男以事繁，恐不能用功自修，未为绝对之承认。此报馆系京中有力者当道，所开加入之不过认识京中数多阔人而已，俸薪恐难以求也。

耑此奉禀。余容续陈，顺请福安。

男智舆叩

三月廿九日（二月初十日）上午

093

1920-4-2

父亲大人膝下：

谨禀者。昨夜寄奉一函，想不日可收到矣。

今日以分往各方面商量善后之方法，知事之信只可待明日再写。男意最好请担青[1]亦寄语知事，表明始终未与其事。鹤清妹及叔父若肯给同样之表示更佳。近日甘肃在京国会议员对于袁毓麟（字文叟）复提出查办案，催促财政部从速查办。男拟请甘肃国会议员再提出袁文叟查办案，并叙出孙庚三为袁之爪牙走狗，理应合并提出查办。

今日下午已为一度之接洽，明日当从袁处探出底细，作一说明书，交与甘肃国会议员，俾得连带提出查办，未知大人以为何如？但此事现尚不可对人言，俟布置稍稍妥帖，对于将来结果稍稍有点把握，再行扬言亦不晚。知事处男拟明日致函担青处，祈速寄语告知，并请渠从速向知事声明。冠臣处宜如何？乞斟酌可也。

耑此。祇请福安。

男智舆叩

四月二号夜十二点

震王带来函中所谓呈稿，究何所指？前函无之。

1. 担青，即孙担青（1885—1938），原名汝慈，又名鹏，字担青。1932年任龙门中心小学校长。国民革命军二十六军军司令部委任上尉书记和少校秘书、富阳县教育局长、福建省罗源县县政府秘书。

祠事紛爭

第五章

祠事纷争　昭示高洁

昭示高潔

一场祠事纷争如汹涌暗流，冲击着孙氏家族的安宁。孙问西的父亲孙蓉第作为祠事的管理者，因过于谨严而招致一些欲图私利者的怨恨。再者，孙蓉第的仁厚与高尚品德，在乡里享有很高的声望，这也成为了那些嫉妒者攻击他的原因。以孙瑞钟（肖愚）为首的族人，出于嫉妒和私欲，不仅诬告孙蓉第侵占祠款，还侮辱其人。孙问西凭借自己的聪明才智，为父亲辩护，与心怀不轨的族人展开了一场激烈的较量。这场祠事纷争最终以孙瑞钟（肖愚）等人的真实面目被揭露而告一段落。

这段祠事纷争经历，成为家族中一段令人铭记的佳话。虽然过程曲折，但孙问西的努力和坚持为家族带来了正义与安宁。

问西老弟惠览：

前大驾回省，承赐珍品，旋又匆迫北上，未尽东道，殊深歉仄。迩维起居安适为颂。

令兄来省谋事，竟曾力为推毂，测量局中因无机会，现仍未见效果，抱歉之至。然此事已蒙前途应允，将来有机可图，仍当呈请录用。杭垣闹不尽，学界风潮正是一波未平，一波又起，推原其故，虽其目的不一，而始基实创北大，彼所谓新文化一节，其中究竟如何，急宜得其崖略，备以应付潮流。为此走笔，敢乞将近时所谓新学与夫一般常识所必需之书籍，开示寄下，以便购阅，至祷至盼。舍弟在京，诸希照拂，并乞劝其节俭，求些实在可用学问为要。

手此布候。顺颂日佳。

弟竟顿首

四月十四日泐

同乡诸先生晤时，均乞代候代候。

与二哥一阅，当知在外做事非有一点真本领不可，即平常之书札字法，亦不可不如此，非常之注意。如宇襄者，诚可作为吾人之表率，宜朝夕仿学勤求者也。

095

1920

父亲大人膝下：

谨禀者。刻接二月廿八日之谕，敬悉一切。

祠讼自以大人亲自上堂对质为佳，盖三哥于祠事未能头头自道。若偶有不能回答之事，或出言不足，破原告之捏辞，并折服审判员之心，则全局必以之而大受影响也。倘大人不亲自上堂，在己以为曾出仕者，不应涉足法庭与人对质；在人必以为事属实在，故临审规避，不敢亲自上堂，其招一般人之怀疑，承审员之因以任意裁判判也。今大人亲自上堂，而瑞钟规避不到，则我之理直气壮，瑞钟之诬捏心悸显然可见。事之虚实、之邪正与天理之孰是孰非，不辩而自明矣。庚三大言，此亦小人之常恐无暇计较。前本拟请国会议员重行提出袁毓麐查办案，连类而及于庚三，嗣以大人函知事已了结，故不复申请。盖男现在不若庚三之闲空，可与伊闹这些无聊之事，争点君子所不为之气。男意查办案若提出，庚三必多方设法与余为难，男固不畏庚三之与余为难，只恐因此而误吾前途远大之事。是以小人虽恶，不疾之太甚也。

至于究诬一层，请大人自行斟酌可耳。承审员到龙门，未知我家设筵款待否？宝庆家之盗，谅必有内引，究竟未识如何？青丞派在财政厅，月薪三四十元，乃高等文官分省之分内事。甘肃清理官产需总办系袁自兼，袁长子瑶如曾告我矣。庚三不过在内帮办事务而已，至将其丑事登报在京，男可设法。在杭，男苦无熟人，男意待其到山东后，再托人将其丑事登之于山东报章，此时姑暂置之不理也。

周、张二老师去年六十岁均未征诗文，男拟再过数天往探彼二人之事略。襄廷[1]处男本欲早些信去道候，特以每天总觉无闲工夫，是以迟迟未克握管，下次写信时祈代道及也。现英国伦敦中国总领事馆有主事缺，男欲往就，亦可设法。但主事系委任资格，高等文官系荐任资格，若遽尔前往，未免自降身价。且月薪每月仅二百余元，每年不过二千余元而已。而以伦敦生活程度之如此之高，用余后，多亦有限矣。大人意见如何？祈速示知。

宇襄前月寄男一信告我，对于二哥事，渠竭力代为推挽。伊对我尚厚，故肯如此。

肃请福安。

男智舆叩

1. 襄廷，即下文朱襄廷（1871—1924），原名邦彦，字襄廷，富阳灵桥镇人。

096

1920

纫秋[1]先生钧鉴：

敬启者。窃孙瑞钟诉家父侵占余庆堂祠款案，迭经知事传集质讯，未蒙判决，殊抱不安。兹查孙瑞钟复罗列多款，具诉公庭明如知事，本无待智舆申辩，惟事关名誉，特略陈如下：

一族之中，以族房长为主。此次孙余庆堂新董事之推定，未经族房长之认可，是否作为有效。且查推举时，族房长及旧董事均未到祠，系孙瑞钟之弟瑞桓一人推出此种谬妄行为。如果作为有效，设有人以我家庭中之父兄子弟照额推出之祠事，尚可问乎？此不合理者一也。孙瑞钟状称新董事会诉讼之代表，既称代表，必经新董事会之公认。乃未经公认，冒称代表，并私刻孙余庆堂董事会之钤印一方，是否私人团体所宜用？其荒谬绝伦，已属显见，此不合理者，又其一也。查其新董事会章程，系管理关于孙余庆堂祠务为限。此次所列积谷及都尉祠两款俱系庆善十二庄合庄公务，并非孙余庆堂董事所必管之权。且管理积谷合庄董事若干人，积谷若干斤，均经呈报有案，其簿据向存董事孙秉庆家，盈绌可考。其存家父处之都尉祠账目，历年收支明白。当时合庄父老交家父经管者，现仍交还，合庄父老任选妥人接管，亦无不是。乃孙瑞钟不明权限，肆口诬诌，此不合理者，又其一也。余庆堂祠账有旧董事六人共同管理，并另设执笔董事一人，系瑞钟本房孙廷黻担任。于每年正月间，令同族房长董事在祠结账，

1. 庄纫秋，即庄纶仪（1874—1929），字经郛，号纫秋，江苏武进人。光绪二十年（1894）恩科进士，内阁中书，被分发至浙江任用道尹，历署浙江临海、萧山、富阳县知事，代理杭县知事，调署江苏高邮县知事。

并非家父一人专擅。乃孙瑞钟独指家父一人，显系挟嫌诬控，此不合理者，又其一也。余庆堂发给分发费一次，经族房长董事议定专章，照章给发。因当时章程未载祠谱，遂据为不承认之理由，任意攻击，亦难认为正当，此不合理者，又其一也。

总之，此案非传集一干人证、开庭质讯不足以明虚实。为此，附呈族房长及新旧董名单，务请迅予按名传集，开庭讯结。至族房长为一族之主，并请询问族房长，所有祠务归新董事管理，或仍归旧董事管理，当庭解决，发交簿据，以凭接管。一面吊销新董事会非法钤印，以杜纷争，而免贻误。冒渎陈词，曷胜惶悚。敬叩霁照，不宣。

计附呈名单一纸。

治晚孙智舆上

097

1920

父亲大人膝下：

谨禀者。前上一禀，谅已收到矣。

男近日运气甚不佳，上月被扒手扒去洋十五六元，前晚又被贼窃去三十元许，家中之款因是迟迟未能寄出。现拟本月内无论如何筹集百元寄家，请弗念为要。家中之事，倘有余力余暇，希常常告我是幸！

前请夏老师寄语知事之事，旋以大人之示，请其停止，免受其空情也。英第前请男写信向朱硕甫先生恳请，俾得回校续学。信早已寄去，未知结果如何。庚三于十日前抵京，行踪诡秘，不识有何举动？据袁文叟大公子之言，系为其荐任职而来，真相如何，不得睹也。渠不来余寓，啸风与余同寓，啸风处因亦不来。

甘肃一案，男本拟请国会提出查办，恐激起反动，致废无谓之时间、无谓之精神，觉甚不格算[1]。男之前途方始，庚三则到处臭名遍布，若激其造谣诬蔑，亦颇有影响，因是中止，待有机缘再说。

肃请福安。

男智舆叩

1. 格算，方言“合算”的意思。

098

1920-5-17

青丞同年台鉴：

别来想起居嘉豫为慰。诸暨之行，何日归来？结果若何？亦在念中。山东如能早到，自以及早起程为宜，迟则恐前之数信效力较差耳。不知高明以为奚如？

近闻乡中为祠事，时有争闹。智舆远在千里，未克亲睹。家严年老力衰，恐易为人侮弄。台端在乡一日，乞与家严商量，以善其后。若台端者，办事历有年所，经验学识俱富，遇事自易理解。如乡中有故意顽强、令人难堪者，智舆亦不难请京中钜公阔人，介绍督军省长，假官厅之力以解决之。

耑此。肃请春安。

宗晚智舆叩

三月廿九日午

己未（1919）《同年录》代寄山东如何？

099

1920-5-18

父亲大人膝下：

谨禀者。三月廿二、廿四两次谕示，均收到读悉。祠讼既经方云卿、朱襄廷诸先生设席劝和，两方已言归于好，何以现在肖愚又控侵占祠款？前审判时，承审员令将祠中簿据转交房族长管理，房族长亦向县署递呈声明，此事已告段落。县署何又听片面之辞；竟复派警催缴？此中谅必别有曲折。斯事若能和解，固以和解为上策。若因不能和解，惟有竭力设法抗疏而已。庚三云办，且看其能力如何。

现第一步之办法，先请房族长重行声明簿据已收到，祠事及账目等均清理结束，人宪之状乃系其子捏造，故意与其父反对之行为，非人宪之本意也。诸房族长及旧董须甘言相劝，并须用金钱以固结之，切不可略现吝啬之态。事到如此，所争在气，金钱勿能计较也。

第二步之办法，即当按经理祠事及账目之实在情形与县中名讼师商量，如何辨疏，并可请胡卓人先生出来帮忙（大人须亲自往访说，吾请他竭力帮忙），以资臂助。汝琦告尚中之状，未知进呈否？担青若能回富，自属极有力之帮手。下月男如能脱身回南一行，更可与担青合力商量善后办法，惜公务羁身，此身未可自由耳。

明日（四月初二）曼陀回富，昨晚男往渠家已谈及一切，并请乘机向知事说明肖愚之行为无赖，性情凶恶，渠一一应允。但初四五即可到富，大人当往访晤，并即宴以鱼翅席，以敦睦谊，请方云卿、朱襄廷、胡卓人、陆徽甫、余理庭辈作陪，或再另请一二人，亦未始不可。夏老师处明早当往求一信，前次渠已答应寄语知事，关说一切。此时往求，当无不允许。夏老师与知事系旧友，夏现为平政院院长，势位甚隆，其信当有若干之效力。至于校中名次，男本当列在首名，因法科学长偏爱孙士恺，将伊历年请假应扣之分数均不扣，而男不应扣之分数转扣去数分，此中弊窦皆法科职员出之。孙士恺之兄系西洋留学生，法科教员大半系其同学，而孙士恺又有金钱，可任意挥霍，而男则远不及焉（此亦大人平日吝不寄钱之故）。因此，种种情形吃亏之处甚多。

昨往教务课探问并查阅政府公报，青丞之言尚非捏造，现拟向校中提出抗议，但事亦已无及通阅。本班同学分数单，惟孙士恺略多男一点，其余同学分数顶多者，较男平均数差五六分。惟斯处之误，男去年实不知此中之弊窦百出，有此结果，但男意斯处虽有错误，亦尚不觉汗颜，盖本班同学不过二十一人，考第一亦未为荣，其范围甚狭。去年高等文官考试合全国各校之经济学生，会考人数三百余人，取十六人，男列第一，此较荣欤？抑彼为荣欤？前者往往含有私情在内，此则一秉大公，无丝毫之假借。当时孙士恺亦同在场内与考，非特不能考在前列，且未录取焉（青丞亦知之），即称第一，亦何愧实学？足以昭示大众也。使孙士恺果斐然远迈于我，名次先后不必论，或系一时之短长，但当录取在十六人之内。故男昨日寄青丞一信，曾告以校中一班之考试，与全国经济学生会考之范围、之广狭，以见校中考试不足重，不足为荣，未知彼之复书将何以对？

至于经费，男现在实难，因欲在京应酬活动，故总觉不足，还请大人从他处移用再说。日昨谈星相者，说男卅一二岁起当大可得意，男历访各星相家，均众口一词。现抄录北京第一有名之星相家评语一纸，奉上谨闻。故男目下，若龙门本乡之事非逼人到极处，雅不欲与彼辈无足重轻之人，不直争气者相计较，盖深觉自身之精神，时极有限，而可宝贵也。

耑此奉复。祗请福安。

男智舆叩

四月初一日

廿八交，印堂部统观，全体系木贵形，面部最佳处，两眉有煞，两目神足，三停平等，定主三禄丰用。一生为人，英傲性成，勇敢有为，确属文经武备之相（说余将来定须带军）。交廿九卅，虽有事可作，然尚不满意。交卅一二，贵人助。卅三四，择交不可随便作抚琴之友。卅五至四十，名利双美，初步佳境。四十一，非己任切莫为。四十二至四十八，一生美景，立业（外立功业）兴家（内兴家财），财权并旺。四十九五十，不可与人通财。五十一不可重奴仆，间接伤财败事。

此系星相家白云峰之评语，并言余四十以后，至少亦当为政务厅、财政厅等长。

送夏阅看之稿语：

孙蓉第因祠事被孙瑞钟呈控一案，其原因实以蓉第平日管理祠事过于谨严，致招一二欲图私利者之怨尤，又以其禀性仁厚，乡望稍隆，瑞钟等因忌刻而侮辱之。祠中簿据，早已交付房族长，房族长以瑞钟习性凶恶，卑鄙行为，无赖似匪。伊谋经管祠事，益不肯将簿据转交伊手，乃迁怒而控告蓉第抗缴簿据，捏词诬蔑，网以刑事，其险毒诈伪之情，可概见矣。

100

1920-5-20

父亲大人膝下：

谨禀者。早晨接示，敬悉。

彼辈既如此暗中愚弄欺凌，亦实无立时纠正之法。夏之信，渠云今日下午定当寄出，谅不久即可到富。曼杜昨日动身回函，初六七想定能抵邑。男已面嘱一切，请大人再自往会商可也。

款项一层，若家中需用若干，祈向树榖叔公移挪。一峰用费，现均由男处支取，并代还借洋三四十元。去年春天及前年冬天，男向树榖叔公移用之二百元，告以今年当归偿清楚。目下一峰已欠男百余元，再拨移一峰百余元，即可算清。若树榖叔公不肯设法，或与璞如商量，请伊寄语啸风。嘱其用款概由男处支取可也。免得寄来寄去多用邮汇费，并有时缓不济急也。吴吉甫之性情，男虽同学三四年，然不甚熟悉。惟当与伊极力联络，表示亲切之状，免为肖愚辈所利用。文官低男一名者，即汪文玑君，字定华[1]，此人男固尚与伊交往，但现在北京，亦无能为力。

最要者，即为买收房族长及旧董事之方法，使之悉书名代为辩疏，如此则水落石出，是非自明矣。抑知请人助我，须用种种怀柔之手段，非一空言所能济事。若大人知此机括，则作事自不患无帮手矣。祠中簿据既在士星处，男意请士星交呈县署核算一次，请县署处置，如何？但须声明，决不可交与瑞钟，如此则抗缴簿据、侵占公款之口实，均失其根据矣，乞从详斟酌焉。

耑此。即请福安。

男智舆叩

四月初三日午

1. 汪文玑（1889—？），字定华，浙江杭州人。曾任国际交通审查委员会委员、国民政府军事委员会秘书等职。

101

1920-5-25

父亲大人膝下：

谨禀者。接读来示，知驾往杭州，与幼湖商议一切，甚善甚善。此时谅已回富，请旭初诣县疏通，转作此讥诮之语。大人疑为庚三制定，男意不然。陆少颖先生熟于公事，肯出而帮忙谋事，自当更觉便利。吴某既系传错前信，想必不送知事，对于此中情形，自难周悉。嘱寄语知事，辩明一切，自当遵命。但男意以为倘此事不关我家，则男之信声明肖愚之非新董事代表，当有些微效力。事属一家，男面出为辩明，即有效力也，亦几希矣。男意最好莫如旭楼叔父[1]会新董事，递一公禀，不承认肖愚之被选为原告之代表，并请房族长递一公禀，控疏肖愚之诬告，则是非昭然，诸事迎刃而解矣。

大人谆谆嘱男写信，或递禀，殊欠事理之明达。凡事贵识机宜，遇到不得不求人，不得不用金钱、用手段之处，只可随时相机而行，不可固执一定之成规。诸房族长及新董事之大部分以男所述之种种方法联络之，播弄之，不患不为我利用而帮我忙。若不以甘言劝诱，或以利势动之，求其自为我助，亦难矣。男意若欲贯彻涉讼之目的，惟有用挟天子以令诸侯之方法，用上述之方法，以联络房族长及旧董事，诚属急举之图。希大人竭力从此方法入手，否则不如暂和为是。

今日早晨往拜平政院长夏仲膺[2]老师，谈及福阳县知事庄纫秋，渠乃云纫秋与伊颇熟识。纫秋前数日曾寄渠一信，男因云余家略有讼

1. 旭楼叔父，即孙光第（1859—？），字尔琦，又字亚修，号月楼，又号旭楼，孙家柱父亲。
2. 夏仲膺，即夏寿康（1871—1923），字受之，号仲膺，又作仲英，湖北黄冈仓埠（今属武汉市新洲区）人，曾任北京政府国务院铨叙局局长等职。

事，纫秋对于余家不免有偏恶之处。请渠函致纫秋速将此事公允了结为要，夏老师一口承诺，并云一二日后，渠必写信关说。惟嘱男弗告外人，令知事有为难之处。渠为人所指摘，男答以除我一人弗为第二人所知。男意此时可暂置之不理，待夏之信到，自有相当之解决方法，千祈弗轻于进署。盖刑事犯初讯，即可拘押。倘庚三买通县署科长科员，则必有令人难堪之结果，一切均希慎重处之是祷。

耑此。顺请福安。

男智舆叩

四月八日

102

1919-5-26

旭楼叔父大人垂鉴：

前奉寸槭，想已呈记室矣。所请寄书知事，或联合新董事已不附和肖愚者，递一公禀，声明肖愚之未被选为代表，或陈述新董事大多数未与闻此事，不审已照行否？务祈勿惮于肖愚之愚蛮，弗胁于赓三之气焰，而畏缩不前也，并请驾往富阳与父亲商量一切为要。犹忆昔日荫东[1]之进宗校也，智舆为之写信。其在宗校也，朱校长常对我言："以尔之面子，为尔弟留校升级。"可见谊属一家，外人视线自有不同之处。今我家被人假公之名，诬蔑控告，遽遭不白之冤。叔父居于可以代为辨明之位，忽漠然坐视，而为之弗理欤？若叔父畏首畏尾，不肯出头申疏，助我家一臂之力，则智舆对于叔父家之事，亦将袖手缄默，作壁上观。到那时，叔父亦岂坦然无所感触于中乎？

耑此。祇请垂察，不宣。伏维兴居万福。

侄智舆顿首

四月九日早

英第叔前请我写信与朱校长，昨日已写就。寄交陈柯君，转交英第面呈。恐其眷念甚切，特附笔，乞转告为要。

1. 荫东，即孙家梓（1901—1928），字荫东，号也楼，孙光第次子。国立北平师范大学平民学校肄业，病卒北平。

103

1920-6-16

父亲大人膝下：

谨禀者。叠接谕示，均敬读悉。

昨日青丞来函云，肖愚、尧园等确已赴省上控，男已寄语杭州汪定华兄（十日前回杭）向检察厅疏通，明日拟请曼杜兄再致函检厅，关说一切。曼杜昨日来寓，述及此案，即向检厅申请再审，当无一甚变动。男意请其代为关说，自必格外妥当。其他若有人可托，大人亦可设法一托。男以此事甚小，京中大老、廓人亦有不便相托之处。前者夏之信，以夏本与庄知事相识，且夏与男情意尚厚，故一请即承应允，倘此案真不能了结，或败诉，男可请内务总长函嘱省长转告高厅遵办。但此种小事件求一大面子来说，于事于己实觉太不格算，现姑静待数日再说。

男现拟买纺绸一疋送内务总长，又欲买官纱大衫料（长计四尺，或四尺一寸）一件自用。目下在京以应酬费用甚大，未能筹出此款，大人若可筹垫，请从速买寄为要，并请即行示复。余续禀。

肃请福安。

男智舆叩

十六日（五月初一日）早晨

104

1920-6-23

父亲大人膝下：

谨禀者。三月十一日之手示敬悉。

伦敦领事馆之主事缺，系委任职，委任较荐任低一级，犹承审员之于知事，省公署科员之于科长也。以荐任资格而就，委任职名位上之吃亏，一也；由委任职而升荐任职，此关颇难渡过。男本系荐任职，学习期满，即可递补以荐任资格，而补荐任自较委任之升荐任为易，二也；伦敦每天用费平均约须五元左右，主事薪每月二百元多余有限，三也；男之出洋为求学焉，主事职务甚忙，难以晋校求学，不能达到最初出洋之目的，四也。有上述四点之不格算，故男决然舍去，不往就也。再过一年或二年，待资格稍高，而有副领事之缺，男即竭力谋就副领事，月薪在五百元以上，职分想当男之所极希望者。

男前在家时曾允于三月底寄回洋百元，奈被扒十五六元，近又失窃三十元许，失窃之洋据各方面观察调查，确系一峰拿去，听其言语支吾，视其行动背常，益信然矣。有此下流之行为，余实无法纠正之。理喻之不听，严责之不从。伺余出房时，即潜往歌舞场中，作无聊之开心事。令其到校上课，则不知何往；令其读书，则昏倦睡眠。为人如此，奈之何哉？望将上述情形，一一告之树毂叔公为要。是否可告，还祈斟酌焉。

男窃叹吾房读书种子之不良，一峰之行为下流似窃盗，实学之有无，更不必问。吴节[1]之品格顽劣，难堪造就，家梓[2]亦勉强留在宗校。试一想吾近房之前途，诚令人悲叹短气。庚三、青臣、锡榆辈人品虽有不尽可取之处，然尚有一技之长、一艺之专，其偏才有足多焉。而吾房之人颓唐顽劣，如是抑何故欤?

前所允寄百元之款，本应早已寄出，以二次之不幸，因拖延至今未果。现虽有百元之数，但北京大学下半年须改组，节有经费，裁汰教员，男之地位甚为危急，故须应酬一番，以图保存旧有之地位。

又：周少朴[3]老师有国务总理之希望，近日报章盛传周老师将出而组织内阁，男拟于此时图谋发展，应酬经费必不可不先事预备以应临时之急用。有此二原因，故迟迟奉寄。大人若另有方法可图，乞先行另筹。再说。是否有当，亦祈即速示知为祷。

庚三往山东谋统捐及秘书等职务，均难有希望。

耑此敬陈。顺请福安。

男智舆叩

五月八日夜

1. 吴节（1406—1491），字与俭，号竹坡，安福县（今属江西）横龙镇洲里雅源村人。中进士，入翰林院。

2. 即荫东，孙光第次子。

3. 周树模（1860—1925），字少朴，号沈观，又号孝甄，晚年自号泊园老人。湖北天门人，光绪十五年（1889）进士。曾任北洋军阀政府平政院院长兼高等文官惩戒委员会委员长。

105

1920

父亲大人膝下：

谨禀者。昨寄一禀，想可送达。

禀中请筹款，购寄纺绸一疋，官纱大衫料一件，若可设法，务祈竭力设法，购寄纺绸一疋（略带时样颜色），官纱大衫料倘银钱不足，俟将来再说。祠讼肖愚业已上告，批示未知如何？男今午后拟往曼杜处，请其寄函高检厅关说一切。汪定华君系男同年，已函托。有人往杭可赴里仁坊大街[1]三十七号一会，兹一名片往见时可用。现陆徵祥[2]有任法公使之消息，男拟托梁任公（启超）先生转为进商。男意每月总须有三百元以上之俸金方可出洋，否则不如在京。但外交界具老资格者甚多，若男之新进而又无奥援者，实难措手。

耑此。敬请福安。

男智舆叩

十七日

1. 里仁坊大街，今位于杭州市上城区里仁坊巷。
2. 陆徵祥（1871—1949），上海人，外交家。

106

1920-7-9

父亲大人膝下：

谨禀者。顷接读谕示，敬悉。

讼事男前托曼杜寄语杭州关说，渠云审检二厅均无人认识，是以颇难为力，乃函托汪君定华在杭帮助一切。前日接寄函云，男寄汪君之二函均收到。汪君声言，原判总可维持不改，二哥似未将此情形禀告大人。今早得示后，又托曼杜设法。渠云，渠自己无认识之人，只可转托人设法。男即请其转为设法，渠已应允，结果如何，尚未可卜。

庚三于阴五月十八到京，与男曾会见二次，对男甚客气。且云将来俟男得大差缺，愿为男之秘书，竭力帮忙等语，男亦以礼御之。长谈几一日，但未及讼事一语。现尚在京，不知渠何日返南。男意肖愚为人不可理喻，庚三较明白，可以商榷。下次见面时，略与谈及。倘可和解，男与渠同回富阳，和平了解之，未识大人意见何如？此种小事（族中），托人说项，似有不便。且以小事而请托大面子，亦觉得不偿失。苟可和解，似和解为是。若肖愚等果执拗不变，则亦不得不与之对讼。所患者，族长为彼等所利用耳。他亦无人为大人帮忙，以至事事棘手，诚堪愧耳。

二哥已赴西邮[1]，渠测量局事，男已寄智侯参谋请其帮忙。又托陆军第四旅司令处副官钱慕霖[2]兄竭力设法关说（陆军第四旅司令处，在杭狮子巷）。钱君现已在杭，不久即将回京赴法国留学实习，而二哥已赴西邮，恐难往杭会见，奈何奈何！

敬请福安。

男智舆叩

七月九日（五月廿四日）下午

1. 西邮，即西邮村，位于浙江省杭州市富阳区富春街道。
2. 钱慕霖，即钱宗泽（1891—1940），字慕霖，浙江杭州人。曾任浙江省会警察厅厅长等职。

107

1920

父亲大人膝下：

谨禀者。前叠奉两禀，想可收到。

讼事曾与曼杜商量，托其致信高检厅，渠云县署批语既甚有面子，肖愚等上控恐无甚结果，盖高检厅未必肯审查各种底细情形而全更前案也。若寄语关说，转起其疑心，致知不妥。男意亦觉尚有理由，大人意想何如？乞速明示。汪君定华处男已寄信，托其筹划一切。大人若往杭州，可往会晤就商讼事。若有极不利之现象，请预示，以便托有力之人设法。所惜者，商托有力之人嫌事太小耳。

前青丞来函云，渠对于讼事竭力斡旋谋和，但庚三仍甚强硬，无和息之意，因不能再四进商，致乖初愿等语。庚三既如是，吾之一方面自亦不能不延长相持。究其实，彼曾有何利可图？彼我但有损失而已，执拗不变，此乃庚三之坏处，亦其度量狭隘之表征，毕竟其不能成大事之劣性之……[1]

1. 此信后有缺页。

父亲大人膝下：

谨禀者。今午到邑，即与担青叔晋署见知事。肖愚所控六条均由担青叔陈述驳斥，并声明讼事之原因及讼事之表里实情，男不过在旁帮同申说而已。知事极为嘉许，并言一切情形均径洞悉，肖愚实在多事。肖愚控状已批出，今早方出传票传讯。担青叔与男皆言须传齐族房长及新旧董事，以备质讯，俾便考核实情。知事当呼侍仆收回传票，并嘱男等速备公函，请渠传齐族房长及新旧董事，俾渠得有所根据，以塞人口，担青叔允之。出后即由担青叔起稿并由渠书写，书就后即行送去。知事随回一名片，想明日传票当到龙门。

惟来审之前，对于祠事之究，由新董事接管，或仍由旧董事接管，族房长须预先商定，免致质讯时各人语言分歧（参看信稿末后一段），即凡信稿中所陈述之事，族房长旧董事须预先接洽，免质讯时有不利于余家之言，及或语言庞杂不得要领之弊。旧董事中树穀叔公善于辞说，当预请渠竭力陈说，其他诸董事亦当请伊陈述一致之主张，如是则此案或可从此了结。肖愚今日在县途遇而未招呼。吴吉甫亦偶于县堂，会见后，同出徘徊，半日力白，并无帮助肖愚之事，此后当不至再有偏袒之举动。临行并谓，当规劝肖愚，令其勿再胡闹，且转告承审员，请其当审讯时驳斥肖愚之主张。所言如是，究竟如何，亦未敢必（兹因传票明日将到，且以此信与普通信件不同，特托人专人送去）。

余不备陈。肃请福安。

男智舆叩

十一日夜

此信勿任意置于桌上。

109

1920

父亲大人膝下：

谨禀者。午时到富，即进县署会见庄知事，谈论肖愚之多事，庚三之助桀为虐。知事且谓庚三较其父为尤暴。男谓庚三今日有信致余，语多偏激，不中人听，故置于之不复。知事问信之内容，男具以告知事。谓不复亦非正当办法，恐将来庚三以不复为默许，以之为涉讼之根据，似宜将其内容批驳之，具一公函送署为妥。并谓尊大人年老力衰，听讯时往往不能畅所欲言。有此公函，将来即可以之为防范庚三根据此函，主其偏激理由之用。且听讯时，最好请一代表，不必自来，免当堂与一般人对质也。庚三信稿，渠谓宜抄就一份送署，以便察阅。男意此时不必送公函，俟讼事发生再说，最好请担青叔公拟妥公函，缮就留家。一俟有事即可送出，临时免致不及。且吾房之事，将来须请担青叔公主持一切。渠老于署事，作事通达大体，不落乡人小见，诚男所深佩。大人年老，不便于繁琐，以后事事宜与担青叔公商办。倘富阳知事有更调，请速寄函通知为要。

此请福安。

男智舆叩

父亲大人膝下：

谨禀者。十二日早晨托蓉舫专人送上信件，想已蒙垂鉴矣。

随又往襄廷先生处谈叙许久而辞别，讼事将来与襄廷、式如[1]二人商量可也。男十一日到富后，下午三时进署查批，偶遇吴吉甫，吉甫系第三科教育科长，在署略叙寒暄语，即与偕出同游。男责其过去之事，渠力辩其无此事，此后谅不再助肖愚为非。十二日赴杭，船中遇知事，谈论时事三四小时，彼此颇形欢洽。渠来省晋见新省长也。明日早晨，男拟往沪至南京，后日再由津浦火车赴京。

耑此。敬请福安。

男智舆叩

十三日夜十二时

潜德[2]外甥可在宗校取录，并告。

1. 式如，即孙树型（1875—？），字式如，浙江富阳人。
2. 潜德，即孙克昭（1882—1950），字潜德，浙江富阳人。

111

1920

父亲大人膝下：

谨禀者。前连奉三禀，想可收到。

祠讼男前请夏老师函嘱县知事庄，兹夏老师接庄知事复书，谓当格外凯旋，以平讼事。夏老师特招男往伊家告以此事，并谓男宜转告大人了结此事。倘有第三者出面调停，自以了结为佳。男言余家非好与人涉讼，特以原告方面之太好涉讼，出于不得已而应之耳。目下情形究竟如何，希设法消弭此事为上策。肖愚辈之精神时间不值一文，以我辈之精神光阴与彼辈相持作无益，实太不格算。

昨日来示云，高等厅无肖愚等呈文。此等呈文不在高等厅，须往高等检察厅，或地方检察厅探听。凡初审未下判决之案，先向检察厅申请再审，不径向高等厅递呈，故查案须向检察厅探听也。夏老师又谓，乘此案情有面子之机会设法了结，县署庄知事既应允格外注意，而被告方面亦觉容易措手，自以从速了结为宜。

日来北地，天气极热，惟早晚尚差可。南方既亢旱甚久，其热度当不减于北地也。

专此敬禀。顺请福安。

男智舆叩

112

1920-9-15

父亲大人膝下：

谨禀者。七月廿七日之手示，敬已领悉。

善后办法，担青叔酌拟二条，另纸奉呈。祈相机施行，不必勉强可也。此次审讯，承审员将肖愚所控各条逐条驳斥，甚属可慰。照理应无颜面再行续诉，但无耻如肖愚，正亦不可逆料。承审员此次之所以如此竭力驳斥，肖愚者实由吴吉甫转说之力。男上次到县未见承审员，与吉甫徘徊半日时间最久，吉甫邀余至其姘妇家游玩几半天，谈颇欢洽。余谓吉甫，倘官厅欲了此事，非当审讯时对于肖愚痛下针砭不可，对于所控各条逐条驳斥不可，如此方可令肖愚稍知自敛，否则必益横暴无阶矣。吉甫当允，转商承审员办理，故此次承审员加意审讯也。

现在外交部新简外放欧洲公使四人，美洲一人，男欲随从前往欧洲，已托人陈说矣，大约年内想可动身赴欧。

耑此。敬请福安。余维垂察，不宣。

男智舆叩

八月初四日

男到三四日后即病，发热四五日，现已愈。前杭州寄一信，十余天始到家，其中恐有别情，故此次特请蓉芳专人送去，似较妥也。

祠事拟定办法两种，分述如下：

一、了结办法。各旧董事既不肯做，势必归新董事接管。此时族房长宜定一种严厉办法向新董事取具，接管祠产后对于祠事不敢再行缠讼。字据二纸，一纸由族房长呈县备案，一纸归族房长存据，方可将簿据发交新董事管理，否则必多事。现在未知簿据已经发交新董事否？若能坚持到底，由族房长暂时自行接管，一面据情呈县备案，亦一延宕办法。

一、不了办法。此次庭讯情形已成结束，新董必欲呈诉。待其进呈后，看其如何措辞，再行斟酌。对付云卿、清供，如何措辞（极有关系），最好抄寄一阅。

以上两种办法可行，第一种最好以不屑与之纠葛也。恐族房长懦弱，难以办到。

113

1920-8-8

父亲大人膝下：

谨禀者。初三、初九之谕，均先后领悉。

讼事既了，亦甚好。男以为大人德高年老，与若辈对质于法堂之前似太不值。若此次不了，将来难免再行审讯，又以助理无人，故不如早了之为愈。故此次庚三见面时，略以手腕对之，希其自请停止。今固如所望，亦云如意矣。兹购就白色别直参二大枝，价廉。黄色别直参二枝价高。参须二大匣，每匣价洋一元，尚便宜。本拟邮寄，以一峰行期在迩，因托带奉，带到后大人可分服一半。

据来谕所述内子[1]病状，参之得及服与否？恐已未可必也。男现以北大薪水三月未发，故经济拮据，债台高筑。俟校中发薪即可寄奉百元，以资补助。男前以英国伦敦主事缺，职卑薪微，不屑就。今已有人往就。男欲再谋之，已不复及。俟内阁组织完成后，徐图挽回之方。朝中无可恃之要人，谋事诚难，如登天也。幸尚有薄运，得在此舒徐渡日耳。周阁不成[2]，男之希望已失一半，只能察视将来趋势，再定方针。

北大校事想可维持旧状。今年春间，旧教务长先生应上海兴业银行之聘往沪，渠对男云，倘余在京当为汝增加点钟，藉厚薪资。今往沪，校事已非权力所及云云，可见谋事于本领外，尚赖有幸运也。

耑肃。顺请福安。

男智舆叩

八月八日（六月廿四日）早

1. 内子，即孙问西第一任夫人（1890—1920），县城重游泮水庠生候选训导王鑣公幼女，生二子（孙承熙，孙承焘）。

2. 周阁不成，指民国七年（1918）徐世昌任大总统时，有周树模组阁之消息，但最终流产。

第六章

使馆主事　动身赴欧

使館主事

動身赴歐

1920年，孙问西被外交部选派赴意大利公使馆担任主事一职。11月，从上海出发，途径香港、新加坡、科伦坡、阿拉伯半岛之亚丁，再由威尼斯坐火车终于抵达罗马。整个行程长达三万余里，历时四十余天。在漫长的旅途中，他始终牵挂着家中的亲人，沿途每到一处，都会寄信回家，告知家人自己的平安以及旅途情况。一路上，他领略各地截然不同的风光，了解丰富多样的物产，每一处景致、每一样物品都让他对这个世界有了新的认知。

同时，他也很快意识到自己在语言上的不足。于是，下定决心全力以赴攻读意大利文。不仅如此，他还立志在次年进入罗马大学院，深入研究外交、政治、经济等学科，期望用知识武装自己，在外交领域施展拳脚。

114

1920-9-17

父亲大人膝下：

谨禀者。前由富阳王蓉舫转奉一禀，及担青叔所拟办法二纸，想已可收到矣。

近日肖愚等未知有无别的妨害举动，希随时示明为盼。男日来急思出西洋求学，故托人向外交部当局疏通派往西洋各使领馆办事，俾便留学。今日部令已发表派男充意大利公使馆主事（欧洲大国，并为历史上文明古国），每月月薪当再二百元以外，但未到任前则无俸职，且在部津贴，自今日部令发表以后即将停止，故男拟于下月动身赴欧。倘往欧洲之船舶无船票可购，则亦不能不稍稽延以待船，现筹备服装及船票以俟行机。将来过沪赴欧时，拟回家一行，惟现在经济颇觉困难，欲应酬亦不易措手。姑看部发川资、服装费究有若干。倘此项费用有余裕，则用度自不患不足矣。

耑此奉告。敬请福安。并请二哥、三哥近安。

男智舆叩

十七日（初六日）

115

1920-9-29

父亲大人膝下：

谨禀者。前奉一禀由蓉舫专人送去，想早已收到。男现拟于阳历十一月间动身赴欧。下月以时间太促，且无船票，故不能起程赴任。川、装费已领出，共洋一千二百五十元，数目已似甚大，但尚不能足用，到意大利船票头等舱位每人即需六百元左右，衣服、铺盖（旧者均不适用）、箱夹等物置备费，就简置备，亦需五百元左右。至于沿途用费颇不少，非二百元以外之预备费不可。在京尚需二百元左右之用款。故将来赴欧时，还须回乡举债若干，方能成行。由上海至意大利舟行须四十余天，路途约有三万余里。男目下身体不健，对此长途实有畏色。兹拟做丝棉被一条，请先收买丝棉若干，待男回家再做。

昨一峰还来，备悉种切。祠事结果如此，其咎当有归矣，全乡父老当知彼此之曲直矣。即合邑人士，凡有理性者，亦当悉彼造之人格之不足齿矣。惟追究诬控一层，宜加以审慎焉。

耑此。祇请福安。

男智舆叩

九月廿九日午

116

1920-10-2

父亲大人膝下：

谨禀者。早晨接奉一示，敬悉。

祠事一峰到时，言之甚详。肖愚控士星等捏名，请桐庐老三房向县署辩明，即可无事。夏老师湖北省长之策令[1]早经发表，但夏老师以要求之种种条件，尚未满意，现犹迟迟未行。当大总统策令初下之时，夏老师具呈辞职，坚不肯就。后经黎黄陂[2]、周少朴再回勉劝，始有挽回之动机。倘政局无他变动，渠当赴湖北就任，那时男若在京，尚当饯其行。

张作霖到京，渠与其眷属均住奉天会馆（此馆由张出款建造，他人不得留住）。会馆四周皆有军警坚守，禁卫森严，枪炮杂陈，如临大敌。门前且或断绝行人，即各部总长欲邀其同居而不得，况周志忠乎？邑人少见多怪，实属可笑。

日记册前数年曾行之不倦。去年秋间，以事忙间断，此后自当仍循前规，以留平日之言行述作，俾后人得有以知我之所以为我。兹男拟于下月动身赴欧，舟行须四十余天，路程约三万余里。惟未学意大利文字，恐初到时稍有不便耳。英、法各种文字虽尚可通，但究不能普及于意大利国内一般普通人耳。男旧有之衣服、箱夹、铺盖皆不适用，均须另置，而治装费仅有五百元，实患不足，拟做丝棉被一条，请将买丝棉若干两为要。岁歉，来年之荒，意中事耳。

1. 袁世凯称帝前的下行公文。
2. 黎黄陂，即黎元洪（1864—1928），原名秉经，字宋卿，湖北黄陂人，故又称“黎黄陂”。

肃此敬叩。

福安男智舆谨上

十月二日（八月廿一日）

庚三现仍在京，行动秘密，不得窥知，因无人与往来也。朱一山之子投考朝阳大学，由余写信介绍，现已录取。朱襄廷先生会见时，或通信时，祈代道惓惓。

117

1920-11-17

父亲大人膝下：

谨禀者。久未笺候，想福体康豫为慰。

男今午后三时半，由津到沪，小住二三日，即当去杭返富。兹拟阳历二十二日由杭直接回里，届时，希先行着高大力壮之人二三在中埠[1]等候为要。此次南归，取道于海，幸托荫庇，海天平适，风波不惊，诚快乐之莫此若也。倘男由火车回南，现已可到家，节钱废日，其失均。男拟做木箱二大只、棉被一条，望先雇妥匠工，恐回家后，至多只能住四五天，即须返沪，搭轮赴欧。但船期今尚未及探听。何日放洋，固未可必，惟不能出月耳（阳历）。

耑此。不尽。肃请福安。

男智舆叩

十七日

1. 中埠，指环山乡中埠村，位于富阳区南部。

118

1920-12

父亲大人膝下：

谨禀者。男廿六由家至县，当日由快轮抵杭会见知事，详情已于前禀中说明一切。前禀托福基叔公带上，想早已呈览矣。

知事谓男，渠在富一日，当对于余家维持一日，希男放心等语，并谓以后有审讯事件，尽可另请代表，勿必劳尊大人亲自到案，男称谢再之，辞出。至于庚三致男之信，此时不必有所举动，且待日后再说。最好请担青拟缮辩复书一通，照公函式，留待他日庚三据函相争时，呈递县署。如此办法，男觉有备无患矣，还希商之担青叔公为要。

廿八日赴沪居四日，初二由沪坐小轮上大轮，上船后当即开行。舟行三周夜，初五下午一时半到香港，路上平安。惟船身载轻，小有风浪即倾侧簸荡，以至食不下咽。到香港后即偕友人上岸游观。港地背山面海，系山前一缕狭地，四面皆海。以英人经营之力，商务极繁盛，凡西来之船舶，咸于兹下碇[1]焉。地既狭小而商务又极繁盛，商民聚集，街市颇热闹。地租房租之昂贵，因以数倍于上海而有余。沿海一带皆筑高楼至五六层，各层各间，各开店铺，各别其主，而商人居民之住宅或筑于山上，鳞羽比连，极为可观。夜间满山屋中之电灯错落有致，闪耀如明星，的是一幅极有趣之夜景图。山上有花园名大兵头花园[2]者，布置极清雅，诚闹场之仙境也。园中有铁像五六，居中而立者，即大兵头是也。大兵头名恺纳特，乃先至其地开辟香港而又曾

1. 下碇，指船只停靠码头。
2. 大兵头花园，即香港动植物公园，俗称兵头花园。公园分为东西两部分，东边叫大兵头花园，西边叫二兵头花园。

为香港总督者也。香港通用之银币又与内地不同。内地之银币用之于香港须贴水至五六分，香港自有其银币专用于香港，银币上铸一英女皇维多利亚之像。盖香港于维多利亚女皇之时开始经营者，故香港通用之银币，爰铸其像，以志不忘也。香港地势极陡，吾以为当为南方第一良军港也，即讲求旧式地理学者，观之亦当啧啧之称道。不置他年，俟有机会，大人可来此一游。

敬请福安

男智舆叩上

刻因手指割破，故不能用毛笔写信。

大兵头花园的景色与远处繁忙的海面（约摄于1869年）

119

1920-12-23

父亲大人膝下：

谨禀者。十二月十六日早晨十一时，由香港开轮行驶，前夜九时半行抵新嘉坡[1]，昨日早晨（二十二日）进口。新嘉坡章程，夜间不准轮舟进口，故前夜轮抵新嘉坡，仍泊于港外。翌晨由新嘉坡捕局检查船上下等工人毕，方准驶入港内。计自香港到新嘉坡舟行六周夜，日夜冥行海中，无片土之遇于眉端。惟行抵安南[2]境外，远望有冈陵之起伏于海边而已。六日中前二日风浪甚烈，每饭不能下咽，有时且呕吐。后四日尚觉安舒，饮食照常。每日早、中、晚西餐三次，下午点心时略饮咖啡、牛奶及饼干等物，故虽久居船中不觉甚苦。至若三等客人则甚苦，终中伏居舱底，群聚于一大舱，无阶级之分别，空气之恶，浊无论矣。

新嘉坡系马来半岛南端之一岛，现为英国属地。自为英属后，商务日盛，一切建设俱有可观。地多低平之丘陵，无大平原，屋宇皆因陵地之高下辟土而建造焉。街市虽均马路，亦因地势而有高低。奇花异卉，丰草茂林，触目皆是。西式屋宇错落于其中，诚美景佳地也。气候无四季之别，终年皆如浙省春夏、夏秋之天气，前人所谓四时无夏气、三伏有秋风者，新嘉坡有也。前面岛屿林立，风景极佳，实东方乐土焉。本地物产以锡与树胶为大宗，无米，所用之米咸由安南之仰光、西贡运来，价极昂，每元不过七八升而已。商人谓明春当更

1. 新嘉坡，即新加坡。
2. 安南，越南古称。

贵。此地商人均系广东福建人，尤以广东为多，土著马来人现似已少。妇女装饰甚奇，鼻耳均缀以金属品，手犹带镯四五双，男、妇皆不著裤，围以红色方格布裙一条。身面皮色黑于漆，谓非人类之下等者得乎？中国设一总领事府于此，昨早晨十时往访总领事何先生于领事府。何留中餐于领府。新嘉坡亦另有通用之货币，中国银元可易。此间之银币一元三角，去年则可易二元以外也。今午后五时开船，明晚或后日可至槟榔屿[1]，该处亦停一天或半。过此，则至印度南端之锡兰岛[2]，亦须亦六七日，未审风浪何如也。

前在京时，曼杜托男转告树穀叔公，莱第尚欠渠洋十六元，并托男转催送还。男在里时未会见树穀叔公，亦未函知，请大人转告为要。

又：一峰欠任父及赋林[3]均约二十元之谱，任父意欲余代为转催送还，林未告及。香港寄一函，收到否？

余容续陈。敬请福安。

男智舆叩

二十三日

1. 槟榔屿，位于马来半岛西北岸。

2. 锡兰岛，即今之斯里兰卡。

3. 赋林，即洪文澜（1891—1971），字赋林，浙江富阳梓乡人。曾任司法院大法官，兼任上海法学院、上海政法学院、东吴大学教授。

120

1921-1-9

父亲大人膝下：

谨禀者。男由香港、新嘉坡各寄一禀，由可伦波[1]寄一明片，想可递次呈览矣。

昨夜八日，到亚剌伯半岛[2]之亚丁，自可伦波到此舟行九周夜，今午后开向红海，到意尚须半月也。一路海天平适，觉少苦楚。惟舟居太久，殊嫌烦闷耳。

耑此。顺颂阖家年安。

智舆上

民国十年一月九日

1. 可伦波，即科伦坡港，位于斯里兰卡的首都。
2. 亚剌伯半岛，即阿拉伯半岛。

父亲大人膝下：

谨禀者。男昨日（廿八）下午四时，自威内萨[1]由铁路安抵罗马（自上海至罗马共四十九天，船中住四十六天，威内萨住二天，火车上一天一夜），照车站规定之时刻只十四时（指特别快车而言）。晚间八时开车，翌晨十时到罗马。男此次（廿七晚八时）自威内萨上车，廿八下午四时始到，迟至六小时之久，盖以铁路工人同盟罢工，而火车更绕道而行也。

到罗马第一困难问题即难觅得一住宿之所。男到车站后即出觅旅馆房间，冀先得一下榻休息之处。休息数小时，再往公使馆拜访。乃叩谒旅馆数十家之多，探问两小时之久，仍不得一空房间以为暂时休憩之所。各旅馆皆拥挤不堪，欲住旅馆者，须先一星期预定。故男连向旅馆探问，均以无房对。时天已深黑，乃不得已往公使馆访谒使馆中人。公使往瑞士国去，不在馆，仅见秘书二人。爰偕秘书二人同出觅房，并托旅馆代觅。寻至夜分，始得一空房，价洋每天意大利国币八十元价，因太贵，但舍此更无其他房间。出外之难有如是，真非我初料所及。且男于意大利文向未学习，言语之困难，更非言语所能形容。欧洲大陆上普通士绅皆能操法语，倘语，以英语则鲜有通晓而能对答者。男于法语虽曾习二三年，然荒疏五六年，已等于未学矣。故此后不特须学意文，且须兼习法语，而法语尤为外交界最重要之言语，不得不深究者。学海茫茫，此业未知何日了也。

1. 威内萨，即威尼斯。

罗马古代名都，中古时期欧陆各国都会无罗马比，所谓“黄金时代”之罗马，曾震耀全世，跻乎空前绝后之繁盛也。今代虽不克冠乎全世，然犹为华美繁盛之大都会。街衢宽广，屋宇高伟炫耀，求之吾中土曾无有足以当此者。电车四达，交通之便，更不待言。各旅馆房屋之壮伟艳丽，更非吾乡人士所能梦见。他不备论，即男所居之旅馆有楼七层，底层与地下层共九层，柱壁及地面皆以大理石为之，楼上各层皆以大理石铺之。楼梯亦然，楼梯栏杆皆红木，楼有七层，最上一层高至十数丈以外。由楼梯而上下甚不便，故设计降电梯以便旅客。男居最上一层，故上下皆由能降电梯。我国公使馆房屋亦极华美精致，地面甚大。房屋四面皆为花园，古木丰草，幽深可爱。馆中房屋以客堂为最佳，地则大理石，凡屋中可以用砖之处皆以大理石代之。古之所谓画栋雕梁者，今则以金质禽兽之象，或金质花栏以缀之。电灯密如明星，陈设可拟皇室，恐前朝帝皇之居，亦不是过。要之，自实用科学发达以还，物质之文明，固已达于极点，而我人际斯时，期所享之幸福，诚非前人所得望其项背也。

男自上海动身以后，沿途各处皆有信件寄家。自亚丁寄发之信，并寓与担青先生之信，未知均能送到否？下次通信时，希示明为要。现在公使不在馆，无人主持，故男尚须暂住旅馆，但信件可寄往使馆也。而王公使[1]不久即将与荷兰唐公对调，倘将来有较佳之机会，男或随王公使往荷兰国，亦未可知。

草草肃陈，余容续禀。敬请福安。

男智舆叩

一月廿九日夜

1. 王公使，即王广圻（1881—？），字劼孚，上海人。北京同文馆毕业，曾留学美国，归国后入外交界。

122

1921-2-11

父亲大人膝下

谨禀者。男自上海动身后，凡经过一口岸，皆发一函或一片。到罗马之翌日，即奉寄一禀，想可络续送呈垂览焉。

男到此已半月，居旅馆十日移入使馆。现体虽无恙，而饮食实苦不便。使馆内非特不能备膳，并茶水而亦不备。每日必出外一二里就食于店，而价尤奇昂。每饭之费，至省亦须在一元三四角之谱，而所供食之物不过面一盘、肉一块、水果二三而已，或菜二盘、面包一个、水果一二而已，故每日仅饭费一项，即需三元左右，而每月之所需要在百元内外。男只通英文，而意大利则自有意文，外交上公文皆用法文。公使令男请一意人教意文，请一法人教法文，而每月应送之束脩其数之巨，实非男充当主事者所能堪。但此种用款乃万不能少，而亦万不能免者。至于衣服之费数目之大，更足骇人听闻。普通呢衣一身辄意洋千余元，若稍华丽之衣服又不必论矣。即日常零用，为数亦不小，男深愧能力浅薄，年如此之长，而位犹如此之卑也。生性愚鲁，当道无亲戚故旧，以为荫庇而抑郁屈居人下，其况味为何如耶？

男去年动身出京时曾向外交部预支薪水二月，故阳历二三两月薪水已无。在罗马所需之费用须公使借用四五六三月之薪水，恐仅能敷用。自阳历七月起，每月拟留资五十元寄家。男已向外交部声明，将来拟请曼杜先生代领代寄。日后与曼杜通信时，男自当关照一切。

小六[1]、静远[2]年均不小，自以遣入学校为宜。若经费困难，则小六当先遣入学，静远倘二哥可教，则教之，否则姑待一二年再说。莱第叔尚欠曼杜洋十六元、任父洋二十元，男去年出京时均托代向其父索还。男回里时未得会见树縠叔公，请大人代为关照树縠叔公为要。

又：莱第叔在京，每年三百元似嫌太少，并请告知树縠叔公，以多寄五十元或百元为宜。现在百物腾贵，旅中生活自非乡人之眼光所能衡度也。

草此谨禀。恭请福安。

男智舆叩

二月十一日下午

1. 小六，即小禄，孙家楣（1888—1927），字木眉，号小禄，孙问西六弟。
2. 静远，即孙承熙（1912—1941），字际明，号静远，孙问西与王镰公幼女所生长子，1938年与堂妹孙晓梅参加新四军，1941年在皖南事变中牺牲。

父亲大人膝下：

谨禀者。昨接去年十二月十一日谕示，谨悉大人自十月廿五日后种种病情，并已连病四十余日，卧床不起，深为忧闷。目下未知如何？请善加调摄，勿惜小费为要。

庄知事调任如是之速，正出我意料之外。新知事已莅任，其人品不知若何？若为端方之人，自易向渠进说，不至为彼辈所欺朦，好在担青在署，可将实情陈明一切。男自宜写信致候新知事，略谈祠事之源委，并拟托人关说一切，俾不至为彼辈所欺弄，至于孙利占、孙仁翰之控告，视若无事可也，不必过为忧惧。去年一年以来案卷俱在，请新知事翻阅旧案卷，谅即不至为彼辈所蒙蔽，还乞大人自己安心调养为要。

家用一层，男早已虑及，前禀中已说过并已函告外交部。若家中过于窘急，男将函告外交部早一月留资，俾得早日送达，藉以接济艰况。惟此间费用太大，每月非百五十元以上不可，而衣服之费尚不在内，奈何奈何！

现王公使待男甚厚，渠欲以其女或其侄女妻我，屡说为我做媒。但男以去年动身出京时，国务院秘书长郭师[1]亦有为我做媒之意，是以一时未能应允，姑待二三年再说。且男位卑，而俸金薄，自顾不遑，若攀结高亲，蓄养富贵之妇女，实惧力有不及。男之所以迟迟不决，

1. 郭师，即郭则沄（1882—1946），字蛰云，号啸麓，祖籍福建侯官。光绪二十九年（1903）进士。曾任北洋政府国务院秘书厅秘书、铨叙局局长等职。

诚以此耳。

小六与静远不识已遣入学否？前禀中曾已提及，诸请速行酌办为要。

肃此。敬请福安。

男智舆叩

三月十一日

父亲大人膝下：

谨禀者。昨奉二月十四日谕示，敬悉福体安泰如常，惟乳核未消，至以为患，还望速行设法医治为要。

意国自有意文，在意者以能操意语较便。男到之日，以不能操意语颇感困难。而欧洲大陆上说法语者甚多，英语不甚通行。男虽习法文，然大半均已遗忘，仅说英语，故能相与谈话者寥寥。现竭力研究意、法二国文字，冀图外交上之便利。

田事如此解决亦好。当初互换之时，本以该田之地理甚佳，大人曾经发现该田地理有不足取之处，则推还所欲，收归故有，诚无毫末之损失，尚祈曲从中人之言，时所至盼。族长问题，公举树穀叔公主持起诉，固甚理直气壮，但此种事，男意由乡中自行解决之可也。桥上小学校已开，甚善甚善！乡中小孩可免失学之虞。倘五房中人欲无谓争闹，则将助产及他种款项，一一分拆，则彼辈所欲取闹之校长问题，自无形打消矣。彼辈自以为能干，在乡中能与人争闹，能与人为难，其眼光诚不能察目前之舆薪。自男观之，且不直一盼也。内子坟墓今尚未落葬，实堪焦虑。大人用心周到，欲得一吉地以安之，感戴奚似？但吉地亦难强求，能得一平稳无疵者，斯已可矣。

男居此，尚觉愉快。前王公使待男既甚厚，新到唐公使[1]待男亦甚厚。渠平日关于应酬客气等信札皆令男为之，盖诸秘书皆不善文辞也。

1. 唐公使，即唐在复（1878—1962），字心畬，上海人。中华民国成立后，任外交部参事、驻荷兰全权公使、意大利全权公使。后任北京政府外交部编纂处处长。

前王公使（现移驻和兰[1]国）欲以其侄女相妻（渠无女），曾面说二次，以男无确答，并令诸秘书劝说，代致其殷勤之意。现男仍未作确切之回答，但请先寄示女郎玉照一张。闻女郎诗文均佳，曾在上海中西书院毕业，故英文、法文等亦甚佳，固如是，则所凭以为取去者，当在其容貌之何如也。

男现竭力攻读意文，一年以内尽男之心力，当可精通。明年拟入罗马大学院研究外交、政治、经济各学科，以冀取得博士之学位。志固如斯，未知心力、时间亦能遂我志否？前京发来信云，莱第在京太不知自好，将来恐万难卒业，请转告树穀叔公严厉诫斥为要。

恭叩福安。

男智舆上

五月九日夜

1. 和兰，即荷兰。

第七章

加衔随员　游历西欧

加銜隨員

游歷西歐

在意大利公使馆担任主事的这段日子里，孙问西的足迹遍布瑞士、意大利、德国等多个国家，积极投身于万国禁烟会议、国际联合会行政院会议等国际事务之中。他的表现，不仅赢得了上级的高度赏识，更在国际舞台上充分展现了自己的才华与能力，最终获得主事加随员衔。此外，他还担任国际联合会秘书兼万国禁烟会会员。在国际联合会代表团中，他一人兼管三科事务，承担编译国际联合会报告的工作。

然而，孙问西深感自己在学业上，尤其是语言方面的不足。为此，他进入伦敦大学暑期班学习（为期一月），专注于研究科学知识，同时熟悉英语。这一决定，体现了他对知识的不懈追求，也彰显出他对未来的长远规划。正如他所言：“以旧眼光言，太上立德，其次立功，又其次立言，著书立说，诚为士人分内事，然非得即以此而沾沾自足。欧阳修曾谓，文士之独专心于立言者，每为其不得意时所取之途径，实士人建树之下者也，其故盖可知矣。”

125
1921-6-25

二哥惠鉴：

二月二十三日所寄手书敬悉，弟去年自沪放洋后，凡所经口岸有可称述者，均寄一函，想已承垂览焉。

罗马古都，古迹既多，风景亦佳，惜弟初到此地，义语新学，兼以情形未甚熟谙，不能一一遍游耳。弟到罗马半月，即请一义文教师教义文，每月薪金二十五元，学习四月，现已能会谈普通之话及写普通书札，诸义人皆称弟聪明，谓虽义国本地人学义文亦不能如是之速，再过数月当可操语自如，盖弟对于学业及关于一生重要之事皆以沉舟破釜之精神对付之，不辞艰难，不惮劳悴，此则弟立身之素志，故欲有所学则无不成，欲有所为亦无不遂。人生当吃苦，多吃一分苦则多一分结果，吃苦愈多，历时弥久者，其业必愈宏，其身价必弥高，勿贪一时之舒逸，而误终身之大事。勿安于小就而弗冀巍天昭日之成功。若弟者在常人视之，必以为大学已卒业矣，高等文官亦已及第，而得晋身官界，宜可以稍息不必学矣，然弟每日天明即起，办公以外无时不读书。同事中有在罗马三四年而义语一句不懂一句不能说，弟到此不过三四月即能听能说，斯无他，学而已，学而用心而已，望兄以弟之方法做人，此后尚可大有成就。观兄书法，现已大有进步，较之去年，相差不啻霄壤矣，仍希竭力继续学习为要。弟志素不安于小就，总希望为国中第一流人物，惟志奢才疏，将来恐亦难有成就。孟子谓："舜何人也，予何人也，有为者亦若是。"将来之成功与否，固不可必，但高超之志不可不存，诚莫谓前途茫茫，而先自暴自弃也。

明年拟进罗马大学院专攻外交、政治、经济诸重要学科，未知义文程度及使馆公事忙间如何？能否容我进大学院也。此间生活程度太高，诚难以为居，每月膳费只少百元零用亦须三四十元，教师薪水二十五元，做一套衣服至便宜者百元。居此境地，诚令弟束手无措，奈何！去年百元之款，弟早已函知外交部存留，他日当由曼杜寄到龙门，惟须稍待，以外交部无款发薪也。

耑此。顺请大安。并请三哥夏安。

弟智舆顿首

六月廿五日

父亲前均此叩安。

父亲大人膝下：

谨禀者。四月十六日第三号手示，敬已读悉。细玩大人此次之书法，笔力刚劲，字里行间一气流行，是即精神健壮、犹如昔年之征，甚喜！甚慰！乳疾自当从速医治，否则或恐不及耳。

吾邑今年遇此两个贤明知事，诚觉难得。庚三、青竞辈与村中愚夫愚妇为伍，而与我家无理取闹，是实武断。乡曲之一匹夫，良非大成之器也。至于校案，即使彼造胜诉，亦可自行助捐经费接续办理。彼之合房力争，不过徒费精神耳。小禄往上馆从师亦甚好，在家恐已万难就范。惟七官[1]等年亦已不少，同须加意课读始可，否则恐将蹉跎不及耳。

男在此情形，已于前数日寄二哥书详述，兹不赘陈。前王公使已于三月间移节和兰国，新来唐公使中西学问均甚优长，而于男独青眼相待。到此未三月，已于日前函请外交总长将男主事加随员衔，作为随员。准否固未可必，但以外交总长与唐公使兼充万国禁烟委员会[2]中国之代表（会址设在瑞士国），令男襄办该会事务甚为得力之语，将来恐可在该会派一职事。前王公使系江苏松江府人，少年得意，三十三四岁在国务院充秘书长，三十六七岁即出放公使，现已四十余矣，生平无女，有一侄女，爱如己出，为之择婿多年，未得一当意者。以男年轻好学，资格均已完全，且为国务院秘书长郭师所见重，故欲以其

1. 七官，即孙家楷（1913—1985），字縠似，号缉观，孙蓉第与继配所生次子，孙问西七弟。
2. 1909 年 2 月，中、美、英等 13 个国家在上海外滩召开第一次国际性禁毒会议，史称“万国禁烟会”（The International Opium Commission）。

侄女相妻，非漫然无所因也。娶妻本乡他乡无甚分别，只须能文能诗通，外国语言一种以上（男现已通三国语言文字），面貌清雅端庄者即可。至于地方之或本、或他、或远、或近，男意中毫无轩轾也。

肃此谨禀。余容后陈，敬请福安。

男智舆叩

七月十四日夜半

127

1921-8-7

父亲大人膝下：

谨禀者。上月肃奉一禀，想可收到，村中事未知完全了结否？福体未知亦已复原否？均甚悬念。男平安如常，且稍较强健，以每天清晨陪公使作网球之运动，以操练身心也。

下月国际联盟会在瑞士京城开国际联合大会，中国全权代表二人，一为驻英顾公使[1]，一为此间唐公使。唐公使定下月往瑞士赴会，令男随往襄助。男以此系秘书分内之事，男往恐诸秘书不愿意，故以游移之辞对之，但唐公使意欲男随往。下月总须往瑞士一行，届时或乘便往德奥二国一游，亦未可知。

欧洲生活程度太高，经济方面实觉困难万分。又身在外交界，用度自较普通人为大，而物价腾贵，衣服之费正为寒士所惊骇。男做普通宴服一袭，即须洋二百余元，其他礼服及正式宴服更非寒士所堪也。外交部欠薪不发，男在此每月均向公使借用，每月用度总在一百五十元以上，尚不能添置衣服也。故在欧洲，非有一随员薪水不足以支持。男已承唐公使咨陈外交部加随员衔，作为随员，有缺即可升补，所难者一时无出缺耳。

罗马天气夏季酷热异常，使馆之房屋虽甚高大，四面且有极大园林，然仍觉热不可耐，想浙江现亦如是也。

肃此谨禀。敬请福安。

男智舆叩

八月七日

---

1. 顾公使，即顾维钧。

128

1921-8-22

二三哥惠鉴：

日前寄一书，谅可收到。

现唐公使决意令弟偕往瑞士参与国际联合大会，大约于本月月底与唐公使由法国往瑞士，在瑞士约须住一月左右，归时或往德、奥及荷兰等国一行，亦未可知。去年之款，弟前以汇价太高暂待。兹往瑞士，亦只能稍待，俟弟由瑞士回来再寄。倘可设法，先偿利若干，亦一办法。外交部薪水已积欠半年，自阳历二月后未发一分，弟每月所用之款均由公使填借。若薪水发齐，弟当可多寄若干也。

此地天气，早晚已甚凉爽。想本乡亦当如是。

草此不尽。即请台安。

弟智舆顿首

八月二十二日

父亲大人膝下：

谨禀者。八月初寄一禀，想可收到。

男于八月三十一日与唐公使由罗马起程，九月一日晚到瑞士日来弗[1]，二日曾寄此地风景片一张。此间湖山幽秀，风景极佳。日来弗城在莱盟湖端之两旁，湖中富小岛屿，湖边多花园，沿湖游赏，举目皆欣然可悦。

今日为国际联合会大会开会之第一日，各国代表举和兰代表为会长，明日即将开始讨论议案，会期约须延长至五星期左右，下月始能回罗马。顾、唐两公使派男为联合会办事处秘书，已与其他各秘书一并报部备案。和叔先生长子成伯[2]先生亦同在此为秘书，渠现充英国使馆三等秘书官，兹由英来此同住一处。唐公使为爱才之人，男不才，而唐公使在其他各公使前对于男每加称许，诚可感也。例如，此次唐公使来此赴国际联合会大会理应馆中秘书或随员随从到会，而唐公使偏令男随，俾得游览此全世界人所称道之胜景，亦其垂爱之一端也。惜男于法文所学太浅，而外交上所用之公文及往来之函件均须用法文，英文不甚适用，对于办事殊多困难。在罗马时专心研究意文，而法文不克分配多时攻读，迄今临事方感学之太浅，从事实多不便也。

此间天气，较罗马为凉爽，欧洲人每来此附近各处避暑。而今当联合会开会之际，各国游人尤多，麕集于此。阳历十一月初在美国华盛顿开太平洋会议，倘唐公使得充中国全权代表，男或可往美一游。

耑此禀陈。敬请福安。

男智舆叩

九月五日

1. 日来弗，即日内瓦。
2. 成伯，即孙祖烈，孙树礼（和叔）长子。

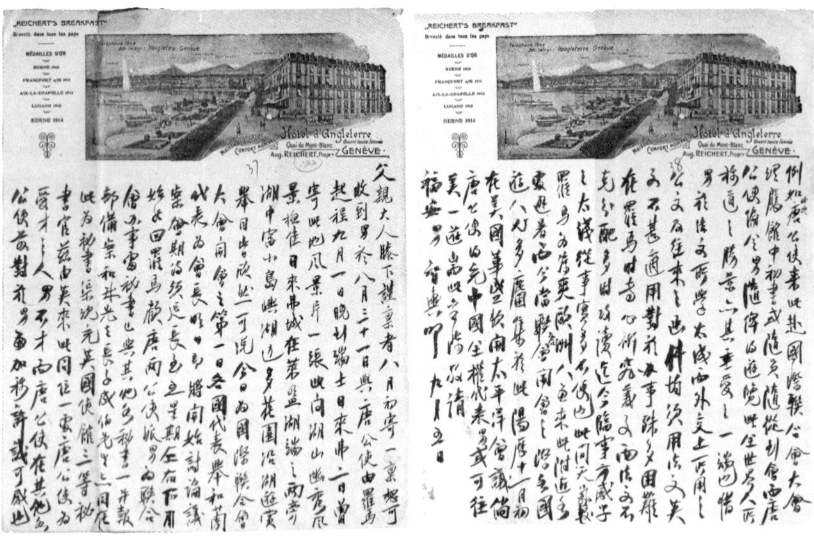
"REICHERT'S BREAKFAST"
Hôtel d'Angleterre
Quai du Mont-Blanc
Aug. REICHERT, Propr.
GENÈVE
"REICHERT'S BREAKFAST"
Hôtel d'Angleterre
Quai du Mont-Blanc
Aug. REICHERT, Propr.
GENÈVE

信稿书影

父亲大人膝下：

谨禀者。男十日由瑞士日来弗回义[1]，临行时寄上一片，想可送达。

此次回义，于公务无关系，乃系公使嘱令陪其太太、小姐回罗马使馆也。十一日晚七时到罗马，昨日休息一日，今晚八时，即须搭夜车返瑞士日来弗。男在国际联合会代表团兼管三科事务，不能久离职守，只可勉竭辛勤，赶先回瑞。瑞士天气，现已甚凉爽。罗马仍甚温暖，较之英国伦敦相差甚远。

前在伦敦寄上一函通知，曾托汪任三兄代汇上十五英镑，计国币百余元之数，请归还约梅[2]姊丈六十元，余作家用。以后汇款，拟仍托汪任三代理一切，预计年底当可汇上数百元。

耑此。敬请福安。

男智舆叩

九月十三日

1. 回义，指回意大利。
2. 约梅，即孙问西大姐夫许正始。

131

1921-9-26

父亲大人膝下：

谨禀者。本月二十三日接读第五号七月初三日所发谕示，敬悉起居安和，乳核亦行将消尽，欣慰异常。

朱硕甫逝世，五月二十外开追悼会，挽联能于斯时送去更好。宗文学生从未有出西洋者，联上说及男在罗马则不特表扬朱先生门下之有人，亦且聊足以为宗文之光。李阶生知事在富开吊，大人撰送挽联一副甚佳，联语不仅对仗工妙，且颇典雅高古，自非凡手所能也。送宝庆之挽联，亦甚佳，不啻替宝庆画一小照，将宝庆一生精神事业于此数语胪陈殆尽，此后鼎臣恐亦不能再出门为法官矣。乡中无谓之争端，此时想已都可了结。至于下石园之得与不得，窃意弗庸多所悔忧。物之转辗往来，有时每非人力所能主持，其中自有定数也。

需要款项一层，倘男积有余款，自当随时寄上。惟外交部自二月后未发一文，质之外交部当可知之。男在此每月由公使借垫一百五六十元应付，往常之费物价太贵，欲添做衣服一袭而未能。现在瑞士物价更昂，日前在旅馆偶以饭菜太坏，每次添要二个煎鸡子，到结账时（每星期一结账）每二个煎鸡子索瑞士洋二元半，合中国洋一元三四角，男不禁为之惊骇。兹在联合会办事，虽博得秘书之虚荣，而关于日用之费尚须赔垫若干。微闻会事终结后，有百数元之津贴。倘果有之，男得不做衣服即将此款奉寄，但款到恐亦须在阳历十二月中矣。

今年男运气不甚佳，故虽加随员衔加秘书衔，终无实缺可以升补。男常自相明年下半年或后年春初定可升补一实缺，那时当可多寄款项供给家用，现时主事薪水，一人亦且尚难敷用。奈何男部中无人照荫，又无其他有势力之戚友可以在京代为留意，故升补实缺甚为困难。现在联合会同事者十之七八均系富贵子弟，非父兄居显要，或在国外做公使，亦有总次长之亲戚之凭藉。若男者，虽学不后人，奈门第不如彼辈何。下月初五、六日可以返义。

耑此肃陈。敬请福安。

男智舆叩

九月二十六日上午

132

1921-9-28

父亲大人膝下：

谨禀者。本月初旬由日来弗寄一片，回罗马后又寄一书，想可送达。

男送唐太太与唐小姐回罗马后休息一天，即赶回日来弗继续办理国际联合会代表处事务。连日锁务丛挫，兼以与各国代表团往来应酬，故常觉忙碌，无安闲之时。现联合会大会行将闭幕，而行政院会议亦将告一结束，大约十日内外可以回义。此间生活程度高昂异常，比之义国不啻倍蓰，即较之伦敦、巴黎亦贵至四分之一以上，诚难久居。男来此膳宿等虽由公家开销膳宿外，虽尚有津贴，但仍入不敷出，若坐守寓中，一无普通交际，则又非外交官做品，故只可酌量进止，以应现时趋势，免为木人之讥。

男在伦敦时，曾函托汪任三兄代汇交十五英镑，此时当将送到。待男回罗马后，再行筹划。年底当再汇数百元，以敷家用。但以路途太远，汇寄需时，还希恕待为要。男前曾函告拟设法调往英馆以便专心读书，但此事至今尚无消息，殊觉闷闷。国内无奥援，欲图升迁似不易之，幸唐使相待甚优，故虽卑官薄薪，亦觉安适。

匆此。敬请福安。不一。

男智舆叩上

九月廿八日

133

1921-10-15

父亲大人膝下：

谨禀者。九月间寄奉二书一片，想已收阅矣。

男于本月六日由瑞士日来弗随唐使回义，沿途小作勾留，爰于九日始行抵馆，幸蒙福庇，事鲜功而身粗安，差堪告慰垂注。此次国际联合会大会事毕，唐使以男薄著勤劳，电保为国际联合会办事处随员。讵知去电始发，外交部派定办事处人员名单之来电已至，屡承唐使虚恩，恨无一次有成。运之未至，辄逢阻力横生，奈何！奈何！

兹由瑞士归，检阅七、八月间政府公报，知林季武[1]老师（官印“步随”）现为国务院秘书长兼币制局副总裁。林师对男亦甚爱重。前年男之来义，林师乃有力也。现在林师地位颇能荐用人员，惜男远羁海外，未能驰回京国亲见之也。刻已修书驰贺，欲得其助力，恐亦非亲见之不可。

匆此。敬请福安。不一。

男智舆叩上

十月十五日

1. 林季武，即林步随（1872—？），字季武，林则徐曾孙，清光绪二十九年（1903）进士。曾任留美学生总监督。

134

1921-11-30

父亲大人膝下：

谨禀者。久未寄书，彼此之悬悬，想可不言而喻。男在瑞士日来弗时，邮奉书片四五件，谅已早承垂览。

十月中旬由瑞返义，唐公使在沿途名城勾留数天，游览风景，男亦只能随陪。到馆后，以坐火车过久，常觉精神恍惚，休养三、四日而愈。循即从事编译国际联合会报告。在日来弗时，当国际联合会闭会后，顾、唐二公使就联合会代表处秘书二十人中选派四五人编译联合会报告，男亦选派在内，故到罗马即须编译以便送往外交部刊行。男编译三万余字，一月而蒇事。因此一月以来，每苦少暇，而家书之迟迟，半以斯焉。

九月中来示云，家中需洋百数元。男外交部薪水只发到到三月份，四月份薪水一文未领。此次在日城联合会代表处办事一月，得有若干津贴，拟以此款寄上。惟现在汇价（由义币换英镑）甚跌，每百元约须多出二十元之数。日日待汇价稍高，再行写信寄款。而汇价之低跌依然如此，家书之迟迟，又半以斯焉。再过数日，汇价再不涨，亦只可吃亏寄款，届时还玉生家一百元之款（去年动身时借用）亦同时寄上。

草此谨禀，余续陈。不一。敬请福安。

男智舆叩

十一月三十日

二哥、三哥均此问好。

135

1921-12-9

父亲大人膝下：

谨禀者。十一月杪寄上一禀，谅可递达。

日来，以天天早晨出外读书，起太早，出外亦太早，因感受寒凉而病，现病已愈，惟觉精神恍惚而已。上月以英镑价值过昂未曾购寄，此时英镑虽稍便宜，然合中国银元每磅仍须八元左右。兹购汇三十磅，寄交兴业银行汪任三兄者兑转交，未知上海磅价如何？若磅价高可得二百二三十元之数。去年男动身时，向玉生家借洋一百元，计本利约须一百二三十元之数，请于汇款内如数交三哥璧还。此款已延期半年，深觉歉疚，余款留作家用可也。

上半年男请担青叔祖代购缎子、外套、里子一个，未知已购否？若已购，计洋若干？可还清，即还之，否则容下次寄还。若未购寄，兹另附寄物单一张，届时贴用可也。又：上半年男函请陈璞如先购办之物，请嘱三哥转告，勿庸购办，在此置备可也。余容后陈。

敬请福安。并颂阖家年禧。

男智舆叩

十二月九日

136

1921-12-25

父亲大人膝下：

谨禀者。十一月杪寄一书，十二月九日寄一书，同时寄汪任三兄一书，附汇票一张，计三十英镑，每磅现价约合中国银元八元左右，托其将汇票转售寄家。除还玉生家款项外，余可留作家用，缎里可买请即买寄（寄物单前已寄一张，兹再附上三张。每次用一张，所寄物件须用布包线缝）。此间百物腾贵，每衣服一袭，价总在百元以外。外部薪水不发，公使每月借百四五十元作日常必要之费，故欲置备衣服，颇感困难。

外：生活程度太高，每月百四五十元仅能敷日常必需之费，若在国内则此款额赡一中人之家而有余。外部俸薪已积欠九月，男每月所用之费，均由公使借用，故约计积欠公使之款已在一千四五百元左右，公使知男困难情形，竭力欲为设法，惟苦无机会耳。

现顾公使往美出席太平洋会议，待其归来，唐使拟与商量在国际联合会代表处派一兼理秘书之职。唐使以国际联合会事多兼以南方争派代表于太平洋会议，政府为周旋南方起见，故将原定名单改变，唐使因未派列在内。现顾使既在美国，以是，国际联合会事均由唐使主持，凡会内中西文公函由男襄助拟办焉。明年一月十日左右（阳历明年一月十日）国际联合会行政院在法国巴黎开特别会议（行政院为国际联合会之行政机关，亦即该会之主脑机关），毕后，又在瑞士日来弗开常年第一次例会，男须随唐使赴法后转赴瑞士，大约二月中可返罗马。男随唐使往来各国之间，游览名胜丽都，固足以快游子之心胸。惟公事太忙，自修时间及自修之精力俱以此而感不足，以言学业之前途，实深惶惧。每早虽竭力研究义法文字一二钟，而其他书籍仅能偶值间时稍行涉览，即义法二种文字，亦未能天天如意研究。每见馆中同事有间时甚多，而不致力于学者，男深羡之，亦深为惜也。

第六号、第七号家书均已先后读悉，赐示挽联，措辞适当，对仗精工，足以括述砚农先生[1]一生行述，无余蕴矣。第七号家书问及国际联合会所议何事，该会所议事件皆系欧战后国际间之事件，如国际间之疆界问题、德奥赔偿问题、俄国问题、俄国灾疫问题、奥国财政救济问题，及他种种法律上之问题、财政上之问题、国际卫生问题、国际争端问题，案卷盈箱，殊难数语了之。

第六号家书问及婚事一节，男本意对此问题甚为冷淡。王使在罗马时竭力令各秘书向男劝说，男不置可否。及王使离义后，又令随去之秘书函询男意，男因嘱先寄影片一张再行斟酌。但影片迟迟未寄，男闻女貌不甚美，因亦未再函询。在外成家颇难，每月开销至少须三百五十元（总在四百元左右），男既无此力，又何必自寻苦恼。至于聘定之繁简尚小事也。王使与现在外交总长不甚睦，故不能为男设法升调。彼既知男无力举办婚事，彼目下又不能为男设法，故遂搁置，将来王使遇有机会可以为男设法之时，或当再行提及此事。现在说媒者尚有数处，男皆暂置之不理，且待学业稍有成就，地位稍行增高，再定取舍。

草此禀陈。敬请福安。并颂阖家新禧。

男智舆叩

十二月二十五日

1. 砚农先生，即孙福畴（1866—？），名寿田，字衣德，号砚农。

137

1922-1-3

父亲大人膝下：

谨禀者。前连奉数函，想可先后呈览。

兹奉上贺年片数张，请嘱转分是盼。尚有数张贺年片，未填写名字，倘有遗漏之处，请代填分送可也。后日，男随唐使赴法转赴瑞士，何日返义现未能定。罗马天气甚佳，冬季无雪，且阳光灿烂，殊可爱也。法国、瑞士皆远较寒凉，日日阴云蔽天，难得遇见一线之阳光，冬季前往实较春秋少兴多矣。东梓男已写信去贺年，城中诸亲知均未。在此公事既多，每日男自己又有一定功课，故殊难向诸亲知写信。大人往邑中时，尚希代道歉忱为幸。

耑此。敬请福安。不一。

男智舆叩

民国十年[1]一月三日

1. 民国十年疑为十一年之误写。

138

1922-2-8

父亲大人膝下：

谨禀者。去年十二月（阳历）九日汇上三十镑，托任三兄转寄，同时寄家书一封，汇款想已收到，未知上海英镑换价如何？谅至少亦当在二百三十元以上。本年一月三日，亦寄一函，封入贺年片十数张，想当照分矣。

男于一月七日由义至法赴瑞士，沿途径过名山胜景，甚足快耳目而畅心胸。惟一月以来日日困于公务，无半日休遣之暇，而转视其他之秘书随员等俸数倍于我，而所作几希，真觉苦乐太不平矣。本月四日回义，接读去年阴历十一月二十一日第八号家书，欣悉福体康健，至以为慰。承访得吉地安葬内子，以惠幽灵，曷胜感戴。来示云该地过二年即值中元旺运，诚速矣，何适机之如是巧也。男在京时有一名相家曾谓，余三十一岁当得贵人之助。今由是地卜之，亦于一二年后当有进升之生机，是地利与人事若相符合矣。惟寄身域外，京中无可恃之权要，一时难以设法，徒见高位为庸碌者流所占取而已。

担青续娶，渠曾函及缎里尚未到，想不日当即递到。太平洋会议代表中国派四人（施肇基[1]、王宠惠、顾维钧、伍朝枢[2]），伍代表未到，故中国代表出席太平洋会议者仅三人，在代表团处办事约有百数人。目下会议行将了结，对于中国结果尚不甚坏。日本管理财政之说并无根据，惟国空民穷，金融紧急则属实情，故银行钱店倒，货物不行

1. 施肇基（1877—1958），字植之，浙江杭州人，民国时期外交家。
2. 伍朝枢（1887—1934），字梯云，广东新会人，伍廷芳之子，清末民初外交家。

销，若政府再不开源节流，力加整刷，则财政前途茫茫，诚不知伊所底止也。

肃此谨禀。恭请福安。不一。阖家均此问好。

男智舆叩

二月八日

罗马天气常佳，冬季不寒，终年兼无雪花之过目。昨夜忽下雪。罗马教皇已故，新教皇于前日上午举出。新教皇为义国米郎[1]人，前为米郎大主教。

1. 米郎，即米兰。

139

1922-3-8

父亲大人膝下：

谨禀者。二月八日寄家书，想不日即可送到。男近来身体尚觉健爽，故能终日办公看书报，不苦疲倦。遥想福体定亦康宁，伏维眠食胜常为祝。

二月二十五日，公使密电其弟向外交部总次长保升男为义国脱利斯脱领事馆随习领事，迄今去电十日，尚无回电，未知结果如何。男在此颇承唐使重视，渠意诚欲为男设法升迁，惟苦无机会耳。此次脱馆随习领事外交部，部令派赖某充任，唐使故只能密电其弟设法取消前令，迄今无回电者。或因赖某一时无可安置，须待另行安置后再行发表部令与回电，亦未可知也。唐使弟现为外交部首席参事，在京颇活动而占势力，此种小事谅不难办到。所虑者，不审男之运何如耳。前年在京有一星相家谓男三十以前无佳运，佳运当自三十一岁起，然欤？否欤？当以此番之事验之。

前日接任三兄来函，谓男托渠转寄之款已于阴历十二月杪收到，并拟于正月元宵后由图山差人送到龙门云云。惟每英镑合不到八元，甚觉可惜，现在磅价（每英镑）可合九元余。

肃此。敬请福安。并颂阖家均安。

男智舆叩

三月八日

140

1921-3-9

二、三哥两位胞兄惠鉴：

前寄一椷，想早已收到。近久未奉函，未审起居何如？遥维眠食俱安为颂。

弟在此尚觉舒畅，间时亦常往山间乡野游玩。罗马山水古迹在欧洲居盛名，弟身厕其间，延揽自便，远方来游者终年络绎不绝，盖以古物古迹既远胜他国，而天气又清和异常，现已如我浙江四月矣，未知我乡近来天气何如？

静远现在肯用心读书否？亦曾能造句否？望二哥循循善诱，温和以导之，俾能入高等小学，则弟感不胜言矣。二哥自己亦须竭力用功，待弟回国时可设法出门，否则恐难为力。前数年弟向潜德家借用八十元，现本利得共须若干，请三哥探听清楚，今年弟拟设法筹还，惟外交部俸薪久欠，俱为焦灼耳（去年阴历五月份俸薪现尚未发出），玉生家百元想已送去，下次来信统，祈示明为荷。

即请大安。不一。

弟智舆顿首

三月九日早晨

141

1922-3-24

父亲大人膝下：

谨禀者。前日接到正月初五日第一号家书，敬悉一切。

令三哥与章蔚人合做盐灰生意一节，男以为大人尚须从长斟酌。与他人合做生意，第一，当先调查是否确实可以获利？凭人一言岂足据为信符？第二，当审察其人是否可与共事？第三，当自量我之才能驾驭之而不我欺否？第四，更当观察生意之前途何如？盖生意之状况随时不同，今日可以获利，明日即可以亏本，后日更可以本钱外再加损失也。凡作事不可冒昧下手，先宜预想将来之结果奚如。结果有七八成可靠，然后再慎重将事。做生意亦然，首当将上列举之四点详细研究，可则行，不可则止，如是则无后悔，否则兴嗟莫及。而在今兹之例，尤当秘密探听蔚人之盐灰生意究竟获利乎？抑亏本不克维持欤？其友朱某之来邀说，得毋因蔚人之亏本不能继续，特来怂恿往代蔚人亏本，而蔚人因以自便乎？且蔚人之生意果获利乎？又何必邀人合做，以分其利也。盐灰生意可小可大，本钱少，可小做，非若大公司大工厂之非有大资本不能从事。其来邀说获利尚厚、缺乏资本令我合做者，得毋以其资本微薄所获之利尚不慊于心，故以厚利为饵，令我堕其术中，使用我之资本以得他之利益乎？凡人不可见利即趋，见利即趋鲜有不后悔者。更不可依人成事，依人成事之荣悴系于人手，是所谓“赵孟能贵之，赵孟（亦）能贱之”，贵贱出于人之喜怒，我自无活动回旋之余地，岂不苦欤？昔日陈官福之事、托蔚人卖土之事，及与炳钣买树之事，想大人尚能忆及，也是以人贵自立基础，自立十年百年不败之业。以男观之在吾乡之情形，莫如培植森林与畜牧二项上着想。倘有余资，不如就所有之荒山垦辟之。每年分植树木则十年树木，十年后每年均可坐获厚利也。其次则畜牧。古人以之致富者不乏其人，畜牧则当年可以获利，若二者并行，则永久不拔之业在是矣。至于森林培植法，商务印书馆有书可购，而参考之可也。男又以三哥之相属土形，经营森林畜牧最为相宜。男当徐行设法筹积数百元供其经营之用。若现在大人可以设法筹款，可先令试办此，则男所拟立家之永久计划必成而无败者，人老实亦可做者，决无受人愚弄欺骗之虑者，未知大人之意何如？

男前信所说公使保荐随习领事之事，果以运之不佳而部电未准，惟男现欲设法往英脱埠随习领事，本非男所愿，失之亦尚无关重要。大约下半年男当离义，不审能如志否？

肃此。敬请福安。不备。

男智舆叩

三月廿四日

外国百货腾贵，各项物价均数倍于中国。倘欲经商赢利，可将中国之丝织货、茶叶等寄到此间出售，则所获之利至少必二三倍于原本也。绣货如近时所出之屏画、桌罩、椅垫、绣绢等务择轻而易寄者购之，则邮费省，而关上不致发生纠葛，否则或多不便之处。兹附上寄物单数纸，如欲试行，可以贴在包上寄送物件也。（下次寄信，信封上弗庸写外交部等字字样，因舆现在非在外交部也）

142

1922-4-2

父亲大人膝下：

谨禀者。上月二十四日肃奉一书挂号寄去，想可收到。书中陈述之意见，未知大人以为然否？惟男意做事须慎重，不可偏听人言，为人所诱，尚望从长考量是幸。

上月月底比[1]王及其王后等来义聘问，此间义王招待极隆。比王等均住在王宫，历日游览名胜。三十日夜王宫请看戏，比王、义王及其王后太子公主等均莅焉。其余为外交团各部总次长及部中要人、在罗马之高级军官、宫中之人及贵族，全戏园均为外交界、义国政界及贵族中人。是夜，戏园不卖票，普通人不得入焉。中国使馆由王宫赠送戏券三张，男因得与于此盛，诚快事也。至戏园规模之宏壮式廓，与其布置之华美精致，甚非常人之意想所能及。看戏一端，可云观止矣。

敬请福安。不备。

男智舆叩

四月二日

1. 比，指比利时。

143

1922-4-19

父亲大人膝下：

谨禀者，二月初七日第六号家书，敬已读悉。

男寄致乐天之贺年片实宜送去，不应以此小忿，而并此一片亦不通也。做人度量以宽为是，小事窃勿与人较，即大事可忍者，亦宜忍之。且尤勿宜与地位低于我辈分后于我者较。若事事与此二者相较，则即招其怨而不肯爱戴。当有事时，即无以得其助力而驾驭之矣。乐天系亲戚并系大人之后辈，稍有小过，仍宜宽厚待之，如此则大怨变小怨以化无怨矣。若照来示所言，则彼此终将耿耿不能释矣，似非所以对亲友之道也。

梅先文已领读，去年曾通过一二信。渠往严州，任三亦曾告及。瑞安潘冠春系北大法科律门毕业，与男同科不同门。但与男甚莫逆，人甚忠实，昔在大学曾与男连床同住一年，故知之熟也。盐灰生意事，前书男已言之綦详。采矿事亦当慎重从事，盖矿苗地层有深有浅，若矿层浅，虽矿苗佳仍难获利。至于矿师，可以登报招之，同学中之习矿学者，现均不知其住在何处，若须男招请，或先从他方面探听再说。

外交部薪水欠久不发，男在此殊觉为难。若薪水丰厚，发一月尚可敷衍数月。如男者发一月，当月告罄，现已积欠十个月薪水，奈何奈何！男已寄信京友，设法他调，男意欲往英国伦敦，未知能否办到？以男相言之事，或有成亦当在秋季耳。目下北京政府甚不安稳，大局竟不知伊所底止。

肃此。敬请福安。

男智舆叩

四月十九日晚

144

1922-5-12

父亲大人膝下：

谨禀者。上月二日、二十日各寄一禀，想可送呈察阅。比维福履绥和为祝。

男身体安适，惟外部欠薪十一月之久，经济一方面实觉窘迫已极。且义币汇价日高，俸薪迟到之损失，不堪言喻。从前每一中国银元可换义币十三四枚，今则只换六七枚或七八枚不等，生活上因以骤觉困难。去年公使每月所借之义币一千五六百枚，照昔日汇价只合中国银元百三四十元，而按之目前汇价则超过二百余元。一转瞬间，相差甚巨。此种无形之损失，真是有苦莫诉。外部之俸薪即令能按月渐次发放，统计十一月之薪水已损失六七百元之钜。而今每两月未必能发放一次，故对于公使债务将难有清理之一日。以故男汲汲谋升迁之法，冀稍多得俸薪，借以清债而赡家。现虽寄语京友设法，未知有无良好之结果？俟有佳音，即行奉闻。

男于九日随公使来此赴国际联合会行政院之会议也，约须勾留半月，始可返回罗马。瑞士山水明秀，风景固佳，而尤以日来弗为最，全城滨湖布置之美，出人意表。当此暮春良辰，花草幽林，随处足以悦目而快胸襟，诚无比之胜地也。尤有奇者，地面之景象既似暮春，而远近诸山巅皆积雪未融，又似严冬景象。白雪青春相映漾，更觉添出无限风光。欧美人士之麕集于此，徘徊不忍去者，良有以也。

阅报知直奉战争现已结局，刻已从事善后事宜。此次直胜奉败，似颇惬多数民意。吴将军[1]斯时心地尚光明，中国前途当有良好希望。

1. 吴将军，即吴佩孚。

苟奉胜则大局真不堪问矣。日前在罗马时蒋梦麟先生来义游历，谈叙甚欢。渠对于此次直奉战争结果，亦颇满意。蒋系前北京大学代理校长，与男尚友善。去年十月间继充民国代表赴华盛顿参与太平洋会议，会议完结来欧，遍游欧洲各国，并兼膺考察教育之任。本月十九日，由法回国返京，仍任北京大学教授主任。

草此奉陈。敬请福安。并颂阖家均福。

男智舆叩

五月十二日

145

1922-6-25

父亲大人膝下：

谨禀者。上月由瑞士寄上一禀，想承垂览矣。本月回义后，日日困于公务，因此久未奉书请安。伏维福履绥和为祝。

男在此既须办理馆内事务，又须兼理国际联合会行政院及万国禁烟会所有往来之函牍，而有时公使私信尚须令男属稿[1]。日前，公使令男备函贺国务总理颜[2]之就职，颜短于中文，邃于英文，故公使令男用英文起稿，拟就数千言，既贺其禧，又条陈时局之善后办法若干条，极承公使称赏。去年颜外交总长缔结中德条约告成，公使曾令男用英文函贺千余言，颂扬其外交上之成功，屡蒙称道不止，故此次仍令男为之。男虽做秘书，所应做之事，或做秘书所不能做之事，然主事之为主事仍自若也。故在外交部或中央重要机关内无要人为之提携，而欲图一级之升迁难若登天。即虽有秘书之才、秘书之学，而并随员地位亦不能得也。中国政府抡才之法，实令人为之气死。

男现决意设法再往英伦专心求学数年，以图将来回国发展，海外浮寄，孤悬固远，不若近水楼台之捷足先登也。外交部对外使领费积欠甚多，前月虽拨汇数月，但尽由公使扣还。闻阳历八、九月间尚可拨发若干。倘可商得公使少扣还若干，当设法寄上以供家用。一、二月间，璞如先生代购寄笔一捆，价洋若干，未曾细查，大约二三或三四元之数。倘大人可以此时代缴最好，否则，俟男将来汇款到时，再行拨还亦可。

草此禀陈。敬请福安。不一。

男智舆叩

六月二十五日

阖家均此问安。

---

1. 属稿，指起草文稿。
2. 颜，即颜惠庆（1877—1950），字骏人，中国近现代外交家。

146

1922-7-9

父亲大人膝下：

谨禀者。六月廿五日寄上一禀，想可收到。近来此间，天气炎热异常，谅我乡亦必同之。未知福体如何？伏维兴居佳胜为祝。

本月十六日，国际联合会行政院在英国伦敦开会，唐使令男随往，将于十三日由罗马前赴巴黎，由巴黎渡海峡往伦敦。巴黎、伦敦世界最有名之二大城，昔之所羡慕一盼而不得者，今皆可亲游目睹之矣。至此二大都城之文物伟观，想亦可于斯睹其梗概，待到伦敦，或巴黎后，再行函告一切。伦敦回来后，恐亦不久即将往瑞士赴国际联合会行政院会议及国际联合会常年大会矣。

肃此。敬请福安。不一。

男智舆叩

七月九日

147

1922-7-29

父亲大人膝下：

谨禀者。男离罗马时寄一书，到巴黎寄一片，想可先后送达。

本月十六日，由巴黎到伦敦。伦敦、巴黎为世界最大之二都城，华美博硕，非言能尽。寄上风景片一束，请转分送为盼，观此种风景片以后，亦可想可见一斑矣。伦敦、巴黎二处夏天均甚凉爽，而伦敦尤较寒凉，日间为我省暮春初冬天气，夜间则更冷。男夜间虽盖羊毛绒毯二条及线毯等物，犹常觉太凉而伤风。天气在夏天甚长，虽至夜分尚如早晨之昧旦，而早晨三句钟即天明，似与罗马大不相同，与我省相差更远矣。

国际联合会行政院会议自十七日起至二十五日毕，唐使即于二十六日往法折回罗马，令男暂在伦敦，入伦敦大学暑期班读书，以资研究科学，熟习英语。伦敦大学暑期班以一月为期，待课程完毕，八月底或九月初，男即当往瑞士日来弗赴国际联合会大会。大约十月中旬以前，男不能再回罗马，如有信件仍寄罗马使馆可也。此间生活程度甚高，非我乡人所得梦想，男现寄住一英国人家，房、饭二项每月二十英镑，合中国银元百七十元左右，其他零用等亦甚巨，普通物品价格均较国内贵至十余倍，较意大利亦贵一倍有余，诚难以为生也。男以唐使令暂在此读书并津贴款项，故亦只可勉从其意。以伦敦天气而言，男实不愿在此几天，天阴雨难见日光，而以工厂林立，空气中均含有煤气，以是常觉头痛，未知能否耐居在此？但英人告我，倘一旦习惯此天气，则身体当稍强壮，不审其言之果可信否也？

四月十八日第四号家书已由罗马转到，男意森林、畜牧二项，当为我家兄弟等可以经营，并稳当可靠之事业，其他尚机智、尚打算之生意非可轻意试之，恐徒劳神伤财而已。男当竭力设法筹划巨款，俾便经营一切。请稍假以时日，暂待可也。茶叶可寄，则略寄之，否则且待明年再说。

岿此谨禀。敬请福安。并请阖家均安。

男智舆叩

七月二十九日

148

1922-8-20

父亲大人膝下：

谨禀者。有四、五两号家书均由罗马转到收悉，另于上月二十九日寄上一函，想可送达。

兹寄交汪任三兄十五英镑支票一张（每磅八元余），约有百二十元左右，托其兑换寄家。此款收到后，请还约梅姊丈六十元，需利若干，乞斟酌。百朋娶亲时，请代给觏仪若干元（四元或八元亦请斟酌）。购寄物件甚不便，故只可如此，家用款项稍待再行设法。

匆此。敬请福安。

男智舆叩

八月二十日

本月底赴瑞士日来弗。

149

1922-11-1

父亲大人膝下：

谨禀者。昨接旧历七月十八日谕示，祇悉种切。男远处西欧，时感隔于乡国情形而不得闻，得此次一谕，便足备知地方近况，民生疾苦，快慰奚似！

至规男求学一层，窃有说焉。男之欲往英伦求学，乃欲求经世之学，学成归而自效于国，非徒求外国语言文字之末而已。试观今之国务总理王亮畴[1]博士一大法学家也，外交总长顾少川[2]博士一西学擅长者也，兹二人者皆历居国外十余年，造诣既深，斯为国人所尊崇，而居中枢重要之地位，使其以中文著书恐未必足以藏之名山、传之千秋万世也。大人或将谓此说太近于功利一边，不足为根本之论，男则谓即以旧眼光言，太上立德，其次立功，又其次立言，著书立说，诚为士人分内事，然非得即以此而沾沾自足。欧阳修曾谓，文士之独专心于立言者，每为其不得意时所取之途径，实士人建树之下者也，其故盖可知矣。男诚知菲材，如男难于期有所为，然亦安可自暴自弃哉？

至于妹事，须视前途意态何如，我方可不必再望上一层矣。汪雪之子系男昔日在富校时之学生，其人面貌性情无甚怀处。如彼方愿于联姻，自可不必再持异议。大人当知今之上流女子大都通晓西文，中文更毋庸论矣，如现在罗马使馆男之同事黄君之女年十五岁，除中文外通习英法义和四国文字（并兼习各种科学），唐使之女亦然。观此，大人想可自明矣。是否乞酌夺。

匆此。敬请福安。不一。

男智與叩

十一月一日

---

1. 王亮畴，即王宠惠。
2. 顾少川，即顾维钧。

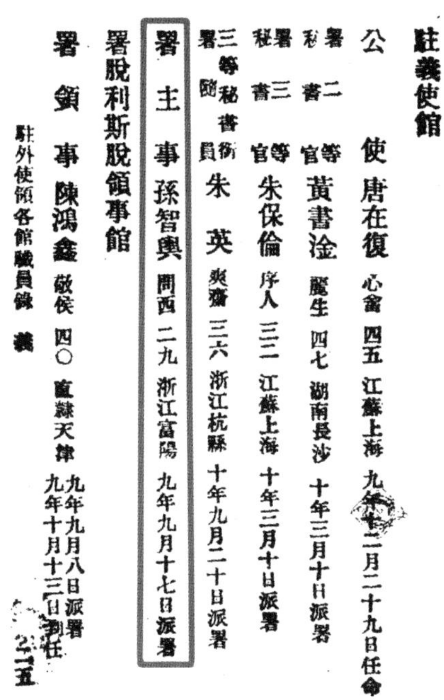

駐義使館

公　使　唐在復　心畬　四五　江蘇上海　九年十二月二十九日任命

署二等秘書官　黃書淦　麗生　四七　湖南長沙　十年三月十日派署

署三等秘書官　朱保倫　序人　三二　江蘇上海　十年三月十日派署

三等秘書銜署隨員　朱英　爽齋　三六　浙江杭縣　十年九月二十日派署

署主事　孫智輿　問西　二九　浙江富陽　九年九月十七日派署

署脫利斯脫領事館

署領事　陳鴻鑫　敬侯　四〇　直隸天津　九年九月八日派署　九年十月十三日到任

駐外使領各館職員錄　義　二五

《驻外使领各馆职员录》（1922 年）载有孙问西任驻意大利使馆主事等信息

150

1922-11-23

父亲大人膝下：

谨禀者。本月十三日接读旧历八月十四日手谕，祇悉种切。并稔福庆安吉，至以为慰。

今年我邑灾情如是奇剧，小民之痛苦真是不堪设想。小禄已送入县校，甚好！七官、静远明年暑假时亦可投考县校，在家课读似非持久办法。乡间讼事，凡不涉及大人者，以不顾问为宜。我家参与讼事，地方官颇有为难之处。男以年来常往返各国，心绪不甚安宁。同学潘冠春兄处迄未通只字，请托担青转为问候，并道歉是幸。男由伦敦寄交任三十五英镑支票一张，想早已到上海。任三以病回邑医养，该项信件必留在银行，未知任三已复原返沪供职否？如仍未往沪，或请其函托行中同事，折换支票，寄富亦可。祈斟酌办理。

男以外交部俸金积欠无时，在此实无法维持，乃于本年一月杪请公使电请外交部准予每月留支七十元，按月由沪海关具领此项留支，自阳历二月起计至年底约合七百七十元。兹接外交部公函云，该项留支"向沪关领取"，凭照已代为径寄上海兴业银行汪任三矣。是上项留支，待此信到时即可将七百七十元之全数领出，领出后拟以四百元寄家，请由此款清还潜德借款，约百余元，此事即希嘱三哥办理可也。母氏及二三嫂少春等均请于年终酌赠数元零用（每人约四五六之数），其余三百七十元仍须寄此弥补亏空。自明年一月起男将请任三按月寄家五十元，或两月并寄一次亦可。倘男地位稍能增进分寸，或可多寄若干。惟男现拟于明春返国一行，藉定永远计划，以主事安于此，究非善策。俟一月后再行酌定行止奉闻。

至男婚事一节，目下殊无意于此，即男本意中亦觉娶可，不娶更可。故去年王公使在此时托同事再三问我，男总不置可否。盖娶后即须负养家之责任，自不如现在之自由。在外生活昂贵，居家实非易事，不宜冒昧为之。最近有一说媒者已寄我一相片，女相颇清秀福泽。其家开设银行，女欲出洋，择偶藉便游学。媒者语我，倘我承允，女家可以供给居家经费，该女郎并可自行来欧，一切费用由其家担任云云。女郎年十九岁，现在北京，系男北京大学同学李君之内侄女也，即此间同事黄君之女。年十五岁通习英法义和[1]（现在罗马女子师范肄业，住使馆）四国文字，法文甚佳，并善音乐、图画。其父及女本人均极欲与男联姻。近托人向我说，男未之应也。一则以并辈同事，稍有不便之处；二则居家国外，实非男能力所可办到。且男性素不愿稍露寒酸状态，更不愿有家后而令家中妇女起咨嗟叹贫之声。故目下欲与男联姻之女家，非自能供给每年三千元以上者不可，外此无法说起，必俟五六年以后再能开谈。潘家女郎自各方面情形衡之，均有不便。且男现已有所接洽，自当先行考量再说。此间天气颇佳，我邑现亦曾觉甚寒否？念念。

肃此敬禀。顺请福安。不宣。

男智舆叩

十一月廿三日

家中均此问安。

---

1. 义和，指意大利、荷兰。

151

1923-1-11

父亲大人膝下：

谨禀者。九号、十号家书均敬悉。近久未奉禀问安，无任驰念，伏维福履绥和是祝。

男以迁调不易，意欲请假回国一行。惟唐使留意甚殷，不欲男即行离义。且此时请假外交部未必准许，即或准许，恐难照章发给川装，以男未满三年任期也（近来外交部所派人员均为署职，男亦署职，与代理不同）。因此进退维谷，拟再函商京友，以定行止。

至男姻事一节，前王公使极欲以其侄女相畀，只视男意为转移。男以未见其人不敢遽行表示承认。现王公使侄女业于去年由沪随其叔母至和兰，闻面貌不佳丽，男以彼方不提及，故亦不愿由余重申前议。至人生富贵在天，男之命运如何已早前定，未必即能由此一联姻而立登天衢也。私意甚不注重于此，惟深恨无才耳。

大花园如无纠缠情事，亦可买之。至阴历年底，任三当可汇款到家，该款到想已可敷用矣。男处茶叶已用罄，倘可收买细茶一二斤，请即寄下为盼（封在洋铁匣内为佳）。兹奉上贺年片若干张，祈嘱分送是幸。

肃此。敬请福安。并颂阖家新禧。

男智舆叩

十二年一月十一日午

152

1923-3-29

父亲大人膝下：

谨禀者。接读客岁十一月二十九手谕，敬稔福体康健，游兴弥高，至以为慰。并悉留支款项已由任三兄代领汇寄到家，领款手续甚繁琐。今承其盛意及其在申之便，一一照办，至可感谢！担青叔于两月以前曾来一函，因知渠已于去年离县赴杭，就司令部职矣。

男近来极思回国一行，曾向唐公使请假两次，均嘱暂留。并云国内政局混乱，谋事亦不易，似不如在外之较清闲可以自修也。坚决回国似太拂其意，故只能暂俟机会，再定行止。此间外交部应发经费已十个月不到（自去年五月后未发分文），经济方面甚觉困难。幸去年请在海关留支家中，尚可每月得有补助耳。男自上月起竭力研究外交、政治诸学，并语习英法文字。男之外国文程度普通，应用似亦可以敷衍。若欲在外交界稍立声誉，似相差甚远，此亦以在国内读书之故。现欲补救此弊，尚非猛力加功不办。惟苦志有余，而心力不逮，精神不佳，作事之兴，因之以差。而远大之进步，遂不可以遽期也，只有勉我心力之所能及者而已。兹寄上最近相片若干张（另寄上），希嘱分送，以作纪念为感。

耑此敬禀。余容续陈。敬请福安。并请阖家均福。

男智舆叩

三月廿九日

153

1923-4-3

父亲大人膝下：

谨禀者。接读旧历十二月廿九日手谕，敬悉一是。

沪关留支截至去年阳历十二月底，计有七百七十元，家中支取四百廿元，尚余三百五十元。男函托任三兄请其过一两月后凑买五十金镑寄义，以应日常用费（外交部已十余月不寄汇使费）。二月中，曾已催请电汇五十英镑以济眉急，现每英镑约合华洋九元零，故三百五十元存款，外再加上一个月半之留支，即可凑买五十镑，约计阳历三月底或四月间仍可寄家洋百元应用。

至于婚事，男此时尚置于脑后，未遑及此，亦无力及此。去年王宠惠组阁时，前后两秘书长均系上次高等文官考试之襄校官，与男极善。若在京当可得其助力而升迁矣，乃遥遥万里一笺，往还动经三四月，由此发信，信到北京，而北京局面已变动，能助我者，已不复能助矣。讲到做官一层，男之来此，实大吃亏，不过来欧较在北京稍扩眼界，稍增智识耳。今年遇有机会，即当束装回国一行，未知能否如愿也？邮局不得折开他人之私函，当向邮局责问，男所封之信均极坚固，不至因张页多而自开。

耑此。敬请福安。

男智舆叩

四月三日

154

1923-5-10

父亲大人膝下：

谨禀者。接读正月二十一日手谕，敬悉一是。

男来欧一举，当时甚以为得计，及今思之，就做事一方面而言，吃亏不堪言喻。男以荐任职而就委任职，本已降格。在外服官，倘部中无援助，升迁非常困难。若在京则近水楼台，策划自较易也。客岁腊底，本拟请假回国一行，公使嘱暂留待，似不应即行拂袖而去，致负其殷拳之意。且三年任期未满，假既未必准，川更未必给，以此踌躇难决。目下外交部积欠使领费已逾十一月有奇，居外颇不易。再过一二月，倘无机会，决意请假回国，另行设法。

至男姻事，此时决不冒昧办理，俟回国后再说，所谓唐女者实无其事。日前英王及王后来义答聘，昨夜义政府请观戏剧，在罗马第一大戏园演戏，英王王后及义王王后均到，其余观剧者皆义王宫中人、贵族各部署官长及外交界人员。我馆分到二券，公使不愿去，让男往观，男以此种机会不易多得，能去极所愿也。戏园布置之华丽高雅非笔墨所能尽容，他日面陈。

敬请福安。不一。

男智舆叩

五月十日

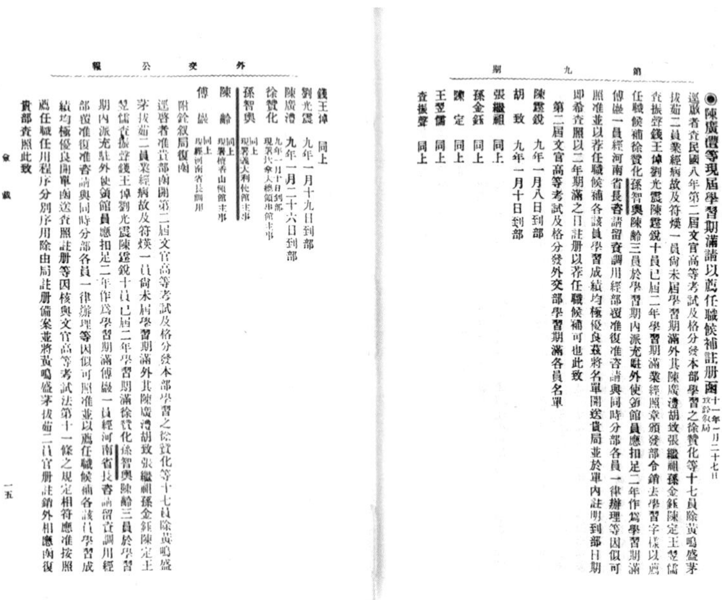

◉陳廣澧等現屆學習期滿請以薦任職候補註冊函 十一年一月二十七日 致銓敘局

逕啟者查民國八年第二屆文官高等考試及格分發本部學習之徐贊化等十七員除黃鳴盛茅拔茹二員業經病故及符煐一員尚未屆學習期滿外其陳廣澧胡致張繼祖孫金鉌陳定王埜儒查振聲錢王倬劉光震陳鏗銳十員已屆二年學習期滿業經照章頒發部令銷去學習字樣以薦任職候補徐贊化孫智興陳齡三員於學習期內派充駐外使領館員應扣足二年作爲學習期滿傅崧一員經河南省長咨請留資調用經部覆准復准咨請與同時分部各員一律辦理等因似可照准並以薦任職候補各該員學習成績均極優良茲將名單開送貴局並於單內註明到部日期即希查照以二年期滿之日註冊以荐任職候補可也此致

第二屆文官高等考試及格分發外交部學習期滿各員名單

陳鏗銳　九年一月八日到部
胡　致　九年一月十日到部
張繼祖　同上
孫金鉌　同上
陳　定　同上
王埜儒　同上
查振聲　同上

錢王倬　同上
劉光震　九年一月十九日到部
陳廣澧　九年一月二十六日到部
徐贊化　九年一月十日到部 現署[illegible]總領館主事
孫智興　同上 現署義大利使館主事
陳　齡　同上 現署檀香山領館主事
傅　崧　同上 現經河南省長調用

附銓敘局復函

逕啓者准貴部函開第二屆文官高等考試及格分發本部學習之徐贊化等十七員除黃鳴盛茅拔茹二員業經病故及符煐一員尚未屆學習期滿外其陳廣澧胡致張繼祖孫金鉌陳定王埜儒查振聲錢王倬劉光震陳鏗銳十員已屆二年學習期滿徐贊化孫智興陳齡三員於學習期內派充駐外使領館員應扣足二年作爲學習期滿傅崧一員經河南省長咨請留資調用經部覆准復准咨請與同時分部各員一律辦理等因似可照准並以薦任職候補各該員學習成績均極優良開單函送查照註冊等因核與文官高等考試法第十一條之規定相符應准按照薦任職任用程序分別序用除由局註冊備案並將黃鳴盛茅拔茹二員官冊註銷外相應函復貴部查照此致

《外交公报》（1922 年）载有孙问西在外交部学习期满以荐任候补等信息

155

1923-6-6

父亲大人膝下：

谨禀者。接读二月廿三日二号手示，得悉茶叶迟迟未到之故。邮局递送包裹本较信件为缓，前既在富耽搁多日，故迄今尚未送到。李知事临行景况如是，真去任有余光矣。想其治富政绩必佳，舆论必多满意，此当为吾邑民国建设后之第一贤令。继任仍调庄纫秋知事，亦甚善，渠于富阳情形必视初次到富者熟悉也。前在北京大学有一胡姓桐庐人与男尚友善，毕业期视男迟一二年，为人诚实和气，未知是否胡瑟如之子？

大人为妹择婿，当择门第清白子弟，读书而忠厚老实者，否则旧式女子即幸得学行优异之贤婿，结果必徒自寻没趣耳。此男深知此中情形之谈，务请注意为要。国内政局日趋不可救药之境，政界巨公醉生梦死，不知所措。不以国是为前提，而以敷衍疆吏、保全私人禄位为唯一之事业。外交部使领费已积欠一年之久，居外者窘迫万分，而当局仅以一纸空电文来相慰藉，实属可叹。前任三代为寄到五十镑，聊以维持数月，然转瞬间即告罄，奈何奈何！

男去年迭次函中请大人于收到上海汇款后，归还潜德家借款百余元，此款借欠已久，未容忽视。近二次谕示中未说及已将此款归还，深以为念。倘未归还，请从速归还，以清债务为是。

又：男现拟于弟兄中之已成室而居家者，每房每月分给零杂用费二元，其余向由大人分给之衣服等费不在其内。小碌等现方读书求学，一切用费均由家支给，固无他项用途可言。若成室后，自当一律待遇。目前即请就二哥三哥两房，每月各分给二元作零用费，并祈于此函到后即实行之。男意凡一大家庭内人数太多，必难安然相处，故大家庭之组织须有一种章程之遵守，始足以昭平允，而安各人之心理。吾家人数亦已不少，情形亦稍复杂，望大人于治家之方法加意焉。

勿此。敬请福安。不一。

男智舆叩

六月六日

156

1923-6-14

父亲大人膝下：

谨禀者。日前寄上一书，想可送达。

现在外交界情形日坏，各使领馆经费积欠已及一年。部中尚毫无消息，毫无办法见告。上月驻欧各使联衔发一公电催拨使费，电文措辞峻厉，并请外交部转呈总统开去使职，以去就催逼使费。去后外交部覆电云，已筹到三个月使费，分四个月发，日内先拨汇一个月费云云。此种电文，本属笑话之至，而所谓日内先拨汇一个月费者，迄今已二十余天，仍杳无消息。刻闻筹到之三个月使费又为总理张绍曾[1]挪作别用，如是则使费前途实属无望。男在此决不能久留，公使早已宣告对各馆员均不借款。

男目下仅恃四月间任三寄到之五十镑以维持，不久即当告罄。此时欲归不得，欲留亦无以资生，进退均感失措。预料中国政局混乱之前途，诚惟有自行筹款、及早归去之一法。而欲待外交部发给川装归国，决难于一二年内见诸事实。惟归国川费甚巨，实非旦夕所能筹措。男意惟有请大人将上海寄去之留支暂存，勿移作别用，或请径函任三，请伊将每月收到之留支暂存兴业银行，俾将来缓急有所资。如能将留支存留勿用，则本年年底亦可勉强归国。否则国内政局愈演愈恶，吾辈外交界人员恐将有流落异域之忧，是不得不先自绸缪也。

肃此。敬请福安。不一。

男智舆叩

六月十四日

1. 张绍曾（1879—1928），字敬真。直隶（今河北）大城人。1923 年任国务总理。1928 年被人暗杀。

157

1923-6-17

父亲大人膝下：

谨禀者。十四日寄上一禀，请将上海留支暂存勿用，以为日后回国川费也，届时想可送达。

日昨接京电，知黎总统已离职赴津，北京秩序有难以维持之势，国政日非，前途不知伊于何底。使领费积欠一年，外交部毫无解决办法，吾驻外人员日愁无以资生。其家有财产者可由家中接济，如男者，惟有自行筹款归国之一法。计吾家境况艰难，只有请保存留支而已，将来万一不能再留此间，即当通知汇寄。

现国际联合会办事处随员楼君以使费不来，业已请假回国（楼君告余再来此），唐使已电保男代理此职，待楼君正式辞职，再行电请外交部加以任命。惟照目下情形，虽得此职，于实际仍无补助。得如不得，仅得一空名已耳。

又：使馆中三等秘书朱君亦以不能维持，即将辞职回国，朱君家属在此，全家人数不过三四人，但每月开销需五百元。使费一年不到，只得辞归故国。男拟再待二三月定行止。

匆此。敬请福安。不一。

男智舆叩

六月十七

158

1923-8-7

父亲大人膝下：

谨禀者。四月廿八日手谕敬悉。

以本人照片送人，在外国作为极友谊之表示，而外交界人之以照片相赠送尤为通常之事，凡一公使临去，莫不以其照片赠馆员作为临别纪念。至公使临去时，能得到驻在国元首一照片乃为极荣誉之事。男前所寄赠之相片，倘大人以为于乡情有未尽合之处，即希存留在家可也。潜德之款拖欠已久，自以及早归清为是。

至男婚事一节，此时未便匆促办理，须待回国后，慎重斟酌再定。去年禀及之女郎，男以同学李君为人本浮而不实，其言未可深信。至其对于该女郎家庭所告及之事，有可发生疑窦者二层。一.李君初告介绍人朱君谓女郎之兄为北京大陆银行之经理，继谓其父为该银行之经理，是前后出言支吾，不可信者一；二.李君后托宋君写信告男谓女郎系独女等因，既系独女，何以有兄？若堂兄族兄等在银行作事，与该女郎家何关？且按之中国家庭情形及为父母者之心理，若只有一女，必不肯令其远涉重洋，单身出门求婿于万里之外。李君云可单独来欧，必其所言有不实之处，或别有难言之隐之处，此不可信者二。男以为人言不可轻信，轻信必有后悔之嗟。倘男轻信而贸然应之，女家或能将女送到欧洲并不能供给其用费，则何以善其后？当此使费积欠一年之际（生活困窘），一人在此，犹且日日兴嗟叹、无聊赖，如有室家，恐更无有一刻安也。

男现决拟于年底，或明年春返国，另图进行。此间似不宜再因循留恋焉，惟常常焦虑川费之无自出耳。

专此谨禀。敬请福安。不一。

男智舆叩

八月七日

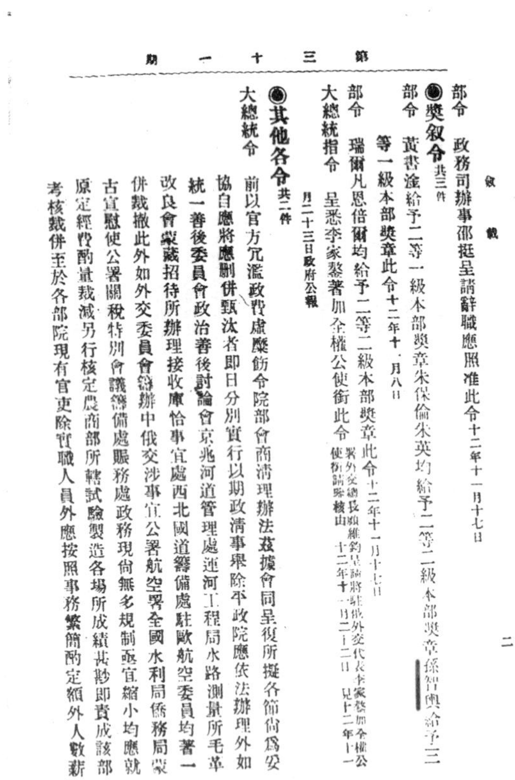
敘載　二

部令　政務司辦事邵挺呈請辭職應照准此令十二年十一月十七日

◉獎敘令共三件

部令　黃書滏給予二等一級本部獎章朱保倫朱英均給予二等二級本部獎章孫智興給予三等一級本部獎章此令十二年十一月八日

部令　瑞爾凡恩倍爾均給予二等二級本部獎章此令十二年十一月十七日

大總統指令　呈悉李家鏊著加全權公使銜此令署外交總長顧維鈞呈請將駐俄外交代表李家鏊加全權公使銜請鑒核由十二年十一月二十二日見十二年十一月二十三日政府公報

◉其他各令共二件

大總統令　前以官方冗濫政費虛糜飭令院部會商清理辦法茲據會同呈復所擬各節尚爲妥協自應將應刪併甄汰者即日分別實行以期政清事舉除平政院應依法辦理外如統一善後委員會政治善後討論會京兆河道管理處運河工程局水路測量所毛革改良會蒙藏招待所辦理接收庫恰事宜處西北國道籌備處駐歐航空委員均著一併裁撤此外如外交委員會籌辦中俄交涉事宜公署航空署全國水利局僑務局蒙古宣慰使公署關稅特別會議籌備處賑務處政務現尚無多規制亟宜縮小均應就原定經費酌量裁減另行核定農商部所轄試驗製造各場所成績甚尠即責成該部考核裁併至於各部院現有官吏除實職人員外應按照事務繁簡酌定額外人數薪

第三十一期

《外交公报》（1923 年）载有外交部给予孙问西三等一级本部奖章的消息

父亲大人膝下：

谨禀者。接读七月廿六日来谕，祇悉一切。

男阳历八月间多病，自九月至十月初旬，日日编辑鸦片报告并译成英文，以备送往国际联合会，故家书久疏，亦缘是也。近二星期公事稍简，而又痁疾作恶，寝卧一周，今略觉差可，因将来谕（到已一星期）所言者，为大人陈述之。黎总统为中华民国之总统，其权力不足以召国际联合会会员到沪开会。黎自六月初旬被曹锟派之势力逼走出京后，其部下及北京国会议员之拥黎者，日思图报。怂黎到沪并召集同派国会议员来沪开会商谋，组织政府于上海或浙江以树对抗之局。已往之事据男所知者如是，目下变化若何，此间未易悬揣。至派出秘书三人等语，则更无其事。惟驻外各公使鉴于使费积欠之钜，及驻外各同人生活之艰窘，曾于九月中旬齐集瑞士洛桑城开一会议商量善后办法，及向外交部催款方法，当时举定三公使代表全体回国，催索欠薪，此事实也。

来谕所云，似太近于道听途说。以后请大人订阅上海新闻报（一份），勿姑惜每月一元之用费，至于世界大事、国内政变及商工业进步之现象，漠然无所闻见。又：凡事须以己意度之，或己之理想断之，不可随便让他人之言入耳，否则非特无益，必且转误自己之观听也，大人亦以为然否？荫东来书，九月初旬收到，迄今几二月尚未复。现在北京大学招生，重实学，不重情面，以情托托者亦大见轻于该大学之当局。男病初愈，未能多作写。

余俟后复。敬请福安。

男舆叩

廿七日

此书用蓝墨水写，因取其便利也。

160

1923-11-15

父亲大人膝下：

谨禀者。上月二十九日寄奉一书，想可送达。

部欠使费现已积至十五个月，迄无解决办法，前途如何，竟难预料。海外生活昂贵，安克久居？日前公使为馆中各同事向银行借得义币五万吕耳（合中国银币五千余元），足敷馆中同事同人四五个月之生活费，非能以此项借款安居逸乐也，借债度月，断非根本持久之办法。男拟暂时再行观望一二月，如再无佳音，即当决定日期，买舟东归。惟回国后能否即进外交部，尚为一问题。此时固当先筹及之申款，请暂留，勿移作他用，以便届时应急，或作川费，或作将来归国后往京用费，此时未能预定（倘公使可为我设法川费，沪款即可暂作往京之用）。倘阴历年下家中有万不得已之急用，大人亦可向任三支取百元以内之数。

至园墙事，须邀同本房中年长者和平理之，能勿与人冲突最善，即稍吃亏亦当忍受之，否则必将招本房人之怨尤责备。凡事开明吃亏，乃是一种人情，一种友谊，后来遇自己欲稍占人便宜时，人亦将无言而忍受之，切不可事事与人斤斤较量，不肯稍吃一点亏。男意如是，请从长斟酌，并请宽量自处，勿致成肝疾为幸。

匆此奉禀。敬请福安。不一。

男舆叩

十一月十五日

家中人均此附候。

山河風雲

第八章

山河风云　万里东归

萬里東歸

1920 年后，中国国内政治局势急剧动荡，黎元洪总统离职，紧接着直奉大战爆发，国内政局愈发混乱不堪，国家处于风雨飘摇之际。在这样的大背景下，孙问西等外交官深陷困境，几乎看不到发展的希望。雪上加霜的是，由于国家政局动荡，驻外人员薪金积欠长达一年之久，外交部对此却束手无策，甚至外交部本部工作人员的工资都已停发十个月。这无疑让驻外人员的生活陷入了水深火热之中，此时孙问西的经济状况已窘迫到极点。

按照规定，外交官的任期为三年一期，孙问西任期未满三年。这就意味着，若他决定回国，川资只能自己想办法筹集，这无疑进一步加重了他的经济负担，孙问西决定前往北欧各国游历，拜访各国公使之后，由法国马赛乘船东归。这一决定，既饱含着他对当下困境的无奈，又彰显出他的坚韧与果敢。

父亲大人膝下：

谨禀者。上月寄奉二书，想可先后送达。

男现已决定明春二、三月往法德一游（乘便访前任王公使），即行买舟东归。国内政局纷如乱丝，在外作事极为无聊，并亦甚难发展。至回国川费此间，不易筹措，唐公使即能借助若干，恐亦为数甚微，不敷颇钜。海关留支似只可暂留，以备不时急需。本年所有留支家中已向任三处支取若干，请速示明，以便核算。阴历年底，男拟托任三仍寄五十元到家，并拟以二十元分给家中人（母氏五元，二嫂、三嫂各四元、三元，余充作静远、承烋[1]明年半年零用），款到请照分，是幸。

至家中用途，谅亦甚紧急，惟欠薪大多，在外实无可设法。俟明年回国后如能稍稍得意，当筹款以赡家用，祈宽心自处为要。对于族中事，无关我者不必与闻，与我有关者亦宜以宏量为怀，非特可以和族，兼且可以养心，请加以注意是幸。福体近来何似，希格外珍摄为盼。

专此。敬请福安。不一。

男舆叩

十二月四日

1. 承烋，即孙承烋（1917—2005），又名成修，字际美，号志远，孙问西次子，1937 年进入延安瓦窑堡抗日军政大学学习。毕业后加入新四军教导总队。1946 年起，历任新四军司令部作战科科长、华东淞沪警备司令部教导团副团长等。建国后历任第八机械工业部军管会副主任、总参军训部副部长、南京高级陆军步兵学校训练部副部长等。被授予二级独立自由勋章、三级解放勋章、中国人民解放军独立功勋章。

162

1924-1-17

父亲大人膝下：

谨禀者。八、九两号家书均先后读悉，敬稔福体康健，至以为慰。

国内大局，数年来迄未能安定。客岁秋间，自曹锟当选后，黄河南北及扬子江流域之一部似可暂告统一，作一政局上之结束。惟南方人士对于此次选举反对甚烈，大局之能否由此底定，竟未可以逆料。中国在国际上之名誉已落千丈，而国内军阀方酣战，争攘不休，曾不稍觉悟，国运之前途正未容乐观。吾辈无寸兵之实力者，亦只能与时相推移耳，尚何言哉！尚何言哉！

去年一年间，男时多疾病，九月间国际联合会开会前，适染有暑疾未痊。又：此间同事自楼君行后，无擅长英文者，惟男勉强能以英文作公文，反由中文译入英文。八月间外交部寄到巨帖之禁烟报告，须译入英文后方可送交联合会。唐使嘱男编译，惟此事非数日所能完毕，且须专心力以对付之。若往瑞士赴会，则编译事必暂搁置矣。唐使颇体谅男之有病而体弱，故令仍暂罗马，继续编译报告。男除外交部寄到之禁烟报告外，并搜集关于禁烟之法律章程等逐译编入，遂成一甚完备之报告，毕五十日之心力始行蒇事。唐使自瑞士归后，男即将译成之报告，呈送阅览。唐使审读十余日，极称完善，并尊重男之制作，一字不易。唐使为人极和平，待人亦极恕谅，诚长官中之难得者也。

男决拟三、四月间东归，归后恐一时不易回入外交部办事，深为可虑。日前，特与唐使商量，请其设法，由外交部下令调與回部办事，然后再行归国。渠云此层不易办到，若男回到北京后即易设法回部，并云渠弟在外交部为参事，极有势力，当函托其弟先行设法云云。现在孙宝琦[1]内阁成立之电报已到，此间男与孙慕韩无一面之缘，惟到京后亦可请人（如蔡孑民先生等）介绍，惟此次内阁中之教育总长范静生[2]先生男颇熟识，并有文字上之关系。渠客岁夏季到罗马调查教育，均男陪行代为翻译，传达语言，后来调查所得之材料亦由男代为译入中文寄渠。又：此次内阁中之司法总长王宠惠，外交总长顾维钧，均从前在瑞士开国际联合会时共事之长官，均熟识，惟无甚交情耳。

荫东现已考入北京平民大学[3]，甚善。男前曾有一信复渠，想当收到。至七官等读书学费一节，请先函问任三先生今年海关留支是否继续发给。若仍继续发给，则自本年一月起所领之留支，请仍按月支取五十元先行应用，余俟男回国后再行设法。

专此禀复。余俟续陈。附上贺年片数片，请转嘱分送为盼。

敬请福安。并贺阖家新禧。

男智舆叩上

一月十七日

从前出国时带来之笔及璞如先生赠寄之笔均已用完，现已无好笔可用，兹言旋在即，亦不再购，免费周折。

1. 孙宝琦（1867—1931），字慕韩，浙江杭州人。民国时期曾任北京政府外交总长、代理国务总理。
2. 范静生，即范源廉（1876—1927），字静生，湖南湘阴人，中国近代教育家。
3. 平民大学，全称为“国立北平师范大学平民学校”，于1919年创立。

163

1924-2-17

父亲大人膝下：

谨禀者。上月十七日寄上一禀，未知已否收到？比维兴居万福为祝。

男请唐使电部请假，部来复电，已准回国。现拟于三月初旬往欧北各国游历，游历毕即由法国马赛上船东归，不再返义。此间至多留居一月左右，家中如有信件可以不必再寄。男近来身体尚佳，惟稍有皮肤病，受累一星期，兹已痊可。明日拟往那坡里[1]游览朋禕夷古城Pampei[2]，及维苏维火山Vesuvi[3]，约三四日可返。将来到北欧各国京城时，当随时函告。

耑此。祇请福安。

男智舆叩

二月十七日

1. 那坡里，即那不勒斯。
2. 朋禕夷古城Pampei，即意大利庞贝古城。
3. 维苏维火山Vesuvi，即维苏威火山（Vesuvius），近庞贝古城。

164
1924-4-23

父亲大人膝下：

谨禀者。男本月十日离罗马往奥京维也纳，十三日到，游览约一星期，十九日由维也纳动身，二十日晨抵德京柏林。此间天气较罗马为冷，现在尚时下雪，生活程度亦较罗马贵至二倍有余，男在此旅行费用，每日约须二十元左右，洵乎不可久留也。

兹拟明、后日往和兰海牙谒见王公使，由和兰经比利时再往巴黎拜访陈公使。下月八号由法国马赛开船东行，大约六月十五日前后可到上海。到后拟在上海停留数日，不回浙江，即行往京。届时拟请大人及二三哥同到上海一游，待男到上海当即以快函通知。男所有存在家中皮衣服等物件请先时预备妥当，大人等来上海时祈即带来为幸。本年并冬天当回里一行，夏季天气太热回里恐饮食起居诸多不便，似以直接往京为是。

任三兄处想尚有存款若干，希仍存伊处，俾得回国后支用。待男调回外交部办事，当可筹接济家用之款项。未知到京后能否即行进部？但望北京局面勿大变动，此事想尚易办到。

耑此。敬请福安。不一。

男智舆叩

四月二十三日

夜在柏林旅邸。

165

1924-5-7

父亲大人膝下：

谨禀者。男昨日由巴黎来马赛候船，明日即上船东行。大约六月十三日前后抵沪，如大人及二三哥来沪可也。男到沪后当往访汪任三兄，若问任三兄即可知男住所，在沪拟停留一星期往京。

匆匆不尽，诸待面禀。祇请福安。

男智舆叩

五月七日夜

阖家均此问好。

法国马赛老海港（美国国会图书馆藏）

父亲大人膝下：

谨禀者。男在沪时，接到宇襄及担青来书，言及大人已安抵杭州，并业与竞钊、振夏诸兄同回富阳云云。目下龙门雨水未审已足否？否则家中必异常忙碌辛苦，至念！至念！

男于二十二日离沪赴津住一二天，即于廿六日到京。兹于前日移住灯市口德昌饭店。此间房屋虽佳，而房租则甚贵。待事稍定后，拟自租房居住较为便宜。现时无暇及此，故只可出高价迁就耳。家中尚存有前清旧龙头邮票否？如有，即请检出寄来。旧邮票想尚在旧信封上，希就信封上剪下，不可扯下，盖一经扯破，邮票即无价值。

小禄读书事，请嘱其从速打听，之江大学招考日期万勿迁延贻误。近十年来生活程度愈趋愈高，子弟教育费筹措实非易易。子弟中欲读书者，当发愤用功，将来上进，或有免费或减费之机会，否则前途殊可筹虑。

耑此敬禀。顺请福安。不一。

男舆叩

六月三十日

家中均此问好。

从杭州六和塔俯瞰之江大学和钱塘江（1917—1919）

父亲大人膝下：

谨禀者。六月十八日及七月初七日两谕均奉悉，京中现已无专门之银行学校。之江大学如每年费用不多，能考入肄业亦甚善。目下无论在那一界做事，精通洋文者均占便宜，进之江肄业即可多读英文。荫生介绍书日内当可寄上。前数星期男以应酬事繁，无暇顾及，兼以荫生常不在家，故不便催请。今已由电话说过，当承其久诺，出一介绍书，是否决定进之江，或改换他校，仍请大人斟酌为妥。

外交部方面，二月已见过总次长，至请求回部事，总次长均允设法，未曾表示拒绝，惟须稍待耳。顾总长前在瑞士充国际联合会代表时，男曾在渠处办事，本系熟人，故男向其请求回部任事，彼自不便拒绝，但别种好机会一时颇不易得，只可徐徐图之。使馆欠薪现由外部陆续发放，惟所有薪水除留支已支给外，每月仅余一百三十元。现在北京生活程度甚高，各项用费浩大。每月所发欠薪尚难敷用。一俟男之职位确定，自当有款可以筹寄。

婚事承友人说媒者甚多，惟私意须觅得一女家有钱之女子方可允诺。三年前罗马使馆同事朱爽斋[1]之太太曾为其同学上海张女士说媒，张女士系上海张家花园[2]之小姐，圣约翰大学毕业，即梵王渡大学。家中富有资财（听说如此，未知究竟如何），愿与联姻。当时以男在欧洲，张女士仅有一母，兄弟系承继之弟，故不愿出洋。现在闻男归国，

1. 朱爽斋，即朱英（1879—1954），字爽斋，浙江杭州人。
2. 张家花园，清光绪八年（1882）由无锡人张书和（张鸿禄）购得，原名张氏味莼园，俗称张家花园，亦称张园。

曾托人来催问两次，近并寄到一照片，相貌福泽清秀，拟冬季回南时再与见面一谈。若无大缺点，似可就此决定。至于宦家女子竞浮夸者，男实不取也。

匆此。敬请福安。

男舆叩

十二日

荫东来京特托其向万承志堂买龟鹿二仙胶，十元银洋到京取还可也。

父亲大人膝下：

谨禀者。前寄两函，谅已均承垂览。

本月初旬，男曾面见部长，声请就驻美使馆各秘书中设法调动派往，当承面允设法。惟美馆中现尚未有出缺，须将美馆现任秘书调开一人，始能派往，故此事稍觉为难，一时不易即成。惟部长曾间接表示此事尚易办到，想下月中或可有完满之结果，不过一时间问题耳。

日昨树榖叔祖母寄来洋贰佰元，嘱代开销一峰所欠之账目，并催其速归，请转告洋已收到。俟一峰起程后，再行将来洋用途及一峰旅店账单作一详细复书，陈明一切。又前禀内请与树榖叔公面商借款之事，拟稍从缓再说。

专此。敬请福安。不一。

男智舆叩

七月二十九日

169

1924-8-18

父亲大人膝下：

谨禀者。十二日寄奉一函，谅已察阅矣。

男回部事，本日发表部令，调男回部办事。罗马使馆主事缺，派中国银行副总裁之弟（张公权[1]）充任，以中国银行副总裁之弟尚不惮数万里之劳而就主事缺，可见在外谋事之难也。男此番之事总算尚顺利，到京待候不过月余耳。其他由使领馆归国谋回部者，每候至三四月不等。男部中无亲友奥援，居然成功，如是之易，此固半由先代积德所致，半亦承京中一二老师器重帮助之功也。明日拟即到部见总次长，再过二三日大约即可到部任事、惟部中薪水不甚多，拟徐图发展，别谋机会以补不足。

小禄读书事，仍祈大人主持可也。春妹择壻，亦希大人随时就近留心，男决难觅得一相当人物。如果大人欲择一上等社会之人，在本国或外国大学毕业者而配之，则大人十年前即须送其入小学中学，而亦在女子师范或大学毕业方可，否则决不可存奢望。如今男物色女子非将求女子之曾在大学或师范毕业，并须女子之美貌而有家财者，推己及人，思过半矣，想大人亦可觉悟矣。妹壻择定后，请即通知，男将预备二三百元作其妆奁，大人亦当筹措若干嫁之。荫东何时来京？来京时请托其带下细茶叶一二斤为盼。

专此奉陈。敬请福安。并请阖家均安。

男智舆叩

八月十八日

1. 张公权（1889—1979），即张嘉璈，江苏嘉定人，民国时期银行家。

父亲大人膝下：

谨禀者。上月十八日寄上一函，想已承览矣。

近一周以来，频传江浙风云异常紧急。据本日消息，二省军队业于前晚（一日晚）开火冲突矣，沪宁路已断绝交通，沪杭路谅当同之。此间寄去之新闻报未知多已收到否？富阳境内未知安静否？念念！前男由义动身归国时，馆中同事黄丽生兄托代做丝棉袍一件，面用罗纺均可，里用小纺面，里颜色以青蓝色为宜。黄君年已五十有余，衣服颜色自以朴素庄重较佳，做就后最好托荫东带来，以便由京寄欧。棉袍用布包好作成包裹，到京后填上地址即可付邮，尺寸单一纸奉上，祈令裁缝照做可也。

小禄究竟进何学校，下次来示希见告。春妹宜速为择婿，以良家子弟、无时髦习气者为妥。人家亦当酌取中等勤俭之家，不可希望过高，否则徒迁延时日，于事无济也。

专此谨禀。敬请福安。不一。

男智舆叩

九月三日

荫东来时祈托带茶叶一二斤。

171

1924-9-25

父亲大人膝下：

谨禀者。八月十三日手示敬悉。棉袍夹里可不必全用小纺料，价约三十元。本拟即行汇寄，现以汇兑不便，因是迟迟。托荫东划付一节，极便利，附致一函，乞转交可也。

新闻报沪宁路交通断绝以后，仅送到两三次，故未寄上。俟大局定后，尚可照寄，目下似以在杭订报阅看为便。

耑此敬禀。顺请福安。并颂阖家平安。

男智舆叩

九月廿五日

男现已移寓地址如下：北京东单牌楼羊肉胡同储才里忠三号。

父亲大人膝下：

谨禀者。上月廿六日寄奉一禀，并致荫东书一件，谅已送达。

前在沪时所谈呈请内务部转呈大总统颁给匾额褒扬行谊一节，现已办妥。兹将送呈内务部之呈文稿、事实清册、证明书各一件寄上垂察，惟值此军事倥偬，各部署停给薪金之际，寻常公事每均搁置不问，所请匾额何时始能颁给，未可预料，惟可断定必能邀准而已。前二哥来函嘱字襄一书，业经缮就寄出，还希渠再自行函催为要。

专此谨禀。顺请福安。并候阖家均安。

男舆叩

十月三日

荫东未知何日来京，念念。

前寄示诗内小注“出使驻义大利使馆随员”一句，拟改为“派任驻义大利使馆随员”较妥，是否？乞斟酌。呈请大总统颁给匾额一节已进行办理，想可蒙照准。

呈文稿

呈为遵例，呈请褒扬事，窃查褒扬条例第二条，但书内载取具在京同乡荐任以上文官二人证明书者，得径呈内务部。又：施行细则第十二条，内载褒扬条例第二条所称，荐任以上文官以现任官制所定之实职者为限各等语，兹查有现存绅耆孙□□行谊，实与本条例第一条第三款规定相符，谨遵例取具在京同荐任以上文官二人证明书，并依式造具事实清册各一件，附缴褒扬费八元，理合具呈。

伏乞鉴核，准予褒扬。归入通例办理，实为德便。

谨呈内务总长。

具呈人：

金守梅[1]，年五十四岁，浙江富阳县人。

孙鹏，年四十岁，浙江富阳县人。

今将《请求褒扬事实造具清册》呈请鉴核计开。

孙□□

浙江富阳县人

存年七十岁

拟请以褒扬条例第一条第三款褒扬，随文预缴褒扬费八元。

事实：

一现存绅耆孙□□浙江富阳县，岁贡生。祖若文，辛酉殉难，该绅世袭云骑尉，幼奉母教，年弱冠，先后游庠食饩，乡望夙孚。初，富阳文庙毁于兵。光绪十三年，周公学基来治吾邑。三年周公学基来治吾邑，创修文庙，公推该绅，与许秉石[2]总理其事，鸠工庀材，虽烈日狂风，躬亲督率不少懈。不三年庙宇落成，宪给有功，庠序匾额。并时县之西南新涨沙地数百亩，大江南北启民争地械斗七八次，健讼十余年，官绅议将沙地充公，藉以息讼。由故绅盛鸿[3]与该绅等丈量升科拨入乡会宾兴。该绅甫至沙地，猝被某姓聚众侮辱负伤，请验由县征办数人，沙地始归宾兴收租，分给应试士子。科举既停，请拨入县

1. 金守梅（生卒年不详），编《富春王洲金氏宗谱》三卷。

2. 许秉石，即孙问西大姐夫许正始之父。

3. 盛鸿（1818—1898），字蕉亭，浙江富阳人，清光绪年间，被誉为“直隶第一清官”。

校基金，士子蒙其惠者实多，宪给“懋著勤劳”匾额，《富阳志》书阙如二百余载。光绪二十五年县令汪公文炳[1]创议修志，该绅生长于斯，虽不敢以乡邦文献自任，而与各绅士开局集捐，发凡起例，将上之朝章国是，下之风俗人物，大之山川城郭，小之坊市物产，分任采访，汇呈主笔而润色之，计四阅寒暑志书告成，该绅与有力焉。凡此皆办理公益，确有成效，特著勤劳者，用敢诠次，其事实如此。

证明书

为证明事：今有金守梅等呈请褒扬之，同乡现存绅耆孙□□所具事状，委无虚伪，捏造情事，谨此证明。

大理院推事：郁华

大理院推事：洪文澜

光绪十七年（1891）浙江巡抚部院崧骏为云骑尉世孙蓉第立“懋著勤劳”匾额（重刻）

1. 汪文炳（生卒年不详），曾任富阳知县。

173

1924-10-13

父亲大人膝下：

谨禀者。阴历九月初三日来谕敬悉。购袍料款，曾函请荫东划付五十元，未知可照办否？所嘱筹寄百数十元供给年内家用，当勉力图之。惟目下寄汇不便，汇费甚高，最好由承钊或荫东处划付百元，待其来京时由男归还，似较简捷，并省周折，是否可照此办理？乞示知为盼。国内时事，想可于报上得之，兹不赘。

耑此谨禀。敬请福安。并请阖家均安。

男舆叩

十月十三日

父亲大人膝下：

谨禀者。九月初九日来示敬悉。

男现在无多余洋，而用途浩繁，经济方面时虞竭蹶。外部薪水微薄，支持为难。兹值军事方殷，政局停顿，欲向他方面进行，此时亦不易着手。京中各机关干枯万分，薪水均欠至一年以上。俞蔚芬妻子一家饥寒交迫，诉苦无门，此诚作官之末路也。兹勉力奉寄百元，由中国银行汇至杭州，附上汇票一纸，收到后在汇票背后签字盖章（签字仍用汇票上之号），即可向杭州中国银行分行支取。俟一二月后筹有余洋，当再奉寄百数十元供给家中年用。

至本年年前男能否归家，此时遂未敢定。部中公事岁忙，并须多作事不请假，年底庶可稍加薪金，略分润勤劳津贴。否则实觉薪水太微薄，不能赡给家用也。前所托做之丝棉袍，总以使价目便宜为是，材料不必十分好，做好请寄京，如能带到京，更为妥便。一峰现在京，甚困于经济，托男谋事，曾为介绍一二人代谋。惟目下各机关均不发薪水，即使谋到，亦不能资以为生。渠目前困窘不堪言状，似当便中转请树榖叔公寄款接济为要。渠屡欲向男借款，男自己用途浩大，实属无力应付，且一峰不知银钱之艰难，有钱时随意用，到无钱时即不知也。

耑此敬禀。顺请福安。不一。

男智舆叩

十月二十日

京中天气现已甚冷，未知南中如何？

175

1924-11-1

父亲大人膝下：

谨禀者，九月二十日来示敬悉。

呈送内务部事实清册内误称岁贡生一节，男已托内务部收掌处徐君代为改正。其余函示诸事实未便再改。内务部对于褒扬案件历久未办，此次呈递稿件何时上呈大总统批核，殊难逆料，大约须到来年正二月方可批出。

男目下身体尚好，似可不必买胶丸等滋补，回复荫东勿买，甚善！即欲服用，亦可就地购买。荫东何日可以来京？目下颇难预必，现京津火车停开已一星期有余，何时复开，亦难预言。惟邮件由外人用大汽车运送，故照常往来，惟稍迟缓耳。上月二十日寄上一函，内附汇票一纸，想已收到，祈函复为盼。

专此。祗请福安。

男舆叩

十一月一日

父亲大人膝下：

谨禀者。阴历九月廿九日来示敬悉。男于阳历十月二十日寄上一书，附中国银行百元汇票一纸，想已收到，惟迄今未得复，甚念！现先向介卿家划支伍拾元，亦便承钊到京时男当归还。至丝棉袍做好，即请托荫东带来。如赶不及托带，可否设法寄来，以早为宜。阴历十一月初，男是否能抽身南归，此时尚难预必。一则现以时局变迁，须在此静候机会；一则经济方面恐未能筹备裕如也。届时如可言旋，定当南行一次。

专此。祇请福安。并请阖家平安。

男舆叩

十一月十九日

177

1925-12-18

父亲大人膝下：

谨禀者。荫东带来十月十七日来示，棉袍一件、茶叶两包均收到，藉悉福履康和，至以为慰。

内人坟地有未尽善处，年内拟另行择吉改葬，具见大人爱护之深意，感慰奚似！家中尚有两小孩，系无母之子，亦祈垂怜善待之为幸！

至男婚事一层，目下无暇注意及此。上海张家拟先探询彼方意见，再行预定。一峰在此困难情形，想渠家亦知之，何以男在京即不寄款（一峰云，前数年渠家频频寄款不间断）。男曾为渠谋托友谋事，友亦向男借贷多款，此种借款归还无日。而树縠叔祖复来函，欲嘱男垫款，令一峰回里。一峰在此亏空在二百元以上，合计归去川费须有三百元，方可成行。

男目下经济方面亦甚拮据，非不肯垫借，实无力应付也。男托友为一峰所谋之事，在内务部及法制院方面已有头绪，想不久当可发表。此时似不宜即行归去，最好请渠家先汇寄二三百元，藉维现状，希速将此种情节通知树縠叔祖为要。

小禄来书，欲报考保定军官学校，该校目下不招考，只可待明年再说。近一二月来，男在京静观时局，拟略有所谋，故不便出京致失机会。大人寿辰，男未能归里亲祝，至深歉仄。俟将来男稍得意时，再为大人铺饰门面做寿。

专此敬复。祗请福安。并请阖家均安。

男智舆谨叩

十二月十八日

男现寓居之房屋系三人合租。房租每月五十元，雇一厨子，一仆役，较在旅店为安适。

父亲大人膝下：

谨禀者。十一月廿一日手示及《七十述怀》诗稿均经奉悉。甲寅年诗稿亦于昨日递到，拟访觅熟人送报馆登载，登出后当寄阅。惟诗稿内脚注，男以为应当一律删去，古之名诗家从未自注一字者，后人作诗每多自下脚注，袁子才[1]曾力诋之，以此为诗家之病。男意颇然其说，未知大人以为何如？

《七十述怀》诗第六首不加脚注，他人读之尚当摸索揣想，一加脚注似觉太示人以僻陋小见，故男拟一概删去，再送报馆付刊。至寿序一节，男当留心觅人撰之。现古文家林琴南[2]已故，至大文学家如康、梁[3]一流亦非男之力量所能办到。当托一比较的有文名之人撰之，即出笔资若干，亦所不计。日前有山东星相家谓男五十岁左右当可作特任官，今年流年甚坏，故自二三月以来，无时不破财，且一无良好机会，明、后年起，境遇当稍佳。并谓男系酉时出生，若戌时出生，则手掌纹路及手指长短均不如是，其说可靠与否，尚待将来证明。倘日后男能得意，当为大人竭力设法表扬。目下人微困穷，实难图报，区区私意，谅蒙见恕也。

至男婚事，对人问题既未能决定，而经济方面亦不易即办。在外结婚至少须有一二千元之积蓄，男平日任意用钱，迄今乃见困难。当前上海张园小姐，上年七月初旬，男到京时曾托人告男彼欲来京与男会面谈天，男婉谢，劝其不必来京，待男回南时再图会叙。循即寄到相片一张，彼方意颇殷热。男收到相片后即复一函云，俟将来回南时面谈一切。自后东南东北变故甚多，交通阻塞，男遂亦淡然置之。迨上

1. 袁子才，即袁枚。
2. 林琴南，即林纾。
3. 康梁，即康有为和梁启超。

年十二月（阳历）初旬，男致介绍人汪仲阁[1]先生一函，稍稍表示意见。日前接到汪仲阁先生复书，知张家方面态度近又游移不定。兹将汪仲阁先生复书寄阅，汪书中问及大人住在何处？办何事业？并欲得详细地址，谅必派人到富阳调查我家详细情形。如我家中状况尽形暴露，彼方或将全然改变态度，亦未可知。男在外，友朋间向不谈及家事，亦不似我兄弟之凡事老实对人直言。亦非男骗人欺人，盖凡事之愿对人直说者，设法巧避之，使听者不得要领。故从前宇襄在京，男亦在京，其相聚三四年之久，尚不知男之曾否娶者。上年七月间，郭师（即则沄）为男介绍，前交通总长兼内务总长张远伯[2]先生函中有"为浙中世家子弟"及"当今留学界不可多得之才"二语，男并非对人自诩为藩抚后裔，或贵显之亲属，亦以男之举止行动、出言吐语，绝无小家乡人派头，故人之见男者，虽不敢断言出自今日权贵之家，亦必以为系名门之子弟。倘张家暗中派人到富阳探听实情，则提议之事恐将中变，故男拟对汪仲阁先生复一极油活不着边际之函，即延搁之。

盖男固不急急于求婚，且日前亦无此力量。即彼方完全允诺，亦非指顾间所能措办之事，姑俟一二年后再说。兹将张女士照相寄呈一阅，即乞寄还为幸。

耑此。祇请福安，并请阖家均安。

男舆叩

一月四日

附二件。上次函中请转告树榖叔公之事姑暂缓。茶叶棉袍均收到。

---

1. 汪仲阁，即汪诒年（1866—1941），字仲策，号颂阁、仲谷，浙江钱塘人，协助汪康年主持、经营《时务报》《中外日报》等中国早期近代化报纸。

2. 张远伯，即张志潭（1884—1936），河北丰润人。曾任北洋政府内务部总长、交通部总长等职。

父亲大人膝下：

谨禀者。本月五日寄上挂号信一封，未知送到否？念念。对于刊印诗稿所陈意见，不审大人亦以为然否？乞速见示是幸。兹将山东星相家孔麟台所批命书寄上，阅毕，即祈寄回为感。

男本拟于阴历年内汇寄百元之数作为家用，但至今日，使馆欠薪，尚未能按期发出，已发出者业已用罄，盖以现时部内所有薪水不足敷用也。年来运气不佳，耗废甚多。目下进行之事又未成功，焦闷良深。方今时艰危万状，如北京发生大变动，即外交部薪水亦恐不能发放，维持之计，至堪虞虑。男每逢星相家皆谓三十岁后当得意，但迄今毫无得意之处。孔麟台所批命书，未审有当命理否？希核阅之为盼。

至汇款一层，阴历年日期已促，如无法寄上，只可俟诸一二月后。

耑此。祇请福安。并请阖家均安。

男智舆叩

一月九日

180

1925-1-14

父亲大人膝下：

谨禀者。阴历十二月初三日来示敬悉。

妹已字[1]与蔡家，甚善！备嫁一层，男自当竭力帮助大人，惟前以尚有数月欠薪，窃意发出后，当可汇去二三百元应用。嗣以欲谋发展增高地位，陆续发出者，均于应酬上用去。目下业已一空如洗，而所进行之事，迄尚未睹成效。于此谅大人当知官海中无姻亲故旧为奥援者之困难也。照目前状况，出多进少，时虞不敷，奈何！奈何！而不料妹出嫁之期已不远矣。倘嫁期稍远，男自可设法多积蓄若干为妹备嫁。若二三月后即须出嫁，恐竭尽绵力，亦只能筹百元之数，仍望大人多方设法为要。

男年内本拟汇寄少数款项接济家用，无奈手中无所积蓄。而种种开销相逼而来，时苦无法应付。男深愿吾家子弟以后勿以官为生活也，倘欲恃官为生活，结果必将一败涂地，而无以自存。此中情形，非亲自尝试之者不知耳。

耑此。敬请福安。并颂阖家年禧。

男舆叩

一月十四日

1. 已字，指订立婚约。

父亲大人膝下：

谨禀者。旧年十二月廿七日手示及附件均收到。

通和裕钱庄柏某向树毅叔公问及男之家世及婚事定否，未知如何作答。上海汪君处迄今未复。男拟不复即从此终止，盖张家小姐前既欲来京会男，兹又托汪君如此查问，实男所深不愿也。愿嫁则嫁，不愿，男决不愿求之。按目前情形，彼方即愿嫁男，亦无力娶之。

现男仍拟往欧，在京薪水太微而应酬太大，甚难维持。目下正在进行谋补伦敦使馆三等秘书缺。曾托有势力者向外部推毂，未知能否成功？如能成功，三、四月间当可放洋。婚事拟俟将来再说。男现任外交部条约司办事，并闻。

耑此。敬请福安。不一。

男舆叩

二月五日

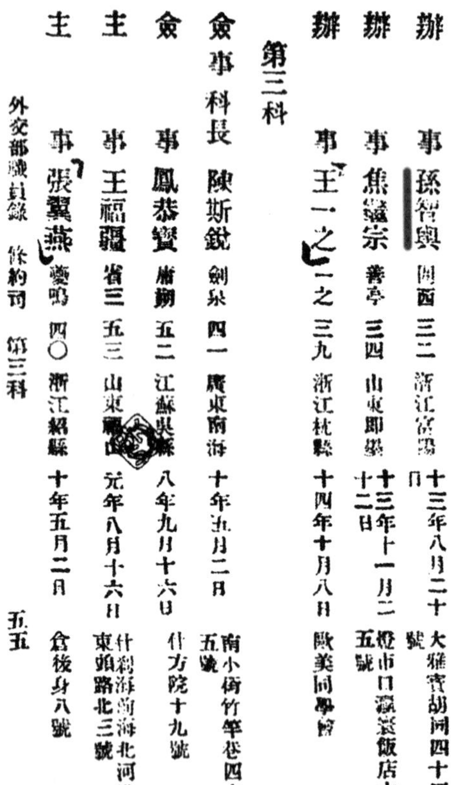

辦事 孫智興 問西 三二 浙江富陽 十三年八月二十日 大雅寶胡同四十四號

辦事 焦鑫宗 善亭 三四 山東即墨 十三年十一月二十二日 燈市口瀛寰飯店十五號

辦事 王一之 一之 三九 浙江杭縣 十四年十月八日 歐美同學會

第三科

僉事科長 陳斯銳 劍泉 四一 廣東南海 十年五月二日 南小街竹竿巷四十五號

僉事 鳳恭寶 庸卿 五二 江蘇吳縣 八年九月十六日 什方院十九號

主事 王福疆 省三 五三 山東[illegible] 元年八月十六日 什刹海前海北河沿東頭路北三號

主事 張翼燕 夔鳴 四〇 浙江紹縣 十年五月二日 倉後身八號

外交部職員錄 條約司 第三科 五五

《外交部职员录》（1925 年）载有孙问西在外交部条约司办事等信息

父亲大人膝下：

谨禀者。接读二月二十日手示，敬悉种切。

保定军官学校本年招考与否，或何时招考，当直接函问，俟得复即行奉告。惟军官学校入学资格恐亦须中学毕业，未毕业者能应考与否尚是疑问。汪君处虽已寄函答复，但犹无回信，未知树穀叔公如何回答柏某所问，倘太老实，尽将家中事情毕告张家，或恐有未尽愿意之处。男意上海之婚事少有成就之希望。

至湖州方面，男甚少熟友，任三亦从未向男提及过，传者所云或属子虚。伦敦之事已失败，此后当别待机会。今年运气不佳，不识能有好机缘否？

专此。敬请福安。不一。

男舆叩

三月廿九日

183

1925-4-18

父亲大人膝下：

谨禀者。接读三月十八日手示，祇悉种切。

上海婚事，汪君已函复，谓张女别有所属云云。男早知张家托人在富阳探听余家情形，此事必无成就之希望。前遵来示函复汪君，徒费笔墨，讨没趣而已。要知中国社会之心理与外国不同，女子亦随之而转移。外国女子之嫁人，对于元配或继配不甚注意，中国女子视此为重要条件。张女三年前已由友人说媒，其时男在海外。张女虽有资财可往外国，但以有老母在，其弟为继弟，故不愿一人往国外。母择婿过苛，不易得人。闻男之名，相候至今。张女系上海昔日富翁家之女，赔嫁闻有五万元以上。男初不知面貌何如，未敢轻易决定。及兄寄到照片，觉尚不失为端庄主家之妇，故拟进行。兹树穀叔公尽将家中情形老实直告，故张女闻之掉臂而去，此足见社会心理对于一般人影响之大也。

男现拟在此稍待机会，将来南洋方面如有领事、副领事出缺，当竭力谋之。南洋有资产之华侨甚多，华侨女子面貌可观者，亦颇不乏人。顾少川夫人面貌清秀，赔嫁数百万财产，次于少川夫人之女子当尚易得。内地女子家虽富，而女子往往无分继财产之权利。男自己命中无财，故非得一有财之女子为内助不可。紫琴外甥女购物寄赠不甚便，拟寄赠，请函托担青向杭州大茶叶店调查浙江所出红茶有几种，选购茶质佳美，汁味浓厚者，每种各四五两寄京，转寄德国商人作为茶样。如德人嗜爱，将来可经营茶叶。其他如浙江所出之丝织品及有名之酱油，亦可选购若干种寄德，作为货样。银钱若干，以尽情意。

冠臣何时来京？尚未会过。小禄等将来培植颇不容易。如男能于南阳[1]方面得一领事或副领事缺，尚可荐入公司或大商铺做事。在北京，无论银行公司，男之力均有不逮也。中国银行去年尚裁退行员若干。请谋添用，更难如登天。

耑此。祇请福安。不一。

男舆叩

四月十八日

1. 南阳，指南洋。

184

1925-5-17

父亲大人膝下：

谨禀者。接读四月十九日来示，祗悉种切，并稔福体近患腰痛，至深驰念，敬祈加意调养为要。

男对于婚事，近年来毫不注意，非特未向人营求，即人之向男说媒者，亦淡然置之。以此迄今尚未成就，男非不欲早日成家，盖以在外居家不易。手中一无积蓄，冒昧为之，非惟自累，兼且贻人戚也。张女之中变，系因树縠答言太老实，非有他故，前函已详言之。

近来说媒者又有二三人。上月会见林老师，面言欲以其侄女相字，男答谓高攀不起，现尚未作具体之确实答复。林老师系福建世家，本人为前清末科翰林，民国以来久任国务院秘书，王宠惠组阁时升任秘书长。王阁倒，转任币制局副总裁。其兄亦系前清京中达官（林老师向余函告之言），惟民国后不出仕。前数年林老师曾问男娶亲与否，去年回京又问及婚事。嗣后会见常问，何不娶亲？男均无所表示。上月往见，直说有一侄女欲以攀亲，但未知女貌何如，惟当面说媒甚难推辞。倘以女貌不佳却之，颇易开罪于人。但男系外交官，将来到欧洲时，在外交界交际场中，雅不愿带一面貌不美之女出外酬应，以是进退维谷，破费筹虑。此外尚有一苏州人家居天津年，（女）约二十岁，尚在学校读书，照片已见过。赵述庭兄有一妹，亦暗中托北大教授马寅初先生向男说媒。据称貌美善于治家。但赵家亦系熟人，倘男表示可以商量之意，即不便随后推却。男欲成家甚为易易，惟患手中无积蓄耳。

至经营茶业一事，拟仅为德、华两国商人间之中间人，取经手费而已。男无资本，当然不能自己购货运往外国。即有资本，无商业经验者，亦不当冒此危险做中间人，不过为德国人办货，为中国人销货而已。本人毫无金钱责任，如出货多，利亦不薄，故拟试之。

耑此。祇请福安。不一。

男舆叩

五月十七日

东梓礼已寄去。胡适系熟人，非师也。

185

1925-6-18

父亲大人膝下：

谨禀者。闰四月十四日手示，业经奉悉。

担青寄来茶叶亦早收到，即当转寄德国。若德人嗜此茶味，即可经理此事。日昨荫东归去，托其带上洋一百元正作为春妹备嫁之费，另有二十元作春妹嫁后零用之需，亦托荫东带去，请勿提取是幸。至男自己婚事，虽屡承大人谆嘱举办，但实际上颇有不能之势，手中毫无积蓄。目下每月薪水仅能敷用，如有特别应酬尚须赔垫。倘男稍有财力，则京中美女如云，结婚之事甚为易易。

前函述及之林女已毕业于女子师范大学，其家族均在京。其父在前清为学部丞参[1]，并在军机处任要职，惟入民国后不出仕云云。男拟暂不进行，俟另觅得职务，薪入稍优厚，再行开始商榷。北京为人物会萃之处，美貌女子生长在富厚之家者颇不乏人。男在应酬场中常有遇见，并有一、二友人为男提议此事者，固不必专注意于林女一人也。

肃此谨禀。祇请福安。不一。

男智舆叩

六月十八日

尚有同仁堂龟鹿二仙胶一包，计值五元，亦托荫东带上，请服用是荷。

1. 丞参，清末新官制，主要职掌拟订、审议有关部务之法制政令。

186

1925-6-23

二哥惠鉴：

久不通函，至深系念，维起居纳福是颂。

日前荫东归去，托渠带去钞洋一百元正，作为春妹备嫁之需。又：贰拾元嘱其直接交给春妹作为零用之款。弟此时身边毫无积蓄，不能多寄若干为妹备嫁，歉仄良深。但亦无法可想，只能尽吾力之所及而已。又：上等小羔皮袄一件，镶钳石装饰品两件，别针三个均托荫东带上，嘱其直接交与春妹，想均可收到矣。将来春妹出嫁后，静远、承烋二人拟请二嫂代为招呼一切，平日需用若干，希函示可也。

此请大安。不一。

弟舆顿首

五月初三日

187

1925-7-14

父亲大人膝下：

谨禀者。上月寄一函及托荫东所带之物，谅早已收到。

前所告及之林女，兹经福建同事探听所述云，林女年约二十左右，性情静穆，貌亦尚美，一、二年前在女子师范大学毕业，学绩颇优，现在学校教书。林在福建为有名之世家，林老师与其兄均系前清翰林出身。以余家情形，与其联姻，自系高攀。今既承林老师问及，男拟就此进行，惟外界友朋皆不知男实在情形，请大人稍加注意，不可任意将男之事告人，致为他人破坏。凡问于男本身之事，更不宜对人直说，总以缄默守秘密为是。

男现拟托树穀叔公借洋五六百元，不便直接写信函商，请大人与渠面谈为要。倘渠目下对男为经济上之援助，将来男稍稍得意时，必为莱第叔竭力设法，俾有相当之位置，以光其门第。现在外面情形与十数年前完全不同，只有利害之交，无所谓道义、学问之交也。无利害关系者，虽极熟之友，有事时未必帮忙。男在外，既无先人之余荫为凭借，又无经济上实力为后援，故一时殊难在官途得意，但数年之后，当有可以如意之一日。

男现决意先谋一使馆秘书缺，再往外一行，藉以稍得文名，将来回国必可谋得重要地位。此事曾求得屈映光[1]荐函向总次长关说，下月或可有相当结果。如外放机会谋成，即拟结婚，否则实无财力可以办到。日前托荫东带去之款，在大人之意，谅必嫌其太少，要知此款亦

1. 屈映光（1883—1973），字文六，浙江临海人。历任浙江民政长、山东省省长等职。

系由男挪借而来，非男实有此款，个人苦衷亦须鉴察焉。

敬请福安。不一。

男智舆叩

十四日

下星期移寓大雅宝胡同[1]四十四号。此后信寄北京东城大雅宝胡同四十四号可也。

1. 大雅宝胡同，位于北京东城区东南部。东起建国门北大街，西至春松胡同。

188

1925-7-19

父亲大人膝下：

谨禀者。接读五月廿三日手谕，祇悉种切。福体患疮瘰，男意外用药涂，内宜用清凉之剂，以消其余毒，内外兼施，愈当较速。敬祈加意调摄是幸。

此次沪上事变[1]，固由强国欺凌所酿成，但内幕情形异常复杂，以是迁延月余，迄无解决希望。至历年中外所订条约，外交部均印有专书。今年缔结之中德商约、中奥商约、中波商约等均早经宣布。前清所有丧地辱国之约章，及民国初元政府与各国所订各种借款合同，在当时均严守秘密。但日下一般士人不乏熟知其详者，故此次因沪案发生，而有对各国修改不平等条约之主张。此种主张论理固甚正当，但实现则甚困难。况目前之外交总长系一善于做官、而无办事能力、又不肯负责任之人，前途之胜负可预计过半矣。

小禄曾在宗文肄业半载，如能继续最好，否则且待有机会再行设法。惟人生在世，欲稍有成就，不可太顾惜生命。昔之曹锟以一军中马弁起而为总统，今之山东督军张宗昌[2]亦一小兵出身，凡事均须吃苦冒险，倘以谨慎保全生命为能事，不如在家之为愈。小禄能吃苦冒险，置生命于不顾，男可就军营方面访问设法，但将来倘遇有危险，勿谓男有意致之于危险之地。若欲求平安之事，只可俟日后稍得意时再说。现在外面谋事困难，小学毕业生充衙署听差者颇不乏。且我家

1. 沪上事变，指五卅惨案。
2. 张宗昌（1881—1932），字效坤，山东掖县（今莱州市）人，奉系军阀。

子弟性情多刚硬、粗率，欲其出外低首、小心事人甚难。如小禄者，吾知其纵有小事亦难久于其事也。此番承烋肇祸，幸叨祖宗灵佑，安然渡过风波，否则一片焦土，家不成家矣。以后望家中大小均须小心，谨慎对于小孩，尤宜注意照料，不然恐将以小孩之无知而兆大祸也。

承垂询对任父之信，如何置复一节，任父前曾问过我，并曾直告娶过。男对外人从不谈及家事，即与男极熟之友朋亦莫有知余家情形者，故啸风未到京读书以前，即同乡中亦无有知男之已娶过者。自啸风来京以后尽将余家情形告人，且处心阴险，数年前并有破坏我名誉之处，实属可恶之至。现任父函询及男之婚事，大人可只答以娶过，已于五六年前病故［或答以现尚未定，亦未娶（此种语法稍圆滑）］，不必提及其他。静远、承烋，俟春妹出阁后，拟请二嫂照管，一切所需费用，嘱二哥写信告我可也。

专此敬陈。祗请福安。不一。

男舆叩

七月十九日

四五日内即行移寓。来函寄北京东城大雅宝胡同四十四号。

婚事男拟定林女，任父处可随意敷衍可也。

189

1925-8-9

父亲大人膝下：

谨禀者。前寄一书，谅早送达。嗣奉六月初四日来示，敬悉种切。

男进行之事，大致已定。当初本意欲往驻美使馆，藉便读书，惟该馆现无出缺，部中不欲无端更动。目下驻古巴使馆有缺出，前日次长问及驻古巴使馆三等参赞兼副领事一缺，愿就与否。如愿就，即可发表云云。男已表示可以暂承其乏，将来美国方面如有机会，仍请调往美国。倘该缺发表后，男拟先回里一行，再来京预备行装直接出国。

至婚事一层，如有满意女子，拟结婚后，挈眷以行，否则只可俟将来再说。

专此。祇请福安。不一。

男智舆叩

九日

附上一函乞转交。去年所请匾额尚未批出。旧业山积，已一年以上尚未办过褒奖案。

緣彼皎月

第九章

缘彼皎月　连理筑室

連理築室

孙问西在 1924 年东渡回国后，重回外交部条约司任职。在婚姻方面，自从第一位夫人去世后，他的朋友便纷纷为他做媒，希望能为他找到一位合适的伴侣。然而，孙问西对于婚姻的选择非常谨慎，坚持要找到真正合适的人。

事实上，作为交通总长兼内务总长张远伯先生眼中的“浙中世家子弟”及“当今留学界不可多得之才”，孙问西的婚姻问题自然备受瞩目。众多名门望族都抛出橄榄枝，其中不乏林步随（林则徐曾孙）的侄女这样的名门闺秀。最终孙问西选择了原内务次长、国务秘书长、总统府秘书长恽宝惠的独女恽蔼。

父亲大人膝下：

谨禀者。日前寄上一函，并附一函，谅可收到。函内所述外放之事，望勿随意告人为要。

至婚事一节，现又有二人由友人向男说媒，一为前清两江总督张人骏[1]之侄孙女（直隶人），一为前内务次长国务院秘书长恽宝惠[2]之小姐[3]（江苏常州人）。男拟向余说媒之女子一一见面接谈后再行决定。惟选择配偶不难，结婚之费实不易筹。即令外放，可领取若干川装费，但亦不能任意使用。倘将川装费用去，则不能赴任，奈何！

专此。祇请福安。不一。

男智舆叩

八月十二日

此次国民代表会议，选举老山坞汪绍功兄欲为本县代表。选举时，龙门选民可关说者为之关说。是幸。

1. 张人骏（1846—1927），字千里，号安圃，直隶丰润人。曾任清漕运总督、广东巡抚、两广总督、两江总督等。

2. 恽宝惠（1885—1978），常州人，孙问西岳父。曾任清政府陆军部主事、北洋政府国务院秘书长。解放后，曾任全国政协文史专员。

3. 指恽蔼（1902—1929），恽宝惠长女。

191

1925-8-19

父亲大人膝下：

谨禀者。前连奉两函，谅已早承垂览。

古巴事，现已发生变动，为他人夺去，惟总次仍允即行，另外设法派往外国，想不久或可有相当结果。至婚事一层，男已决意聘定恽家小姐，照片已送来多日，面貌美而福泽，较去年上海张女相貌实胜多多矣（恽家对男照片，亦甚表赞同满意）。惟女家恐将即来催定，乞速与树穀叔公商量五六百元之款，能多借更善，并请告渠将来俟男稍得意，定当从厚酬报。

恽宝惠曾任内务次长，国务秘书长，总统府秘书长，在京甚有势力，且仅有一小姐，将来结婚后必能帮男设法发展。此时务请与树穀叔公熟商，请其在经济上竭力帮忙为幸，并嘱其勿将家中情形随意为外人道。至此婚事请大人勿即泄漏，免致为他人暗中破坏，是为至要。与树穀叔公商妥后，希即将款寄来为幸。

专此。祇请福安。不一。

男智舆叩

八月十九日

192

1925-8-24

父亲大人膝下：

谨禀者。本月十九日之函，计已承览，所陈之事恳即从速与树穀叔公商量。如渠七月半不回龙门，祈大人亲往黄泥山接洽。倘渠不肯自借，托转向马家商量亦可。总之，此次务请伊竭力帮忙，将来男稍得意时，决不忘其对男相助之厚意，必当从交谊上尽力酬谢。至借到之款，亦当于一、二年内设法筹还不误。恽家小姐约于日内相见，见后恐即将催定。其照片容日再寄阅。

专此。敬请福安。不一。

男智舆叩

八月二十四日

193

1925-8-28

父亲大人膝下：

谨禀者。本月十九日及二十三日两函，想均已先后承览。

恽小姐业由其祖母陪至介绍人潘君家与男相见，相貌身材均佳，天生大家小姐风度，颇足令人可爱，世家小姐兼具此美貌者实在难得。兹将其短装及着旗袍之照片各一张，寄呈一览，阅毕，祈即寄回是幸。去年上海之张女虽貌亦尚佳，但恽女较相差远甚。当时婚事不成，大人以为甚觉可惜，然孰知塞翁失马安知非福。张女备嫁固丰，但恽家小姐只此一人。据友人云，前曾有备嫁十万之风说（父母甚宠爱），此虽未必可靠，但将来备嫁之不薄，亦可逆睹矣。且以门第论，张女更不及恽家远甚。恽系阳湖派文宗恽之居[1]之后，文学世家也。恽小姐之父及祖父（名毓鼎[2]）均系前清翰林出身，且皆显达一时。其母为苏州曹抚台之女。现既承女家属意于男，急欲成此一段姻缘，男意亦已决定。

惟林老师方面，近日连招男往续谈前议，且颇有强男即行承认之势，苦劝力言，毕尽其辞。林（林老师系林文忠公[3]之孙）恽皆系著名世家，真令男左右为难，无以对付。惟以两家小姐相貌论，男知林决不及恽。林老师常称其侄女之笔墨学问，而一言不及其相貌。据探听得林小姐貌仅中人，是其貌可以不必见其照片知之矣。且女人贵有风度，然必女人稍高长，而后有风度。古之美人多瘦长者，以此。男见林老师甚矮小，其侄女当亦可见一般矣。两家门第相当，以两边小姐之学问论，宜取林女，但男甚不重视女子学问之深浅也。据闻恽家子弟诸多明于文字外，尚有具别种艺术者。恽小姐闻亦甚聪明，男见面时亦觉其灵秀非凡。友人告男，渠于笔墨方面颇足应用，于笔墨外并

1. 疑“子居”误写。
2. 恽毓鼎（1863—1918），字薇孙，一字澄斋，江苏常州人，恽宝惠之父，进士，晚清史官。
3. 林文忠公，即林则徐。

善丝竹管弦之乐云云。现其父恽宝惠在哈尔滨，下月可回京。据介绍人云，其父回京后当即催定。

至款项一节，请从速与树穀叔公商量，最好能借千元以上，一、二年内男当竭力设法筹还，可先告请其放心可也。渠与树穀叔公商量时，勿宜言明有何用途。若言明，似与面子上不雅，但须告其有特别用途。男现在时运不佳，故经济方面常觉困难。若时运一到，莫说一、二千元，即一、二万元亦致之易如耳。自度将来非无希望之人，徒以目前运气不佳，故少有成就，故只可耐心待之。

至外放一层，男仍积极谋之。前日曾面谒屈省长[1]，请其向沈总长[2]及曾次长竭力关说，渠已一、二承诺，稍待当有善果也。上次古巴使馆三等秘书兼副领事缺，次长极主张派男继署并商得总长同意，事已定，部中人均已知之。孰知隔了星期一天功夫，总长方面即发生变动，次长对男因极言抱歉之至，即当另行设法云云。盖次长曾问男愿就与否，男答愿就。今忽由总长方面变动改派他人，故次长对男表示极形抱歉之状云。据闻沈总长乃甚贪货财者，此次夺男之缺者，系广东廖风书[3]之子。廖风书有财有势，平日常送沈总长贵重礼物，此番又送沈总长数千元之贵重礼物，故将已成之局推翻云云。但一半亦当怨自己运气不佳，若男向次长催促数次，早发表一、二日，当即无变动。往事不必再谈，但当努力于新机会耳。

专此。祇请福安。并请阖家均安。

男智舆叩

八月廿八日

款项一节，务请从速商量为要。

1. 屈省长，即屈映光。
2. 沈总长，即沈瑞麟（1874—1945），字砚裔，浙江吴兴人。恽家与沈家有姻亲关系。
3. 廖风书，即廖恩焘（1874—1954），广东归善县（今惠阳市）人。廖仲恺胞兄。

194

1925-8-30

父亲大人膝下：

谨禀者。昨寄奉长信一封，内附恽小姐照片两张，想不久当可送达（双挂号寄去）。

又：本月十九日、二十三日连寄两函，谅早已收到。何至今几十日，尚无片纸只字之回音。男平日小事糊涂，每逢要事无不提起精神，专心对付。从前为祠事与庚三涉讼时，大人有信到，无不立刻即复，盖以凡属事之重要者，不可耽误片刻，时机稍纵即逝，不可复追。故凡人之性情因循者，往往难成大事。

男所请从速商量款项一事，甚为紧要。一则恐女宅催定婚时，预备尚未周全，于面子上不雅；二则恐迁延时日，容或有他变动。凡事豫则立，不先事筹备，必至误事。祈此函到后，即速以男名义筹措五六百元，由中国银行汇来为要。去年为大人所请褒扬事业已发表，段执政题褒"急公好义"四字匾额亦由内务部缮就，并有银质褒章一方，执照一张。今日亲往内部领出，不便邮寄，拟俟下月啸风回里时托伊带去。再与树榖叔公徐徐商量千元。以上之借款，男曾向他处商筹款项。一俟得到，须急还者可先清偿。请竭力设法凑集，从速寄汇，以免错过机缘，至此间一切进行详情，均缕述昨日函中。林家方面，拟即以大人名义却之。

专此。祇请福安。不一。

男智舆叩

八月三十日

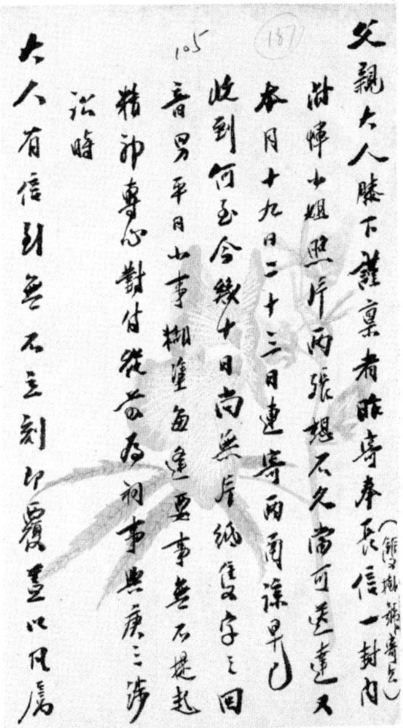
父親大人膝下謹稟者昨寄奉長信一封內（附樹藩寄信）
附憚小姐照片兩張想不久當可送達又
本月十九日二十三日連寄兩函諒早已
收到何至今幾十日尚無片紙隻字之回
音男平日以事棚達每遇要事無不提起
精神專心對付從前為祠事與庚三涉
訟時
大人有信到無不立刻即覆並以凡屬

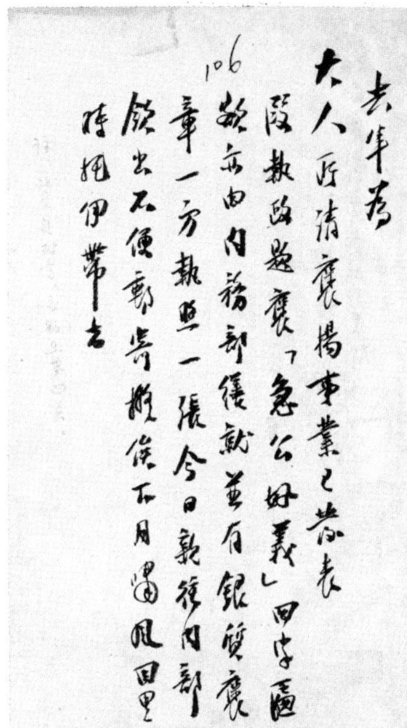
去年為
大人所請褒揚事業已發表
頒給題匾褒「急公好義」四字匾
額並由內務部傳諭並有銀質褒
章一方執照一張今日親往內部
領出不便郵寄擬俟下月帶回里
待機伊帶去

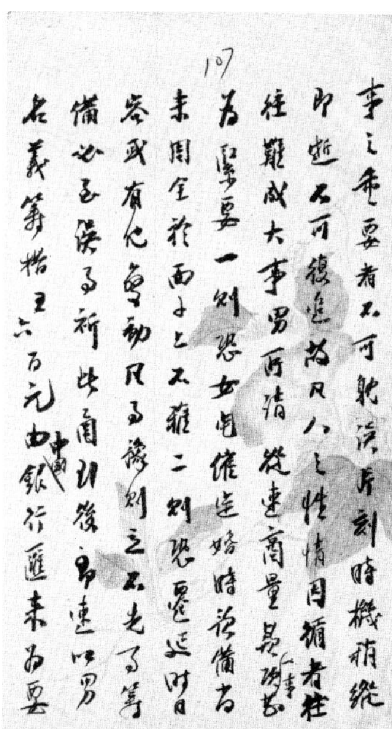
事之重要者不可輕演片刻時機稍縱
即逝不可復追故凡人之性情因循者往
往難成大事男所請從速商量最（一事）
為緊要一則恐女兒催逼婚時預備為
未周全於面子上不雅二則恐遷延時日
容或有他意動凡事論則之不先事籌
備必至誤事祈於閱後即速以男
名義籌措五六百元由（中國）銀行匯來為要

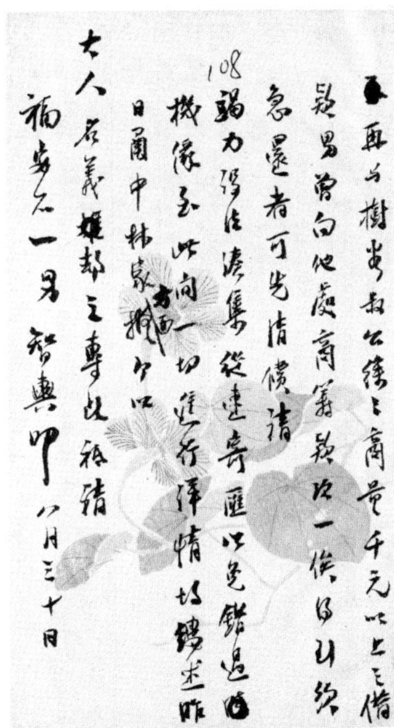
再前樹勳叔公練之商量千元以上之借
款男曾向他處商籌款項一俟得到後
急還者可先清償請
竭力設法湊集從速寄匯以免錯過此
機緣至此間一切進行詳情均續述昨
日函中林家（方面）[illegible]以
大人名義娛郡之事故稍請
福安不一　男　智輿叩　八月三十日

信稿书影

195

1925-9-2

父亲大人膝下：

谨禀者。连奉数函，谅均承垂览。

现恽家方面对于所议婚事，颇望从速进行。恽宝惠特为此事由哈尔滨驰归，约男明日相见，见后必催速定。恽、林两家均有亲友在外交部。日前林家似知男进行恽家婚事，林老师连招男往催决婚事。恽家亦知男与林家有婚姻之议，故恽宝惠将自哈尔滨赶回，藉便决定此事，催男速行定娶，免为林家方面所先定夺。男现颇属意于恽家小姐，见其父后即拟先定，俟筹得巨款再行迎娶。目下请从速竭力设法凑集五六百元之数寄来应用，如能多凑二三百元之款更好（对外希勿声张为要）。男意结婚后，将来不患无还款能力。

专此。祇请福安。不一。

男舆叩

九月二日

所请之事务，希四五日内办妥为要。

196

1925-9-2

二三哥惠鉴：

久未晤面，时深驰企。维起居佳胜是颂。上月十九日、二十三日、三十日、三十一日连寄数函。父亲一无复书，不知何故？弟现拟请二位老哥转托。

官升叔、潜德哥筹借洋五六百元，并请其竭力帮忙，从速打算。再好能于五六日内筹备完全，即行由银行汇来为盼，还期定一年以内。倘弟能从他处筹得款项，或可先期拨还。如彼二人肯竭力帮我，将来彼等有事时弟亦当竭力帮助之。但二位老哥与彼二人商量借款时，切勿言明用途说出之，恐于面子上不好听。并须请渠等稍守秘密为要，故二位老哥当告彼等言。

弟有四五千元之将别用途，现尚缺少千元之数，务请渠二人代为设法半数以上之款，归还以一年为期，或不到一年即可筹还，亦未可知。利息得减少最好，否则当照付云云可也。此事紧要，希收阅此函后，即刻分头接洽是盼。

专此。顺请大安。不一。

弟舆顿首

九月二日

立候回示。

弟去年在欧游历及归来川费，到京后一切用途，随意耗去二三千元之款，迄今思之，实甚可惜。

197

1925-9-8

父亲大人膝下：

谨禀者。叠寄数函，谅承垂察。

婚事一节，男决意聘定恽家小姐，其人及其父母均曾见过两次。现女宅方面介绍人催问何时聘娶，并劝从速举行定婚礼，已口头允之。男拟于下月中秋前后举行此礼，请查阅《万年历》择定吉日，以便先期通知女宅为要。至男目前在京所举行之定婚礼，及聘定何家女子，何时迎娶等等，在本地不可声张，或随意告人。在京拟邀请同乡参与，此次定婚礼式以相处近，未便不通知也。现林家小姐照片亦已送到，面貌亦清秀可观，身材似不十分发达，改日拟一信稿寄去，请大人大名书写，以便转示林家却之。

专此。祇颂福祉。不一。

男智舆叩

九月八日

198

1925-9-10

父亲大人膝下：

谨禀者。顷奉七月二十日手谕，备悉种切。此函仅三日即送到，何男由京寄去之函，须十日以上始克递达也？凡家人父子之间通信，随意书写即可，不必经心刻意，费许多时间。男平日所作家书多则一点余钟，少则不过十数分钟。又：前函所谓无片纸只字之回音者，非谓所请筹备之事，须立刻达到目的，如愿以偿，但盼收阅男之函件后即行通知进行情形及有无希望之可能，俾得稍稍安心而已。如无希望之可能，则当另行设法。倘待至一二月以后，始通知所事不成，岂非坐误时间？凡事有轻重缓急之分，轻其所急，重其所缓，均非相宜。重而急者，非特加注意、从速举办不可；轻而缓者，即稍蹉跎时日无伤。

男从前在学校时及现在公事中，凡要紧关头未有轻易放过、贻误兴嗟者。至寻常事，自可优游为之，无需急急也。上月来谕，命托任父写屏一堂，宣纸早已购买，亲自送去。元朝耶律楚材所著《挨星秘诀》地理书一本，亦已面托，请其嘱人抄录，由男报酬缮写费若干。至图书馆历年男女八字书一部，男曾见过，但见书内所批恭维之辞居多，切实之语甚少，似未可深信也。筹款一节，承大人与树榖叔公竭力商量，深为感戴。

至命男与郁、洪二君筹商款项，窃以为大人太不知彼二人之性质与局量矣。洪赋林兄与男关系稍深，因前有县校同学之谊，但察其局量不大，一二百元或可商量，多则必难应允。以一二百元之款，令其做一大情面似亦不值得。至曼杜为人与赋林更异，其在弟兄间尚且难于通融毫末，何况他人。彼虽重视男，充其局量亦不过百元左右之相助，雅不愿向之开口。男以为与人商量款项，似宜先察其人之性情局量及与其人之交谊关系，性情吝啬、局量狭小而又无特别交谊或关系者，不可开口，纵开口徒自讨没趣耳。若大人令三哥向蓉芳借款，结果非特款不得，徒伤颜面耳。陈云孙处，男去函商量，或有几分把握，拟俟树穀叔公回信到再说。璞如处，男本可向渠通融数百元款项，但以啸风者，昔年在背后常常说坏话，并有串通青竞破坏我名誉之处，故不屑向其父开口，以金钱关系而低声忍气也。

日昨接锺挹香来函，云已禀告其父（锺静山）筹备五百元左右，不日即可汇奉等语，未知究竟如何？须俟寄到方可定夺。倘树穀叔公再能代筹若干，即足暂时敷用，至结婚费用拟稍待，再行徐徐设法。男目前正在进行别种事务，如能成功，当有美满之利益。但此尚在希望中，成不成殊未可未也。林家方面，男拟遵大人之意请出八字，即假以八字不好配却之。

专此。祇请福安。并颂秋祇。不一。

男輿叩

九月十日（七月二十三日）

目前与恽公孚（名宝惠）见面时谈及彼知曾祖[1]，名秉元，字芋香，

1. 曾祖，指孙问西曾祖父，即孙秉元（1813—1862），字性甫，号芋香、雨香，别号白父山人，浙江富阳人。

助包立身[1]平匪而殉难包村。盖彼记性甚佳，几能过目不忘。彼之能知曾祖之名号者，以昔年曾在某种书志见过也。

同治元年（1862）孙问西曾祖父孙继善（秉元）和祖父孙寿彭在诸暨包村同太平军激战时一同阵亡，清政府以四品官以下阵亡例议，给予云骑尉世袭，钦旌“忠义”两字

1. 包立身（1838—1862），又作包立生，浙江诸暨人。1861 年太平军攻入浙江，包立身组织“东安义军”对抗太平军，在突围中身亡。

199

1925

父亲大人膝下：

谨禀者。本月十日奉复一书，谅已送达。

恽家介绍人昨日又问及何时举行定婚礼，希望早日举行。盖以恽公孚为中东铁路鲍督办[1]之亲信人物，渠现在奉天兼任鲍督办处之秘书长。今兹为其女婚事来京，不久拟将返奉，故深盼将定婚礼从速举行后，即可回奉云云。男只能以大人复示未到，吉日未择定对答之。锺挹香复函虽已到五六日之久，但款项尚未来。树穀叔公处接洽到何等地步？如有好音，希即行示为盼。

目下时局又趋严重，河南、山西恐将发生变故，或牵一发而全身动，亦未可知。但现政府亦许，尚能维持不倒。盖以段执政对于东北、西北，西方均公平敷衍，表示不偏不倚之精神也。

专此谨禀。祇请福安。不一。

男智舆叩

1. 鲍督办，即鲍贵卿（1867—1934），字廷九（霆九），辽宁海城人。

父亲大人膝下：

谨禀者。顷奉读七月廿七日手谕，敬悉种种，垂爱盛意，欣感无任。

树穀叔公既不肯于男急用时解囊相助，自亦不能勉强逆料。其所有家财未必能为其无出息之子所保持永久也。大姊家近亦不如从前之宽裕，兹概借此数自系笃重姊弟情谊之证。前男在北大读书时，大姊曾送赠数十元补助，故今春紫琴外甥女出嫁时，男寄赠二十元作嫁礼，亦未敢忘其相待之厚谊也。人友于余家向少往来关系，居然慷慷帮助，诚属可感之至。潜德虽帮忙，据来谕所言恐难多筹，但集少成多，亦不无少补。

此次定婚礼节，男已与潘太太谈过，倘能商得女家同意从简最好。以男一人在此，无他人可代为预备一切。据复恽公孚曾言，此种礼节上问题，均随男家定夺。潘太太提议开一茶会，男女两家会齐一处，彼此交换戒指作为定婚仪式，恽家亦表赞同。男初拟买一约值三四百元用白金镶的钻石戒指一个，嗣友人力言恽系有名世家，且富于家产，若赠送仅值三四百元之钻石戒指，必为女家所看不起，至少亦须买一值价七八百元或千元之戒指。男意筹款艰难，只可购一值价六百元左右之钻石戒指而已。钻石戒指价甚昂贵，镶钻石之白金至多不过值价百元左右，而钻石之价无底。世界最大最好之钻石（约豆粒大小），为英国女王所得，值价二十四万元云。衣服首饰一概不备，以此种物品均须赶时，非内行女人不能办。至其他酒席及一切杂用，或约需一二百元上下。龙凤帖一节，潘太太亦曾谈及。此时送去，或将来迎娶时补送，均拟再与商酌后定夺。如此时送，须将寄来之龙凤帖格式与鹤庄商改一二，以男并未备聘金（现在定婚均不通行）及衣服首饰也。倘将来补送，则仍可请大人拟就寄来备用。日期择定二十一日恐太近，款尚未到，届时不能应付各种用途，未免成一笑话。

锺挹香前曾复函云，已禀商其父筹备，但迄今尚未寄款，实难可靠。若家中能寄六七百元，或七八百元之数，定婚时当可敷用，将来迎娶再徐徐另行设法。此次婚事纯系男个人机运而成，恽系世代富贵之家，若男托人去说必难成功，且亦不知其家有此一美貌小姐。今由女家方面征询及余，可谓奇幸之事。恽公孚有七子，只有一女，女居长，父母甚宠爱之，为择婿四五年，未有能中意者。当初女家送到照片，介绍人潘君备庵[1]即嘱交换一张，男见女之相貌甚佳，且有福泽，照例亦送去一张。恽太太见男照片后甚表赞同，即托潘君到外交部典职科查男履历，知新自欧洲归来，通谙英、法、意、德四国外国文，且又系文官高等考试正途出身，即快函请恽公孚回京，俾便定夺，故此事只二星期功夫即行定妥。目下只待款项从速寄来，举行定婚礼耳。

专此谨禀。祇请福安。余维垂照。不一。

男智舆叩

九月十八日夜十二时

恽公孚择婿，闻完全取人材主义，否则男决不能希望及此。以恽家与吾家门第相差甚远，家产又远不如也。

1. 潘君备庵，即潘志俊（1882—1942），字尔绥，号备庵，牛津大学毕业，部试赏给商科举人，后任马尼拉萨摩岛领事，葬萨摩岛。

父亲大人膝下：

谨禀者。昨上一函，催促款事，以定婚日期太近，恐致临时张皇也。现东梓方面汇款已到，足能应付裕如。至将来结婚费用，当徐徐另行设法。或有别种机缘遇到，亦未可知。昨日寄去之函，语近急促，敬盼鉴原男所处之地位与情形为幸。

此次定婚，拟假欧美同学会为举行定婚式场所。以该会房宇华洁，规模宏大，且男亦为该会会员也。俟礼式举行后，当奉陈详情，报告一切，以慰垂注。

目下秋收已毕，中秋将届，天气想已凉爽宜人。尚冀大人屏除诸事，善自休养为要。

专此。祗请福安。不一。

男智舆谨叩

九月二十四日

北京欧美同学会事务所正门（民国时期）

父亲大人膝下：

谨禀者。叠寄函件，谅均收到。今已初七尚未见款之寄到。若照旧式定婚法，如何豫备得及。幸此次与女宅商妥完全采用新法，预备物件不多，稍迟尚赶得及。前谕示两吉日，男知大人生性迟滞缓慢，故以廿一之日期通知女宅，但为期已甚近。请收阅此函后，即时嘱二哥将筹得之款往杭州中国银行加速电汇，则一日内即可汇到。若由银行函汇，至少又须四五日，恐将误事。又：在村中集款不易，可向县中钱庄托人先行调汇，再徐徐设法归还可也。此层男前寄函中均未告知，故延至今日，而款事仍尚杳杳无消息也。所请之事，务祈从速从速为要。

专此。敬请福安。不一。

男舆叩

阴历八月初七日

父亲大人膝下：

谨禀。日前接读八月初三日手谕，祇悉一一。连日事繁，未及裁答。顷又得初九日来示，欣悉种切，并稔福履康胜，至以为慰。

男前谈钟静山之款，迄今月余尚未见寄到，恐已决无希望。此时定婚费用，既有东梓汇款，当尚有余裕。将来结婚时须另行补筹若干，方可足用。家中已筹得之款请留存，勿作他用为要。树穀叔公与潜德不肯于男急用时设法相助，日后渠等无论大小事有求于我时，当以同一态度报之。莱第七月初离京时，曾托我代为另谋一事，男本拟为谋一教员位置，今其父对我如是，男亦可省心多多矣。璞如处男曾告大人勿庸向渠开口，何竟空留痕迹？想亦大人热心为男筹款，急不暇择之故也。

至结婚何时，男拟稍待再说。女八字须俟定婚时交换龙凤帖方知其详，斯时亦不必急于探听，因未奉告。初三日函中，大人谓恽公孚之所以知先曾祖者，因道听门第于男之师友而得此，似未免近于武断之谈。北京之大，非若富阳一邑，人皆知男之师友与所交往者。何为男之师？何为男之友？恽公孚何从而知之。且此次恽家并不向人探询男之门第，仅向外交部调查男之履历。恽公孚回京后取阅男之履历，见曾祖、祖之名下均注“殉难”二字。男与会见时问，“是否殉难包村？”男答以“是”。因谓：“昨日忽然想起曾在某书志中见过你们曾祖拔贡出身，号芋香”云云。恽公孚系一政客，文字亦颇佳，其聪明才力自逾寻常之人。至此事之是否由记性而得，固无庸深辨曲究耳。

江浙战谣，八月初一、二间，此地传之甚盛。彼时家中汇款未到，男非常着急。初五、六间谣又停止，不料谣言成为事实，南中竟风声鹤唳矣。东梓方面汇款之巨且速，深感二哥奔走之劳、函催之功也。至大人之责，男浪用阔绰，自乡人目光观之，诚属恰当。要知北京乃为势利场所，满面乡人气，如一峰动露寒酸态，如啸风人皆弃而蔑视之。啸风之同学背后常对余言，渠毫无活动能力，将来恐无希望，用钱斤斤较量，尤为朋侪所鄙。至男用钱虽较彼二人为多，但同乡朋友中对男前途无不抱有莫大希望，所至又无不加以优礼。盖男处处要面子，决不肯甘以庸俗自居也。倘男为人无大家气派，平日吝钱如命，对有关系之人不豪爽应酬，做官必难得进步。即以最近之事言之，若此番之婚姻亦未必能梦想得到，前人言"姻缘"二字，男至今深信之。此次姻事原因甚奇，容后面告。

定婚吉日既定二十一日，是日男女两家会齐。男家送一聘启（就大人寄来式样略加增改）。男女双方交换定婚戒指，并交换龙凤帖毕，即请来宾茶点，并请酒宴。定婚戒指今日买就，稍贵者需八九百元，贱者二三百，男买一定价五百元左右之钻石。白金戒指此物仅得之于外国洋行，能直接与外人谈话，便宜不少。男所买之戒指定价四百八十五元，男与该洋行经理磋商许久，减去四十五元，合四百四十元，与大人来函所示之价相若也。晚间友人来告，关税会议处已决定派男为该处处员，明日可发表云。知注附闻。

专此。祇请福安。不一。

男智舆谨叩

九月三十日夜十一句钟

关税会议处职员由外交部人员兼者，均无薪水，将来或可酌给一种津贴。

父亲大人膝下：

谨禀者。前寄各函，谅均承察览。

昨日阴历八月二十一日下午四时，男假欧美同学会大厅为礼堂，举行定婚仪式，女家媒人为原介绍潘承福，男家媒人由男请内务部司长吴老师（即贯因[1]）当之。文定礼毕，上茶点，来宾到者约七八十人，男女约各半数，惟女宾大抵均系女家方面人，男家方面之女宾极少。

现在聘定一层，总算业已完满办过。闻潘太太口气，女家方面希望早日迎娶，而潘太太亦竭力催我从速迎娶。男以一切均未筹备妥当，未便随便答应。预先向人道听，迎娶之费用得计若干，必一切预备妥当后，方可定期迎娶，免至临渴掘井，迫不及待也。家中能为我筹备几百元，请约略示知。至此项银款现难由家中筹备，将来仍由男负责归还可也。此次订婚费用，用去六百余元，尚存三四百元，迎娶费用恐将在千元以上。俟数日后探听明白，再行奉告。家中可为我筹备之处，请徐徐筹备是幸。

专此。祇请福安。并颂兴居百益。

男智舆叩

十月十日

1. 吴贯因（1879—1936），清举人，原名吴冠英，澄海县南洋人，著名史学家和语言学家。

205

1925-10-20

父亲大人膝下：

谨禀者。接读八月廿二日手谕，备悉种切。

定婚地点假欧美同学会为礼堂，规模宏丽，足壮观瞻。当时男女会齐，宾客甚众，女宾以女家方面人居多。郁、洪二夫人男均请其到场。洪夫人以向不到大场面，不惯应酬辞。郁夫人以误听鹤庄之言，致亦未到。故富阳同乡方面只到曼杜、赋林二男宾。浙江同乡有王幼山（即家襄[1]）、沈衡山（即钧儒[2]）诸人，及同衙门同事数人（同事中亦有别省人）。

男于定婚时送聘启、拜帖各一份，并交换龙凤帖、戒指等聘启。就寄来之稿，请鹤庄略加酌改，照样缮写。兹将原稿寄奉赐阅。定婚日之前夕，请男女二家媒人。媒人当然居首座，男女两方媒人各居一席之首座。女家媒人男同衙门同事，故请衙门中熟同事作陪。男家媒人为吴师贯因，彼为内务部司长，故请一二参事司长及同乡作陪。女家女媒人（即潘太太）另请之。此时非结婚无新亲，女家方面人照例不请。男近与恽公孚及其太太、小姐等曾同游玩数次，恽家并曾在其家请我数次。男察观彼等之态度对男甚满意。潘太太亦曾谓男，恽家择婿数年，今看对人，始将其女许配云云。恽公孚曾当面问男，今年究竟结婚与否？如年内举办，须及早通知，俾便预备一切。男以经济方面未曾筹划妥当，不敢作确实之答覆（并言吉日一层，亦不必大拘，但期无甚妨碍者即可），只言须函商家严再定。潘太太催男从速结婚，不下十余次。且谓结婚后对于做事方面，恽公孚必可竭力帮忙说话云云。男意亦以结婚后当可得多少之帮助，若男境地不佳，恽公孚应无坐视不顾之理。惟结婚费用实不易筹，潘太太并屡问结婚时送何等衣

1. 王家襄（1872—1928），字幼山，浙江绍兴人。
2. 沈钧儒（1875—1963），字秉甫，号衡山，浙江嘉兴人。中国民主同盟创始人之一。

服、首饰，或值价几许之衣服首饰。男以当时曾声明结婚时不送衣服首饰故，但笑而不答。惟女媒既开口谈及此层，并京中乡风无不于结婚时送衣服首饰者，自亦不能毫无点缀，致逊男女两家之面子，故约计结婚费用至少当以千元计。

男所谋使馆之事虽竭力间接或直接托要人权贵关说，尚无确实之消息，故费亦无所自出。在京友人均无能为助。即有能帮我忙者，但男系一颇顾体面之人，人知我为此事而筹款，雅不愿以此事向人开口，故就地计划，实无如此多财而莫逆之人可商。男非乏莫逆之友，均以要面子而不宜轻于开口也。不若本乡离京较远，不知男为此事筹款之为愈。前大人谕中曾言向人友商借五百元之款，请速邀其来家商恳筹措，并祈声言男非冠臣、青臣，借钱而不还。如承盛意帮忙，男将来非特还款，倘渠家及其子孙有紧要事，男并当竭力照顾一切。此外凡有可以进商之处，均请速行转商为要。总须徐徐设法，筹得千元之数方可举办。攀高亲于面子上固甚光荣，经济上实觉难以应付。现既已定妥，只得竭力设法，定成此事耳。区区一二千元之数，在有钱者举之甚易，其如我家之清贫乃尔。男虽负债千数百元，但将来若有美满之机会，遇到不难，一时致之耳。

中秋节前为财政部经手借款，以外国银行对于财政部之担保品不确实，不肯答应，致功败垂成，甚为可惜。若该项借款成功，男取百分之一之回扣亦可小发财矣。其如无财运乎？或财运之尚未到乎？男此时只可静候时机，机会一到，官既可升，财亦可得，此系命数，固不能急也。至所恳筹款一节，务请竭力设法为要。将来待男经手借款之事能有一次成功，大人欲建屋置产均不难矣。

专此。敬请福安。不一。

男智舆叩

阴历九月初三日

上次财部欲借款二百万元，百分之一之回扣，即可得二万元。百分之二之回扣，即可得四万元。

206

1925-10-29

父亲大人膝下：

谨禀者。阴历九月初四日，寄上挂号函一件，谅已可送达。近日以风云紧急，交通阻碍，恐邮件亦未必按时递到。

婚事一节，男拟从速筹备举行。恽家与沈总长系亲戚，沈之次子及侄子均娶恽家女。若男结婚后在外交方面进行职事当较便利，将来结婚时恽公孚曾言请沈总长为证婚人。惟目下中国政局变化莫测，沈如下台后，虽欲帮忙恐亦无能为力矣。故男意最好能于最短期间内将经济筹备充足，年内即举行婚事。

树榖叔公处男已去一函，请其帮忙设法千元之数。再加上家中前所已筹得者，想可敷用，请大人从速与树榖叔公一函为要。前渠既言倘由钱庄调款，虽一二万元亦不难，现只千元之数，当易设法。如渠果肯帮忙，男拟速则一年，迟则两年以内，竭力筹还。总之，凡肯帮我忙者，绝不忘其情义也。

外放事现亦有缺，男在进行，未知能成功否？

敬请福安。不一。

男智舆叩

十月二十九日

父亲大人膝下：

谨禀者。上月廿一、三十两日各寄上挂号信一封，谅已承垂察。兹接奉旧历九月初九日手示，敬悉种切。

恽家似急盼男从速决定迎娶，日期俾便预备。潘太太屡问大人已代择定日期、有信来通知否？男意日期亦不甚关重要，在京亦可请人选择，惟以经济方面尚待筹划，故只能以此推托。家中所存之洋，便时希即惠寄为感，其他有可设法之处，尚祈大人竭力商筹是幸。

树榖叔公处，男曾去一函，请其帮忙资助，未知能否答应？如渠回里，乞与当面一商，或请二哥再往黄泥山一行。男意取一适中之数，亦须预备一千五百元左右，方可定期迎娶，否则临时张皇，实与颜面有关。且所需费用亦不能呆板核计，意外之费亦必先行筹备若干方可。且所结之亲与平常人家不同，彼我两方均需稍顾体面。男虽经济困难，而以面子上关系不宜稍示吝啬与露寒士态耳。

至迎娶时，一切礼节自当遵从京师风气。结婚日大都由男家亲迎，各种礼帖届时再行探明采用。外交部同事熟谙此种礼节者不乏其人，且账房及帮忙须需熟手，否则茫无头绪，不知所措。部中庶务科中同事，结婚时可请其帮忙一二天。凡衙门中有事者，类皆请该科中人做账房及帮忙之人，故主人几可一事不问，全由彼等代办一切也。京中现下秩序照常，人心亦安宁，惟煤米等物增价耳。

专此。敬请福安。不一。

男智舆叩

十一月六日

父亲大人膝下：

谨禀者。承令二哥由杭州中国银行汇洋四百元，兹已如数收到。

此次男以姻事，屡劳大人设法筹济款项，心慊良深。男现已决意展缓结婚日期，拟于明年二三月间举行。如是，男尚得有从容筹备之期间。

肃此。敬请福安。不宣。

男舆谨叩

十一月卅日

父亲大人膝下：

谨禀者。接读两谕，均未及作复。而京津火车即因战事停驶矣。停驶十余日，现已照常开行。京中幸平安无事，

男之婚事，拟于明年二三月间举行，已由潘太太通知恽家上门成亲之说。曾向潘太太提过，据云恐难办到，不必去说。至聘定问题，男亦与潘太太谈过，将来或可改动。男意此次婚事纯采新式，一切旧礼均当革除也。迎娶日期仍请先行择定，并望年内即行寄来。前据术者言，结婚时间以明年三月、四月为最利，请择在三月初可也（或二月底亦可）。绍功开贺，男处无报单，亦无帖，自无从知之而送礼。

所言进行外放事尚未成功，男近二三年内运气甚坏。今年虽较佳，然所谋皆不成，奈何！据术者言非到三十五六岁不能稍稍得意。北京看八字最有名之王瞎子言，男三十六岁当可任简任官之职。旧今两年流年甚坏，明年当较佳。四十以后，尚为极有名之大事业家云云。

关税会议尚未了，何时结束亦未能定。庚三又来京，曾到男寓一次，但未过闻。渠与其他同乡皆不往来，但与男今年曾会见过四五次。

匆此谨禀。祗请福安。不一。

男智舆叩

十二月廿九日

附贺三哥生子之喜。

210

1926-1-10

父亲大人膝下：

谨禀者。旧十一月十三日手谕敬悉。

男婚事决在明年二三月间举行，请于二月底或三月初之期间择定一日期，年内即行示及。以恽家欲于年内知之也，问名、聘定，想无多大纠纷。男当照潘太太原议定，婚时送一贵重戒子，即作为聘定礼物也，且恽家回来龙凤帖签条上亦写文定厥祥。上次定婚礼之可兼作为聘定，尚无疑义。潘太太后此之要求，恐其为媒之多事也。恽公孚为人甚大方，且系诗礼旧家，又富于财，届时必不计较有无聘定之礼物也。

小六能投考军官入校，诚为进身之善法。目下情形，培植一子弟读书实不易易，将来即使读书读到大学毕业，倘无有势力者帮忙，简直是无事可做。北京各衙门除外交、交通两部，及税务处、盐务署两机关外，仰政府而食者，无不日坐愁城，叫苦连天。如何后之来者，尚可作做官思想耶？松祥尚系男在县校时之学生，照理亦应帮忙，惟今日之人情非五十年前之人可比也。

至大姊百元之款，男复大姊夫信中并未提及。一则大姊夫来函中无一言及之。二则大人从前谕中曾言二哥由东梓临行时大姊交出百元云云，男早已窥见其中之隐情也。兹大人虑男将来娶后，家书上措词诸多不便，此确系实情，男早有此意，拟告大人，尚未禀及。男意寻常普通之信可寄。男寓中凡谈及家中不体面之事，或有事未便为恽小姐所知者，应寄至外交部条约司。若所有家书一概寄在衙门，似亦无以解人，并祈大人切戒静远等勿寄信来。有事由二哥或大人寄谕时稍稍示意，男即当知之。从前男屡次托二哥转告，似二哥均忘却而未转告也。恽公孚翰林出身（其父恽毓鼎亦翰林出身），少年得意，现年不过四十七八，据闻家产在百万以上。日前其子来寓时，曾谈及前数年办新华银行及殖边银行，以副经理不得人，两行均倒闭，致损失甚巨。在常州之数千亩田地、十余所房产以所经管之人不妥当，亦无所收入云云。恽公孚家财虽厚，男观其居家情形尚不十分奢华，究系诗礼旧家也。惟恽小姐喜装饰穿着服色华贵，昨日渠曾告我其家人口众多，用途浩大，寻常家用每月总再千元以上云，足证其家尚殷实，非普通人家可比也。

潘菊潭[1]逝世，宇襄曾有信来告我，宇襄与男尚属知音之友，京中同乡续书者。回南时遇见宇襄，渠无不道及我。同乡中以为男与宇襄有特别交情，其实亦不过如此。

专此。敬请福安。不一。

男智舆叩

一月十日

恽小姐八字开列于左

甲辰　丙子　癸巳　乙卯

实年尚未足二十二岁以生日系甲辰年

十一月十九日卯时也

前数次来示，均云结婚日期须按八字选择。兹将寄阅，祈斟酌择定可也，

结婚日期须选择两个，两个日期相隔一月许之时间，俾彼方得自由酌定，以便预备。

1. 潘菊潭，即潘葆延，字菊潭，文中潘竟（宇襄）之父，浙江富阳人。善画梅花，亦能诗。

211

1926-2-22

父亲大人膝下：

谨禀者。客岁十二月初六日手谕，早经奉悉。所择三月初二日迎娶吉日，已于半月前通知恽家，彼方亦已同意，届时当筹备举办。垂问各节，本应实时答复，惟近来心烦意闷，懒于提笔，致搁置如是之久。

男去年一载，运气之坏，诚无以比似。古巴使馆三等秘书兼副领事之双料官职已到手，而为人所夺。颜惠庆[1]派任驻英大使，英馆有三等秘书缺，男托张耀曾[2]（前司法总长）函荐未成。复请梁任公间接关说，答应而变动，又请孙慕老推毂，仍无效。运会之未至，虽有人帮忙亦无功，可叹！可叹！三星期前，男闻坎拿大副领事归国，乃托王幼山（即王家襄）向王总长[3]（王正廷）推荐。渠曾为男当面向王总长关说，据云王已答应。男又请部中参事司长向总长催促，然至今尚未发表，诚气闷极矣。谋事如此不顺，奈何！奈何！

来示提及大姊所借之款，男复大姊夫函中并未提及，前曾禀报，想已蒙垂览矣。百朋之事，男曾两次寄函逵荪，托其设法。渠复函，谓曾加意注记，惟一时难得相当机会。男现已缮寄百朋两封介绍函，一致逵荪，一致法政学校。曾、王两教授（均同学）嘱百朋往杭先行谒见此三人再说。盖谋事固在人，机会之有无，及成功与否，实倚乎

1. 颜惠庆（1877—1950），上海人。中国近现代外交家。
2. 张耀曾（1885—1938），云南大理人。法学学者，曾任中华民国司法总长。
3. 王总长，即王正廷（1882—1961），字儒堂，号子白，浙江宁波奉化人，是中国近现代政治家、中国近代体育的早期领袖之一。

本人运气之好坏也。证之男本身之事，可以知矣。

至耶律楚材《挨星秘诀》一书，曾询之任父，据云图书馆内渠已查到耶律楚材讲星运之书，至勘舆之书尚待详查，俟查出后，再行通知云云。

目下京中谋事非常艰难，大事须有大势力，小事须有大面子，部署中之书记、雇员亦须有面子之人荐托方可。但有机会时，谋事之人倘有运气，则不烦一说即成，但须人在北京，始能得此种幸遇。

专此。祇请福安。并颂阖家新禧。

男智舆谨叩

旧正月初六日

212

1926-2-26

父亲大人膝下：

谨禀者。日前奉上一禀，谅可送达。

结婚日期大人择定三月初二，恽家拟采用三月初三日期，征男同意，男已表示无所不可。结婚礼堂男拟借用饭庄，恽家以饭庄不壮观瞻，已借定北京最著名之那桐花园[1]。那家花园平常借办喜事一天租费二百元，恽家与那家相识，不必出租费，只须对于那家佣人出一百元之赏钱即可。彩车、军乐队均已定妥，系警察厅所办。恽家拟借用执政府军乐队陪送。证婚人拟请孙慕韩[2]总理，以与男、女两家均熟。男以大人未便北来，拟请沈衡山，或王幼山两先生为男家家长代表。

结婚日男、女两家同在那家花园合办，一切费用不便划分。恽家昨来通知结婚日礼堂陈设布置及所有一切开销均由彼家办理，男可不必顾问云云。

至结婚日应摊费用若干，亦待事后再说，可毋虑及也。恽家知男一人在此，无亲信之人可帮忙招呼，故尔出此。男约计结婚日费用总需一千元左右，两家合办较省，但亦需在一千五百以上，现既均由恽家办理，临时可免张皇之状矣。惟男须搬移住宅、添置应用家具为费，亦颇不资。

至临时一切开销，更非目前所能计及。现结婚日一切事务，悉由恽家代为办理，男心不禁为之大安。惟目下进行之事尚无结果，难免

1. 那桐花园，即那家花园，是叶赫那拉·那桐府邸的花园，正式名称为“怡园”。
2. 孙慕韩，即孙宝琦。

戚戚不快耳！

专此。敬请福安。不一。

男智舆叩

二月二十六日

先曾祖两副对联，昔日印就者，尚有遗存否？如有，希寄下，以便分送扬名。

那桐花园“味兰斋”内景（民国时期）

213

1926-3-5

父亲大人膝下：

谨禀者。前奉上一函报告结婚事宜，及大人在前谕中垂问各节，谅可送达。

男所谋坎拿大副领事之缺，今晚已发表。一年来所用之心血，至今日方有此结果，官运可谓艰矣。此次帮忙者，首为参议院议长王幼山先生，次为大理院院长余戟门[1]先生。余戟门先生系前北京大学之受业师，王幼山先生系男前年回国后所交之尊友。在部中方面，帮忙者一为唐参事伯文[2]（系前驻义唐公使之介弟）。一为本司钱司长阶平[3]（系嘉兴已故钱能训[4]之侄）。得此四人帮忙，始能得此一缺，在京谋事之难可想而知，然亦可称幸矣。

客岁冬间，伦敦馆之秘书缺，费尽许多心力谋妥，孙慕老、梁任公、张镕西三人之保荐，而终于无成，时运之不佳，勿庸言矣。此次之事在权势门第之子弟得之不足为多，而在男得之，亦足视为家门之幸事。此后倘运命亨通三数年，即可谋升总领事。如际遇优美，得交结军阀，即谋公使之缺，亦不甚难，且看前途之运何如耳。

1. 余戟门，即余棨昌（1882—1949），字戟门，浙江绍兴人。民国成立后，曾任法制局参事、大理院少卿（院长）、北京大学法政科学长等职。
2. 唐参事，即唐在章（1884—？），字伯文，上海人。曾任民国北洋政府国务院参议、外交部参事、华工事务局总裁。
3. 钱司长，即钱泰（1886—1962），字阶平，浙江嘉善人。民国时期，曾任司法部秘书兼统计司司长、司法部参事、外交部条约司司长等职。
4. 钱能训（1870—1924），字干臣、干丞，浙江嘉善人。曾任北洋政府内务次长、总统府政事堂右丞、北洋政府内务总长、国务总理。

大人前次来谕，说王瞎子之言不足为凭，但王瞎子曾言去冬无发展机会，今年四月将远行。男约计时间，总须四月中方能起程赴任。坎拿大尚在美国之北，路途遥远，是四月远行之言验矣。

男本拟现下即回里一次，惟津浦、京汉二线均不通。近畿情形何如，此时不可逆睹，或者京津火车亦将发生问题，故不敢出京。恐出京后，届结婚时不易回来也。只可待将来出国时再行回里。至百朋之事，此时如不成，俟男回杭时见诸友，当面恳托较为可靠。总之，必为设法办成。

专此。

敬请福安。不一。

男智與谨叩

三月五日

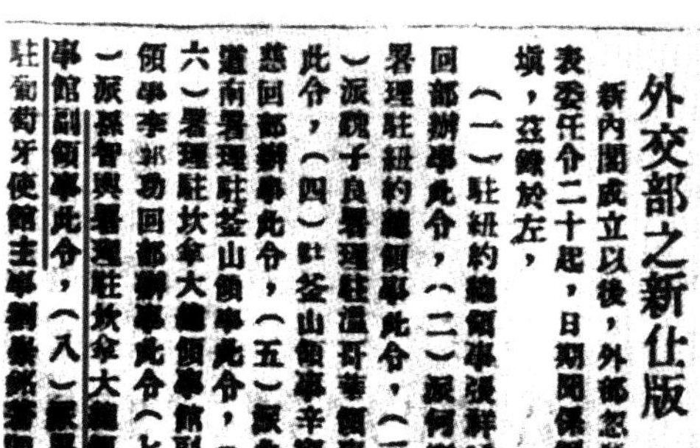
外交部之新仕版
新內閣成立以後，外部忽發表委任令二十起，日期闕係領填，茲錄於左，（一）駐紐約總領事張祥麟回部辦事此令，（二）派何[illegible]署理駐紐約總領事此令，（三）派魏子良署理駐溫哥華領事此令，（四）駐釜山領事辛寶慈回部辦事此令，（五）派[illegible]暹南署理駐釜山領事此令，（六）署理駐坎拿大總領事館副領事李[illegible]勁回部辦事此令（七）派孫智興署理駐坎拿大總領事館副領事此令，（八）派署駐葡萄牙使館主事[illegible]

《京报》（1926年3月9日）刊登“外交部之新仕版”新闻载有外交部派孙问西署理驻加拿大总领事馆副领事消息

214

1926-3-23

父亲大人膝下：

谨禀者。正月廿五日手谕，业经奉悉。

男此次喜事，南方亲友故旧概不发请帖，一则男意不喜滥发帖子；二则所有亲友故旧，男不能遍记，恐有不周之处；三则在北京办喜事，请南方人到北京吃喜酒，实属不近情理，男不愿仿效俗人通例，教人送礼也。结婚日彩车到女家，照北京风俗，应有门包赏女家佣人，俗所谓小开门者是也。普通数十元，或有多至数百元者，尚有所谓大开门者，数必较多。此次女家嘱媒人通知可以免除大开门之费。至小开门之费，系赏佣人，不能免除。男已答应赏洋一百元。至于发嫁装之费，赏需较多，好在女家诸事随便，百数元，谅亦可以顾全体面矣。

礼堂借定那家花园，男预备彩车乐队迎接新娘。恽家拟借用执政府军乐队陪送新娘，非来谕所谓护送证婚人也，证婚人何需军乐队护送。又恽家拟请孙慕老为证婚人，男亦表示同意。以男与慕老亦熟，前禀中总理二字系慕老之官衔，曾任国务总理两次，非办喜事时之职衔。至主婚人照例应由家长充之，若家长不在此，请人代表则不拘异姓与同姓者，未必是骨肉也。先曾祖揭就对联男处已无，俟日后再行印送，为之扬名。

一峰办渔税用去九百元，尚在南京未归。恐当再用去九百元，始肯归来，此皆树穀叔公不读书，不谙外情之故。北京京香春内，一峰亏欠数十元，应付之房饭钱。男十数次信催，竟吝而不付月。今旁人明知一峰所难胜任之事，竟任其耗废九百元之多，诚可怜哉。

专此。敬请福安。不一。

男智舆叩

三月廿三日

明日搬移住宅，现在所租房屋，系内务部吴司长住宅之后院，但另有一大门出入。

215

1926-4-28

父亲大人膝下：

谨禀者。上次手谕，敬已奉悉。惟以月初办理喜事诸务烦琐致，未即时奉复，曷胜歉愧！

本月初三日下午三时举行婚礼，是日天气异常佳和。北京局面亦于是日为最较安谧，诚大幸事也。孙慕老为证婚人，主婚人男家方面以大人不能来京，主婚即由女家主婚人代为盖章。那家花园房屋极为宏大宽敞，但屋内喜轴对联到处挂满，墙壁上轴联均重叠悬挂，无一隙地。是日，道喜观礼者约有千数人，极一时之盛。京中报章颇有记载，是日婚礼之盛况，诚男毕生之乐事也。

六弟日昨来函云，在松祥处充司书，一面预备投考军官学校。函中文理颇佳，出语亦具有志气，且与男生平立身制行之道有暗合者，良深忭慰。将来当有美善结果，还望大人时时教以为人之道，是幸！

专此。祗请福安。不一。

男智舆叩

三月十七日

亦復出使

第十章

亦复出使　垂成而辍

垂成而辍

经过一年的努力，孙问西在外交部终于谋得加拿大副领事一职。这还要得益于参议院议长王家襄、大理院院长余棨门、唐伯文参事、钱阶平司长四人的鼎力相助，由此可见，当时在北京谋求一份好事业是何等艰难。

然而，在他等待赴任期间，种种难题接踵而至。先是外交部尚未发放川装费用，这导致他无法启程前往加拿大。再是他在外交部的薪水也自副领事命令发表后停止发放，这使得他在北京的生活变得更加困难。他每在北京多待一天，就意味着要承担多一天的经济压力。此外，妻子病情急剧恶化，成为他心中最大的牵挂，也使得他无法立即启程前往加拿大，加上岳父母也主张他在北京任职。最后在家庭与事业的天平上，他毅然倾向了家庭。

父亲大人膝下：

谨禀者。接读四月廿四日手谕，备悉种切，并稔福履佳胜，至以为慰。

六弟现已考入中央军事政治学校，良引以为庆。将来在广东军政界谅当有进身之路。其实吾人立身之道，与肄业之学校尚无甚大关系，要当视本人之材质与运气何如耳。男上次复六弟之函，曾告以吾人对于学问上应有之努力及为人之道也。

男现以驻外使领经费积欠年余，挈眷出洋恐不易支持。一俟外交部川装费发出，仍拟单身出国赴任，借以稍资撙节。下月（阴历六日）拟移住恽家，待诸事安排妥帖后，当即回南。

专此。敬请福安。不一。

男舆叩

五月十二日

217

1926-5-15

父亲大人膝下：

谨禀者。接读三月十四日手谕，祇悉福体日益康健，曷胜欣慰。

北京自二月下旬起，四郊大军云集，夜间每闻炮声不绝。城外人民之进城避难者数十万计，空中时有飞机飞翔掷弹，京中人民无不存朝不保暮之心，戒惧异常。而男之喜事正值此万人惊惶之秋。三月初一日夜间消息甚紧，女家嫁妆均已在家装好，待于翌日备送，以是非常忧惧。至初二日消息较佳，初三日两方军事当局商议停战言和，京中局面顿觉平静如常。是日天气亦晴朗和暖，故来宾之道喜观礼者逾千人，极一时之盛况，诚男、女两家之大幸事也。结婚日喜席计十五六桌，女家计有四十席左右。寻常稍客气之来宾仅道喜观礼并不如席，故酒席所费尚不多。至男何日可回里，此时尚未能定，俟诸事稍安排就绪，再定行期。

北京自段祺瑞被逐后（约在夏历二月二十左右），京中治安问题由王士珍[1]、赵尔巽[2]、孙宝琦等诸元老组织治安会[3]负责维持。故京中人民得免于难，否则涂炭不堪言状矣。现治安会以时局粗平，业已自行解散。男之岳父亦系治安会与王士珍等同为会员之一，前由王等推为京

1. 王士珍（1861—1930），字聘卿，号冠儒，直隶正定（今属河北）人，与冯国璋、段祺瑞并称“北洋三杰”。

2. 赵尔巽（1844—1927），字次珊，号无补，清末民初政治家，曾任清史馆总裁，主编《清史稿》。

3. “三·一八”惨案后，政局混乱，北京一度陷入无政府状态。商务会、银行公会等团体为了维持城内治安，联合聘请王士珍、赵尔巽、熊希龄等人组织京师临时治安维持会。

兆尹，以事棘手不接任，现由王等推为京都市政办，业已接任视事。市政督办本由内务总长兼任，自段祺瑞来京执政后，改为独立之特任职，不由内务总长兼充。

百朋事已托友在南京设法，并已承其答应。二哥事亦当竭力设法谋之，惜男太无能力耳。

专此禀复。敬请福安。不一。

男智舆叩

五月十五日

218

1926-6-16

父亲大人膝下：

谨禀者。上月寄复一函，谅可送达。比维福履健康为颂。

男自奉派驻坎挐大[1]副领事后，迄今已历三月，应领之川装等费，外交部尚未有款项发给，以致羁旅北京，不克成行。至男在外交部每月所领之薪水，自副领事命令发表后，即行停止，故在京一日，即当赔垫一日，诚觉焦虑万分。一俟外交部川装等费发出后，当即束装回南，与大人面谈一切，并即预备西渡赴任。

专此禀陈。敬请福安。不一。

男智舆叩

夏历五月初二日

1. 坎挐大，即加拿大。

父亲大人膝下：

谨禀者。迭寄数函，谅承察阅。

男此次往坎拏大赴领事任，仍拟只身单行，故昨已与内子移寓恽家。一俟诸事料理完毕，即将由津浦火车南下，想不日即可与大人会见矣。日前见报载，浙江水灾奇重，未审究竟如何？

专此敬禀。祇请福安。不一。

男智舆谨叩

七月十四日

220

1926-8-1

父亲大人膝下：

谨禀者。接读六月初七日手谕，敬悉种切。

男前次复六弟之函，曾告以凡人具有坚忍耐苦、百折不回之志者，始克有所成就。兹读谕示，欣悉大人所教之者，与男所函告者大致相同。六弟如能倚此旨做去，异日不患无立足之地。

荫东前由轮船归去，其实当时津浦业已通车。男本拟阴历六月中旬由津浦车南下，惟以内子患血症甚剧，不便遽行启程，只可稍缓再定期南行。内子血症叠经中外西医诊视，皆断定系肺痨症。四月初旬起即已吐血，自后每阅数日吐一二次，血色粉红，杂在痰中，或吐时全口痰均系淡粉红色，每吐辄从咳嗽出。四、五两月屡请医生诊视，均言血系气管咳破而来，故此男不甚注意，盖胃血与气管血远不若肺病血之郑重也。迨本月（阴历六月）初二、三、四等日，因搬家收拾物件劳动过甚，初五、六等日，连日吐血并喘息不止，手足均微热，乃请西医沈麟伯诊视，认为肺痨症已有一年以上之程度。又请德国医生（系男之友）裴慈诊视，亦谓肺症已达一年。余非上山藉天然新鲜空气调养万难痊愈，服药犹其次也。内子以沈、裴两医生均谓吐血，系肺痨症并达一年以上之程度，知为难治，或不治之症，乃日夜忧虑，屡次哭泣，男以是不得不展缓回南，放洋之期陪其上香山（西山一部分）甘露旅馆养病，藉令其心神稍形宽慰，俾得早日痊愈。现病势已渐轻，身上热度低减，手足微热亦已除却，惟夜间身上有时出冷汗而已。血则隔二三日吐一二次，均系咳嗽而出，夹在痰中之血丝或鲜血点，与前之全口痰粉红血痰不同。至经期，每次辄迟三四日，经期之前腹痛异常，经期后过一星期又屡次腹痛，迄下次经期止如是者，已四五年矣。腹中有无症瘕，本人亦不知。客岁日医诊视，以尚在闺女时期不便检查身体，疑似子宫有病或肠肿所致，究竟何故，尚未请医生查出也。

北京政局瞬息万变，吴、张[1]入京之后颇有慕老组阁之说，兹已归于泡影。承谕询男缺可否调入内地，实无相当之缺可调。至若仍回外部，实毫无便宜可得也。七官等读书事，系男回去酌定，或大人先行择当处置，均无不可。

专此。敬请福安。不一。

男智與谨叩

八月一日

北京香山碧云寺全景

1. 吴，指吴佩孚；张，指张作霖。

221

1926-8

父亲大人膝下：

谨禀者。日前寄去六月初七日复函一件，嗣见男衣袋中有一邮票，始知贴在该函邮票跌落，未知函能送达否？

男本拟阴六月二十前回南，藉便放洋赴任，兹以内子病重不便即离，只得暂行从缓。去年七月间大人经借之四百元款项瞬将届期，照理即应偿还。惟本年内男恐难以如愿清偿，兹先寄去贰佰元，请大人商之前途，先付一年利息，本款再展期一年，明年定必偿清。寄去之款除付利息外，即作为家用，所有一切家内事务，俟男回南时面谈。即函中所述借款付息及大人收到贰佰元汇票等事，如下次寄谕时，请勿庸叙及为要。

专此。敬请福安。

男舆叩

父亲大人膝下：

谨禀者。七月廿九日及八月初三日两谕，均先后奉悉。

前寄到之药方，岳父母均谓媳妇未经大人亲诊，不便昧然试服。倘服之变症，更难应付，且已服西药，似亦不宜遽尔改动。又：以媳妇上山之初成效颇佳，继虽病情停顿，但未加剧，亦并不吐血。因此媳妇未经大人亲诊。之后岳父母不主改服中药，男亦未便单独主张之。现媳妇尚在山上，拟再过一二星期即行回京休养。承大人时时眷念媳妇病状，并愿来京亲诊一次，曷胜感慰。惟有路途遥远，大人纵精神强健，究亦年高易困，且男亦不敢以媳妇之病，致令大人受跋涉数千里之劳顿也。现媳妇有时尚觉手足微热，亦非天天如是，堪慰垂念。倘将来媳妇病情仍如是停顿，竟不能逐渐就痊，届时再与大人商量办法。

至出洋赴任事，现已谈不到。因岳父母均主张男在京任事。日后政局变动，岳父倘能出当政权，必可于外交一途外，别谋税局长等优差，或他项较高之地位，惟目下男经济方面倍觉困难耳。

七官辈就学或就商工等事，统俟男回南时再与大人斟酌商量。另：无论出洋不出洋，决定拟于此间无甚要事，可以脱身之时回里一次。倘男能得一优差，经济上稍形宽裕，明年二三月间偕媳妇同往南中，并请大人暨母亲与兄嫂辈同游杭州一次。任三先生处，便时乞代致谢为要。

专此。敬颂福履。不一。

男智與谨叩

八月十八日

223

1926-8-25

父亲大人膝下：

谨禀者。接读夏历七月初六日手谕，并药方数纸，备悉种切。

男与恽家之听西医所言，将媳妇移住香山调养（此地满山皆松柏），无非以山上终日得有清气适于病人，较胜城中尘俗秽气兼以避酬应烦嚣耳。媳妇近一二星期来，病情似为停顿状态，胃口既差，热度亦未退净，每日晚间手足仍微热，昼间热度总比好人高半度以上，良深焦灼。盖男此次外放及预备远涉重洋赴任，媳妇极端反对，日日劝阻。男仍本原定方针行事，意志毫未变更，故自三月初结婚以来，媳妇无一日不抑郁忧愁，亦无一日而能开怀宽心也。故于男预备出京之前十日，又适值搬家劳动辛苦之余，乃连日吐血，日必数次，病状速趋剧变，此诚男当初所未逆料之事。

日下媳妇病情之不能日趋佳胜，亦因男欲放洋赴坎拿大领事任未能开怀宽心之故，夙夜思之，进退良觉踌躇。放洋就任，恐媳妇病更加重，不去而改任他事，经济上颇受损失，此亦男运气不佳所致，无可如何也。至媳妇改服中药一节，当商量行之。

专此敬禀。祇请福安。不一。

男智舆谨叩

八月廿五日

曲蠖不伸

第十一章

曲蠖不伸　欲通时否

欲通時否

自无奈搁置出洋赴任的计划后，外交部薪水及关税会议津贴也随之停止发放。孙问西在家中赋闲八九个月之久，损失巨大，经济状况陷入了极度艰难的境地，只能在市政公所兼一差事，但薪水甚微。后又得外交部和盐务署两处做事，两月以来未得薪水，仅领得外交部夫马费及盐务署夫马费之半数。

在那个动荡的年代，欲不追随军阀而谋一有钱之事，如登天之难。其间又突然获悉六弟病殁广东，噩耗传来，孙问西悲痛欲绝，几月来精神萎顿，心思恍惚。此外，妻子临产时也凶险万分，所幸母女平安。

彼时，中国正处于全国混战的混乱局面，到处是乱象，像孙问西这样的“北漂”书生，实乃无处可去，无路可走，仿佛置身于茫茫大海中的孤舟，四处漂泊，却找不到一处安稳的港湾。

父亲大人膝下：

谨禀者。前日荫东来寓，接读手谕，藉悉大人近患痢疾，历时已久，尚未全愈，良深悬虑，伏乞注意医养为要。

媳妇现已由香山归寓，以山上多风而凉，且苦岑寂，故不便再行久居。日来饮食已能照常，体亦肥胖，热度减至与常人相差无几，兴致亦尚佳。若能安心调养，当可无虞。惟西医认其为肺病之一念，未能除去，故时觉黯然神伤，不克放心耳。承大人关怀甚切，前欲亲来诊视，男偕媳妇，同深感戴。惟据目下情形而论，似已可以无虑矣。敬祈勿念是幸。

环山与龙门构衅之事，承钊、庚三曾已告男，据云系何知事与肇事之初办理不善所致，现已酿成巨祸，收拾似颇不易。日前在京龙门人曾邀集旅京富阳同乡开同乡会商谈此事，已用同乡会名义电请浙省长选派能员赴龙门环山调查真相，以调停方法入手，解决两村纷争。庚三与男并拟请在京浙江大老发一公电，请浙省长妥慎办理此事，俾免良民受累等因，惟尚未能做到。至男个人进止方针及种种家事，俟下次禀陈一切。

专此。敬请福安。不一。

男智舆谨叩

十月十三日

茶叶荫东尚未送来，拟改日往取。

225

1926-10-28

父亲大人膝下：

谨禀者。接读九月初九日谕示备悉。

此次龙门环山械斗详情，乡人无知受好事者之煽动酿成奇祸，蒙大牺牲，至属可怜。龙门人举动轻率，毫无秩序的步骤，既不得本邑各方面之同情，又不善于宣布此次肇事真相，及如何诉讼等方法，将来结果必为单方面之吃亏到底而已。吾乡不经兵燹不罹天灾，本为极可安居乐业之地。今无端肇此巨祸，致良民奔避老幼惨死，正所谓自作孽不可逭也。现乡中既如此不安宁，大人自以暂居他处，以避烦扰为善。

男以媳妇病体未能复原，且恐难出国后，媳妇将以抑郁忧愁而生不测之变化，故于上月初即决定听从岳父母之劝告，暂行在京任事，不作出国赴任之想。与外交部当局磋商经月，始准男仍回外交部办事，现任外交部次长系男之老师，男与直接商量，以情面上关系，故特别破格通融，准男回部办事。否则照外交部新颁章程，使领人员一经派出，非到任满三年后不得回国也。惟男自奉派为坎拏大副领事后，外交部即行停薪。自停薪日起算至此次回部日止，计有七阅月之多。而一方面家常及各项用度，且照前有增无减，损失之巨，无可言喻。故前由外交部领到川装约三千元，用去大半，此男回部办事非先缴还川装费不可。男无款，由岳父填拨二千元，凑足川装全数。

去年东梓之款，一时无法筹还，祇可稍待再说。大姊之款，拟即寄汇大人，先行交还。男今年运气之坏，莫可言状。倘三四月间听从媳妇及岳父母之言在京任事，不作出洋之想，至今既无损失，且早已可得优差。现则亏负累累，一时无法补偿矣。

专此。敬请福安。不一。

男智舆谨叩

旧历九月廿二日

下次谕示寄至外交部条约司。

226

1926-11-2

父亲大人膝下：

谨禀者。日前奉上一禀，谅可送达。

龙门与环山械斗[1]一案，未知已有相当结束否？村中秩序已恢复否？念念！现媳妇身体尚安好，惟胃口不甚佳，夜间偶有咳嗽而已。至背脊骨时觉不舒而胀，心部常感空虚之苦。即方在饮食之后亦如之，有时并心跳不止，业经有一二年之久。此种病象以早晚及夜间发作之时居多，是否易治？及如何医治？请大人悬拟药方，俾便试服为幸。男以媳妇气血亏损，拟采购胞胎一二，先以喂鸭，然后令媳妇吃鸭，于身体上有无好处，气血上有无补助，祈示知为要。惟媳妇现已怀孕，计有三四个月，胞胎之属是否直接或间接（先喂鸭）可服食，想当与平常不同，统希谕示是盼。

专此。敬请福安。不一。

男智舆谨叩

十一月二日

1. 龙门与环山械斗，指民国十五年（1926），龙门人"挑脚"做贩子（主要是把其他地方的稻谷籴进，经砻谷舂米后到山里粜出，需经过环山），和环山人发生矛盾后发生的群起殴斗事件。后来，环山方春山用白洋（银元）买通，请来陆军士兵攻打龙门，导致龙门九人死亡。死者葬大桥坂九死难者墓，墓前竖石碑，石碑书"闾里同悲"四字。

227

1926-11-16

父亲大人膝下：

谨禀者。久欲寄禀问安，并询悉浙中及我邑时局情形，辄以公务繁琐，且身体不佳，精神颓涣，致倦于修书通询，良深愧汗。顷接十一月廿九日谕示，敬稔福履佳胜，吾乡亦尚安堵，至为欣慰。

七官、静远二人读书问题经济方面实难解决。以男目下尚未得有优美之职位，不敢遽定主意也。拟请大人函问松庠或小禄，彼方有无相当之军事学校可以投考，职工工厂可以学习之处。如有之，将来二人前往之川资及每年百数元之零用费，男当竭力设法接济也（此就现在情形说将来视男之地位何如）。东梓借款，男日在焦虑之中。无如今年时运太坏，损失太多（约二三千元左右），一时实在无法凑还。倘男三月间听媳妇及岳父母之言，即行回外交部办事，或媳妇不病，男得出洋赴任，此项借款当早已清理矣。男四月间曾函告大姊夫于男放洋赴任之前必将去年之款请还，孰知事变之不测如斯，诚非男所及料也。总之，此事男日在念中，明年当竭力筹措归还，请大人便中将此实在情形转达大姊夫为要。大姊夫之一百元本拟先行寄家，转行送还，以前数月大人不在里，因此迁延，颇觉悔愧。

日前荫东由男处借去五十元作阴历过年之用，过年之后尚须托男筹措五十元作缴学费、讲义费等用，男已允之。男并嘱渠寄函知叔父，先将已取去之五十元即径还家中可也。男本拟凑寄家中若干款项，藉助度岁之用（并盼斟酌分给家中人若干），适荫东要款，由渠家转划，亦甚便也。大姊之款能设法先还最好，款可由叔父填出，以荫东不久即将向男再另取伍拾元（缴学费之用），其余之五十元亦由荫东向男提取可以。

至于谕中题及大人之出处一节，根本上男无不赞同。惟目下欲在社会上谋事作事非与南北军阀接近，或有渊源不可（如浙省有相当愿就之事，务祈探悉，男或可设法辗转托），非然者诚不易，或若北京官吏之有职而无俸也。岳父现尚不得意，将来倘王士珍出任总统，则岳父必据要津占大势力。岳父为王聘老惟一亲信人物，届时男自可沾光，即为人谋事亦较易易。男明年起交好运，且看明年如何。

专此。敬请福安。并候阖家年。不一。

男舆叩

十一月十六日

228

1927-1-23

父亲大人膝下：

谨禀者。日前寄奉一禀，陈明已由叔父处划交伍拾元，可作家内补助年用。荫东向男借钱时，男本无以应之，此款系由媳妇借给男，意当此年关伊迩，并值浙中多事，银根奇紧之时。故嘱荫东转告叔父，径行交家可也。嗣将大人来函所述家内困难情形，转知媳妇一二后，渠愿再将其私有之零用费提出伍拾元，强嘱男寄家应急，以表明与男同不忘老父之意云云。

男近年来尚未交到好运，以致未能稍尽仰事之责，愧汗滋深。务请大人保重身体，再耐心待候一二年，俟男好运转到，必有以使大人心满意足，一切措置裕如也。

专此。敬请福安。不一。

男舆叩

一月廿三日

229

1927-1-31

父亲大人膝下：

谨禀者。本月中旬迭寄两禀，一陈明已由叔父处划交银币伍拾元，一由邮局汇上支票一纸，计洋伍拾元，均作为家内补助渡年之用（并盼分给家中人若干），谅可先后送呈察阅。但未知能否于阴历年前寄到？至为悬念。

男对于家中生齿繁多，境过日趋困难，惟赖大人孤掌筹画维持，男不能多所帮助，焦灼之余，良深惭汗。惟男近年以来命途多舛，毫无优美机会，遇到平常每月所入，非特一无羡余，并且时虞不给。以此，对于家中不能时有接济，言之诚觉有无限之感慨。至男本年之经济状况，较前数年益形艰难。盖男自正月间派充加拿大副领事后，外交部薪俸及关税会议津贴均行停止。迨九月杪始行回部办事，而关税会议则已闭会不得再行继续，中间赋闲八九个月，损失良多。二三月间亦尚有移挪亏空之款。综计上述两项情形，男之经济地位已达到极困难之点。而现在社会情形愈趋繁变，物价之高，生活之贵，想非居住乡间者所能臆测。故在京闲居八九个月，除男由外部川装费挪用大部分不计外，即由媳妇供给，应用之款亦在千余百元以上。观于此，谅大人亦可察知男之经济困难为何如矣。男所负债务，如大姊及二嫂之款均拟设法从速清理，余则亦拟渐次筹还。要知，男非忘却家中情形及应担当之责任，惟今年来均感有心无力之苦，亦是无可如何。

前三四月间及上月间二哥来函，责男不肯为渠竭力谋事。函中（三四月间之函）有令男不能忍受之言，男决不反唇相责。惟亦当细审男之地位之力量何如，对于同胞兄弟岂有不肯竭尽心力之理？但限于力量，无能即时达到帮忙之目的，且亦正为男心所焦急嗟叹，遑待他人。曼陀当京曹十余年，资格、学问、友朋三者均较男处于优胜地位，且不能为其弟养吾设一法，何况乎男？君子安贫，达人知命，荣辱穷通皆有定，不得急急于一时也。未审大人之意以为何如？

七官、静远二人，男意最好托松庠设法送入军官学校。如七官不去，将静远送去可也。凡人在世，欲谋一立足之地，切不可存一贪生畏死之念，是即为人之秘诀。图苟安而畏死者，必无良善之结果，请大人函托松庠设法为要。男默察国中大势，彼方或可得最后之胜利也。

专此敬禀。祇请福安。并请阖家年禧。

男與叩

旧历十二月廿八日

父亲大人膝下：

谨禀者。正月二十一日及三十日所发两谕均收悉，并稔福体违和，至深焦虑，望加意调养，俾得恢复原有之健康，以释男远念为幸。

目下大局不静，南北对峙，我侪小民咸在水深火热之中。此种鼎沸之局，未卜何时始能澄清，俾举国生民得安居乐业也。男自去年二月起闲居八九月后亏负颇钜，一时既无特别际遇，故迄今尚不能设法弥补。市政公所方面，本不拟进去，迨客岁阴历九月间外交王次长允准男回部，始拟在市政公所兼一差。但公所各长官间彼此约定，不再引用人员，故无从破例设法。嗣后该公所有一科员逝世，乃出一缺，男补之，薪水甚微，每月仅四十元。外间人不知此中情形，妄加推测，所谓每月有薪水几百元者，想大人得之传闻，未察传闻者之尽失真相也。若每月有数百元之收入，去年年底即应寄汇数百元以助家用。男之不能时寄若干款项补助家中，非有钱吝而不寄也，尚祈大人垂察为要。

目下北京各机关薪水均积欠二三年以上，倘男不在外交部任事，且不能在京一日安居，以各处多穷，故谋事亦无用。谋一有钱之事，如登天之难，且非追随军阀不可。男现在每月收入共计有一百六十元，幸去年秋季以来寄寓恽家，房屋伙食可以不必出钱，始得勉强敷用。若男单居，每月非有二百元以上不可。大人久居乡间，不知外间城市生活状况之变迁，社会人情之转移，故难洞悉男居外之苦衷。

至对于家庭方面，男欲帮助家庭扶植子弟之心，想不下于大人。惟以时运不佳，近二三年毫无特别可以赚钱之机会，心虽急，亦莫之奈何。惟有静待好运之转来，冀以快身心，并以慰大人对男之期望耳。尚冀保重福体，安心静待，数年后必可使大人扬眉吐气，身心愉快也。

至七官、静远等读书之事，照男上次禀中所陈之计划进行，倘有窒碍之处，大人斟酌处置可也。又：大姊之款男急拟归还，其家近年境况既不佳，去年又遭兵燹，损失必钜，再不筹还，似无以对大姊之美意也。

专此。匆匆敬禀。祇请福安。不一。

男智舆谨叩

三月三十一日

现在大局尚未定，逵荪处不便通讯。渠行迹不定，且不知其寓居何处。

父亲大人膝下：

谨禀者，接读手谕，敬悉种切。

谕中述及现在大人面上气色转好，体力亦已复原，并能亲往包村[1]上坟，良深欣慰。所云霄禄处已三月不通音信。七官、静远求学之事无从探听，应如何为二人定前程方针，男意当此纷乱局面，南北正在酣战之际，似不如暂时在家读书为妥。待大局稍定，再行斟酌进行途径。盖目前彼二人既不能南往北来就学，又无此资力，亦无平常小事可当，只可稍候再说。

媳妇已于本日早晨十时四十五分分娩，生一女。现母女二人均平安，堪慰垂注。此次媳妇本拟在家生养，前夜、昨日均频频腹痛，惟未大痛。昨晚请妇婴医院产科医生（带同两看护妇）来寓诊视检查，断定系一难产，谓非往医院生养，彼无办法，盖家中既无医院之设备，彼等带之药品亦不周全。男见此情势，当即决定一遵医生所言。媳妇坚执不肯去，男竭力慰劝之。岳母犹豫不决，即请岳父共同商定，与男主张同，男等陪媳妇随医生往院。自昨晚十二时起（迄今晨九时）连服催生药六七次，仍不见动静，乃施用麻醉药使媳妇之知觉完全丧失。俾开到用手术时不觉痛苦，于是竭三四个医生，七八个看护妇共同合作之力，历一小时半之久，始将小孩取出。小孩之大，较寻常者大三分之一，此为难产之主因，故非用手术不能产出也。待诸事完毕，医生方将媳妇渐渐苏醒。嗣医生（系一西妇）对男言，若在家生养，恐产妇与小孩二人均不能免于危险。现均经保全，诚万分之幸也。

专此。匆匆禀陈。敬请福安。不一。

男智舆谨叩

阳历四月九日（阴历三月初八日）

1. 包村，为孙问西曾祖父孙秉元及祖父孙寿彭协助包立身围剿太平军而阵亡的地方。

232

1927-4-24

父亲大人膝下：

谨禀者。日前接到初四日手谕，敬悉一切。昨日又奉读十一日来示，敬悉六弟忽于本月初四日病殁广东，噩耗传来，悲痛欲绝。六弟甫将学成出任国事，今竟少年夭折，俾不能展其才而伸其志，伤何如哉！

近一二月来广东国民党左右两派冲突甚烈（即共产党与反共产党），不知弟是否因党派之关系而受致殒命？抑或因时疫急症而丧身？否则年富力强之少年，何至遽见不祥之电闻。男细思之，六弟之死，必非由于寻常之疾病也。现既遭此不幸莫可挽回之事，尚冀大人暨母亲勿过痛悼，致伤身体之健康为要。

男家家运不佳，去年男以媳妇之病剧，而不能赴坎拿大副领事之任。上月初旬媳妇临产时生命之危险，有如累卵，真所谓只有一线生机也。幸蒙天佑，得以安然渡过难关，方私心庆慰，以为从此可以平顺前进矣，孰知不测之事重叠而来。外交部本月起大裁员，男受人暗伤，是月十二日忽将男留资停薪，虽未被裁（此事同乡中无人知之，男亦不告人），与被裁等耳。计距六弟之殁适一星期，何家门之不盛如是耶？男事现由岳父托人向外交总次长关说，已蒙应允。想不日仍可回部，恢复原职。男常拟寄汇款项若干，接济家用，均以困于财力，未能办到，歉负何如！岳父屡次为男谋事已成者，受大局影响而无薪。能发薪之机关一时尚未有成功佳音，诚觉抑闷无任。一俟男经济稍形宽裕，即当竭力筹汇款项，以助家用。务请大人强自宽慰，忽以目前之不顺而伤心，日后男必有以仰副大人之期望也。

专此。敬请福安。不一。

男舆叩

四月廿四日

媳妇近来身体尚佳，又及。

233

1927-6-21

父亲大人膝下：

谨禀者。四月廿八日及五月初六日两次谕示并附寄函件，均经奉悉。

小禄平日对于自己病躯不加意保养，竟不幸而殒命，致招大人无穷之悲伤，诚家门之大不幸事也。惟事已至此，无可挽回，尚冀大人旷达胸怀，勿过哀思，以保福体之健康为要。

外交部事，经岳父竭力设法已回部，改为谘议，名义较前优崇，但谘议无薪俸，仅月支夫马费六十元。同时，岳父并为男谋得盐务署一事，亦系谘议，名义地位甚优崇，惟所批夫马费一百元能领得到否，尚是疑问。以盐务署内额外职员之薪俸由财政部发给故也。

男当外交部事件发生之时，颇思回南一行，但考虑再回，未便即行。一以交通不便；二以川费至少须有三四百元，不易筹措（男去年来只有亏空，毫无积蓄）；三以男非国民党员，与党政府毫无关系，此际南行，为时太晚；四以男与蔡、马[1]交情不深，与男相知较久，但已数年不通音问矣。男与马不过认识而已，无交情之可言。蒋梦麟与男较熟，但系一滑头，不甚可靠。戴应观，即逵荪，虽系同学至交，未知彼在杭之力量为何如；五以男果南归，不能久候消糜川费，以个人经济力量太薄弱也。坐是数因，故男迟疑不敢有所举动，现只盼于此数月内稍积川费，俟八、九月间秋凉之际回南一行，省视大人，叙家庭天伦之乐耳。

读四月廿八日来谕，知里中天旱，苗田须耕过再种，家中必因此添出用途，男自己一无储蓄，兹由媳妇处凑得五十元为大人作购买滋补品之资，并稍助家用也。已交荫东嘱其函知叔父转交。

1. 蔡、马，即蔡元培、马寅初。

专此。敬请福安。并颂暑祉。不一。

男舆叩

夏历五月廿二日

男现在寓中时居多，所有家中寄来函件，均由部中转到寓所，务请大人切戒家中人勿寄函到此为要。来谕中所谓函商一节，际此南北对敌时期，不便用此种方法。

父亲大人膝下：

谨禀者，来谕敬悉。家中困难情形非不深知，非不时在念中。惟以年来毫无得有优差之机会，故不能随时接济家中，愧歉至深。

外交部、盐务署两处两月以来，分文未得，倘非附住恽宅生活，且不能维持。想大人亦可知在外作官之难矣。男在外既无当大总统之父，或各部总次长之弟兄戚友，又不善奔走钻营。一时之穷达只可付诸于命，不能勉强忘求，即求，亦属徒劳无功。大人不慊于男暂时之穷困，安心静待男之佳运，而必欲男为家尽如何之义务，是不啻逼男于死。家中情形，男屡次函告不得尽形于笔墨，在京诸同乡均为男讳言家中情形。而大人此次来信出言家中子弟情形不避（从前曾有同样之信数封），幸媳妇未见此信，否则何词以对？若再如此不相谅，言所欲言，并时加催逼男，惟有继小禄以死而已。

男去年赋闲半年有余，亏空数千元，大人尚忆及否？现今在京有无优差，亏空之款已偿还与否，不难一探而知。男近来精神萎顿，心思恍惚，皆以朝夕忧虑家中丁口众多，子弟无所培植，自己所欠之款一时无法清理所致。故现在进行谋得驻总领事一缺，若能成功，则去年一切损失及他家中所需费用均可设法弥偿矣。

专此。敬请福安。

男舆上

235

1927-8-18

父亲大人膝下：

谨禀者。上月叠寄两禀，谅可送到。

男于本月初旬承外交部长复派在新设之情报局办事，可云业已恢复旧有地位。情报局组织设局长一人，副局长二人。局长现由外交次长兼任。次长本系男之熟人，因此得调入情报局办事，惟以上次部中有人与男为难，故不易得一较善之地位，只可徐待机会耳。

近一二月来仅领得外交部夫马费，及盐务署夫马费之半数，故经济上甚感拮据。此后外交部薪金或当酌加，俟下月外交部薪金发出后，即当汇寄若干补助家用。男早拟奉书禀告一切，因近来公事甚忙，常不得间，以是迟迟，心慊良深。

男寓现已迁移至鲍家街（宣武门内），仍与恽家同居。惟离外交部稍远，往返不便耳。大人福体何如？时在怀念之中。倘需在北京购买服用之物，请示知，即当买寄。男媳妇均平安，堪慰垂注。

专此敬禀。顺请福安。不一。

男智舆谨叩

八月十八日

承大人赐寄茶叶，邮政局已送到通知单，拟明、后日往取。百揆今日有快函递到，云已决定赴法留学。

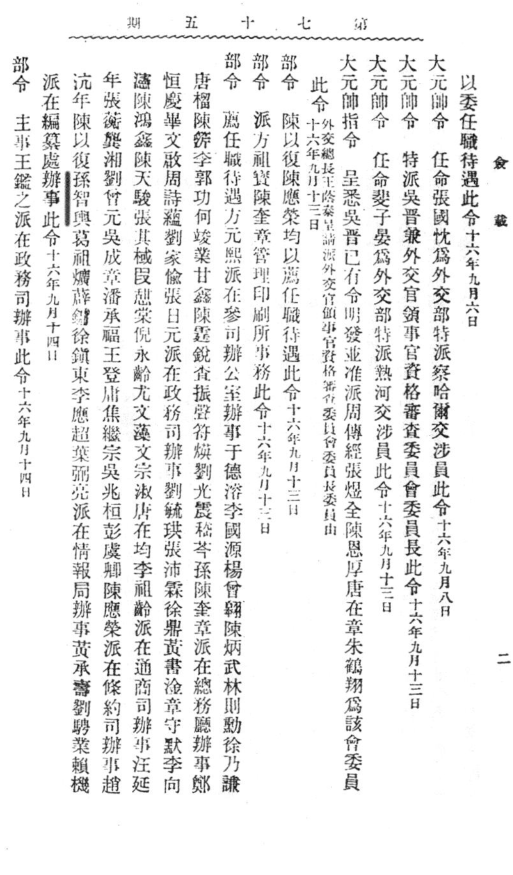

僉載　二

以委任職待遇此令十六年九月六日
大元帥令　任命張國忱爲外交部特派察哈爾交涉員此令十六年九月八日
大元帥令　特派吳晉兼外交官領事官資格審查委員會委員長此令十六年九月十三日
大元帥令　任命裴子晏爲外交部特派熱河交涉員此令十六年九月十三日
大元帥指令　呈悉吳晉已有令明發並准派周傳經張煜全陳恩厚唐在章朱鶴翔爲該會委員此令外交總長王蔭泰呈請派外交官領事官資格審查委員會委員長委員由十六年九月十三日
部令　陳以復陳應榮均以薦任職待遇此令十六年九月十三日
部令　派方祖賚陳奎章管理印刷所事務此令十六年九月十三日
部令　薦任職待遇方元熙派在參司辦公室辦事于德濬李國源楊曾翱陳炳武林則勳徐乃謙唐榴陳鋅李郭功何竣業甘鑫陳霆銳查振聲符熯劉光震嵇芩孫陳奎章派在總務廳辦事鄭恒慶華文啟周詩蘊劉家偸張日元派在政務司辦事劉毓珙張沛霖徐鼎黃書淦章守默李向濤陳鴻鑫陳天駿張其棫段甜棠倪永齡尤文藻文宗淑唐在均李祖齡派在通商司辦事汪延年張蘅龔湘劉曾元吳成章潘承福王登庸焦繼宗吳兆桓彭虞卿陳應榮派在條約司辦事趙沆年陳以復孫智興葛祖爌薛鍇徐鎮東李應超葉彌亮派在情報局辦事黃承壽劉騁業賴機派在編纂處辦事此令十六年九月十四日
部令　主事王鑑之派在政務司辦事此令十六年九月十四日

第七十五期

《外交公报》（1927年）载有孙问西任情报局办事等信息

236

1927-8-20

父亲大人膝下：

谨禀者。日前寄复一禀，谅已送到。

男对于家中困难情形暨弟侄辈求学需费等事，非不时时怀念，但男以运气、机会两无，一时竟不能展布志愿，得一优美之地位，俾可安适身心，并以帮助家庭以副大人多年之希望，歉恨之深，如刺心胸。

大丈夫有遇有不遇，若男者可谓不遇者也。继思伊尹要汤，姜太公相文王均在晚年，倘有怀抱志愿，人生必有一时遇知己之人，得意外之机会，但当隐忍，勿自堕落而已。退一步思之，处此乱离之世，与男同样资格具有同样学问，而不如男之尚能勉强立足于外者，盖不知有多少人也。窃尝以斯自慰，否则朝夕愠恨，不得一刻安矣。大人年在耄期，尚以家务羁困，男诚深感不安。惟此时男实无力顾及家中，祇可稍待再说。一俟男事妥定，薪入稍丰，即当陆续接济家中子弟侄辈，男均一律看待，有力当同样培植。

来谕屡言静远等宜带出来，是乃与男为难，揭发男之隐情。此在京同乡所为男讳言不肯道破者，不谓家中人竟直言不避，不顾男所处情形为何如也。万一男遇有不得已情形时，惟有弃家只身深遁，以了我尘世之烦恼而已。彼时男固捐弃一切，家中想亦更无所得也。

三月间大姊夫逝世，男曾送去一祭幛。日前竭力设法凑集一百元，汇寄东梓，偿还前年大姊借给之款。男见五月间来谕中有大姊夫定九月出丧之说，故不得不速设法归还也。至东梓代借之款，诚当从速清理。惟去年赋闲半年，亏空太钜，只得徐徐设法筹还，要亦不敢视之等闲。尚有其他三百元之利息，须俟八月节后方能筹寄。此时衙门薪水既发不出，另外设法实属不易。

专此。敬请福安。不一。

男智舆叩

八月二十日

237

1927-9-16

父亲大人膝下：

谨禀者。前寄奉数禀，谅早已递到。

男诸事平善，惟近来以公事太繁，几无休息之时，以致身体稍欠健壮。外交部方面，男派在情报局办事，该局事务之忙为全部冠，男颇觉有困于应付之势，而薪水并不多，亦可恨也。惟较之有事不付薪，或无事无薪者，固足自慰矣。男所领薪额，系恢复从前原有之数。盐务署内近亦领得夫马费之半额，若能照此下去，男在京尚可敷衍，否则竟无以为计也。

中国现在全国混战，到处多是乱象，我辈书生实无处可去，无路可走。即就目下北京局面而言，男在此做事亦祇能做一天算一天，衙门薪金发一次算一次，不能定永久计划。亦不能望有安全之生计，是以际此时局，而服官在外，诚无日安定而无戒惧心也。加以现在生活昂贵，渡日维难，得钱难而用钱易。瞻念前途，良多顾虑，颇思另辟途径，别谋发展，惟一时尚未遇有机会耳。

兹由叔父处划交洋五十元以助家用，男已将款交付荫东。盖适值荫东校中催其缴学费，渠商款于男而借之。男即嘱其函知叔父，交家可也。谅荫东函到后，款即可收到。

专此敬禀。顺请福安。不一。

男智舆谨叩

九月十六日

百揆五月有函寄到，通知渠即将由沪放洋赴法云云。

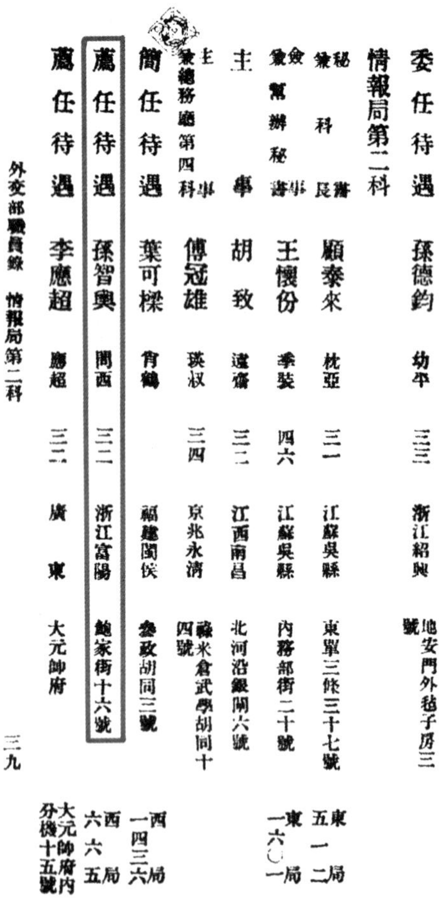

職務	姓名	字	年齡	籍貫	住址	電話
委任待遇	孫德鈞	幼平	三三	浙江紹興	地安門外毡子房三號	
情報局第二科						
秘書兼科長	顧泰來	枕亞	三一	江蘇吳縣	東單三條三十七號	東五一二局
僉事兼幫辦秘書	王懷份	季裴	四六	江蘇吳縣	內務部街二十號	東一六〇一局
主事	胡致	達齋	三二	江西南昌	北河沿銀閘六號	
主事兼總務廳第四科	傅冠雄	瑛叔	三四	京兆永清	祿米倉武學胡同十四號	
簡任待遇	葉可樑	胥鶴		福建閩侯	參政胡同三號	西一四三六局
薦任待遇	孫智輿	問西	三二	浙江富陽	鮑家街十六號	西六六五局
薦任待遇	李應超	膺超	三二	廣東	大元帥府	大元帥府內分機十五號

外交部職員錄　情報局第二科　三九

《外交部职员录》（1927 年）载有孙问西以荐任待遇任情报局第二科办事等信息

父亲大人膝下：

谨禀者。久未奉禀，闻安良以为念，未审近来福体何似？男前由叔父处划交洋五十元，谅早已收到。

现以医男旧疾药费甚昂，且以生活程度之高，应酬之繁，所费实属不易支持，故未能按时寄。眼下自当筹汇若干，以助度年之用。日前汪任三先生寄来诗钞一本，想大人处亦有之。诗钞中留有去年渠送男赴坎拿大诗一首，渠之诗尚存，而男则未果行也。四方多乱，巨变迭出，近数日间，广东之变乱与惨劫，不知大人已得之报章否？

荫东日前复患血症，男前数年曾屡劝其不必在此读书，渠未深信。盖男子一患吐血之症当以休养为是，一时不可作前途远大，勿宜荒误之思想，否则必至悔不可追也。男现在外交部，繁忙异常，身体精神不强健者，必难应付。男目下早晚服补剂医男宿疾，故尚能支持。

专此。敬请冬安。并颂履福。不一。

男舆叩

十一月二十三日

239

1927-12-25

父亲大人膝下：

谨禀者。日前寄一禀，谅已收到。上次由叔父处划交洋五十元，据荫东言早已接到，渠家业已交洋之复函，想无错误。

前数日荫东血症急时无款应用，由男筹措五十元，不知荫东何时偿还？荫东如不在京偿还，拟即嘱其致函叔父交家。现年关伊迩，家中用途浩大，男平日非特毫无积蓄，并且尚有亏空未能清理，故所能孝敬大人者，仅止于此数，深为歉恨。

日前鼎存家寄到讣文一份，拟请大人撰写挽联送去。

专此敬禀。祗请福安。不一。

男智舆叩

十二月初二日

240

1928-1-4

父亲大人膝下：

谨禀者。日前寄上一函，谅可送达。

昨日往视荫东，见其面色灰黑，神气颓然，以多日未见面，骤见之，颇觉可惊。据云此次血症发作，服药后虽即见痊愈，但随即应学校之甄别试验，辛苦之后，致不能恢复元气。现尚未能出门。日前出门一次，归后即发热。男以荫东吐血多次，每年发一次或两次，如是者已有四五年。现形容枯槁，精神不佳，恐系肺痨重症。此时不宜读书用心，似应先行归家休养为要，否则恐贻无穷之悔。

在叔父方面，自当望荫东之卒业平民大学，完成学业。在男之意，学校之毕业与否无关终身大事。人生第一，当维持身体之健康。倘身体衰弱不支，即学校毕业，亦难在外作事。男近数年即吃身体衰弱之亏。男观荫东之身体，实际有甚于衰弱者也。是用及早请大人将此种情形向叔父进一忠告。男既在京目击此状，不能不预先忠实通知。至叔父之以为然否？或信否？男之言而采纳之否？则非男之所敢主也。

阴历年关在迩，男本预计寄家银洋五十元。上月荫东病剧，由男筹借五十元，男原拟由叔父处划交，或荫东归还后寄上。惟荫东以叔父尚未寄款，自不能如约归还。若函知叔父划交，又恐本年寄款已多，致有未便，约于明春正、二月函告叔父偿还云云。

男目下亦无余款可以再寄，只可俟度岁后，再行迅速设法筹寄。荫东之款，过年后当可清交家中。现在北京生活程度太高，百物均异常昂贵，生活之艰，当非居乡者所能梦见。荫东在此，渠家所寄之款实不敷其用。荫东之屡病，病而不易复原，多半亦以心境恶劣之故。男拟请大人转告叔父多寄款项为要。盖目下情形，与男昔年在京读书时大不相同也，祈转知叔父注意此点为幸。

专此。敬请福安。不一。

男智舆叩

十二月十二日

241

1928-2-29

父亲大人膝下：

谨禀者。接读正月廿四日手谕，备悉种切。

日前荫东告男谓去年借用之五十元，据其家书所述，已于年前交清云云。兹诵来谕，始知仅交到二十元，其余三十元并未照缴。男救荫东病时之急，今叔父以中秋向渠借去之款相抵，可谓不近人情之至。此后男若有款当直接寄去，不再转划矣。荫东病依然如旧，男固知叔父与荫东必不能信遵男之所言，特以不言，恐将来万一稍有变故，叔父必将谓男在京竟视同秦越，不预为通知耳。男之函告，不过聊以尽我之心而已。

下石园地事，男意不如托人排解为是。大人年已老迈，不宜劳心生气。现在县长李光宇系昔北大同学，惟彼在文科，男在法科，与男不同科耳。倘男在家和解，可涉讼亦可。男不在家，恐无人相助，受他人之欺，虚靡金钱也。兹拟请乐天姊丈出而排解此事，如不能解决，再行相机对付。男意如斯，想大人亦当本息事宁人之旨而以为然。

男近来因作事太多，劳心过度，常觉困倦不舒。去年十二月、一月之中，屡患感冒而身心不爽，谅皆以体亏所致。媳妇亦在十二月中病甚剧，白天下午四、五时后发微热，八、九时后即退热，此系肺痨之现象。至十二月底屡次咯血带于痰中，每日午后五、六时热度甚高，饮食停顿。男颇为忧急，循服中医药五六剂，自正月初一日起，热停血止，人亦稍觉舒适。现请日本医学博士山本君诊治，略有起色。山本君曾为媳妇用爱克司光线照查胸部，知确系右边肺尖有病。目下日日到医院用电光治疗肺部，并服药水，惟尚未见大效，良以肺病已有多年，非一二月即能奏功而全愈也。

男外有公事，内有病妇，日夜焦劳，心中未尝一日得安，益以自身体气亦弱，更不胜其忧烦也。百揆曾自法国寄函两次，函中每次均声述其志趣，而其志趣亦觉高远可嘉，诚大姊之贤子也。二哥事，男曾为写信与杭州省政府委员马寅初先生。马系男之北大受业师，未知有无结果，但恐只一信尚无甚影响。二哥自往杭州，既费川资，亦稍欠精明机警耳。

专此。敬请福安。并颂春祉。不宣。

男智舆谨叩

二月初九日

附致乐天姊丈一函。

242

1928-3-19

父亲大人膝下：

谨禀者。接读二月十五日手谕，敬悉福体康健，前寄物件亦均送到，至以为慰。

下石园地事，男日前曾寄上一禀，附一函，拟请乐天姊丈出而调解，不必涉讼。兹据此次谕示，知业已与璞如姻伯、乐天姊丈商议调解方法，甚善甚善。

百揆留学法国事，前曾一再函商于男。据男之意，东梓倘有力量供给经费，自以出洋求学为善。目下中国无论南北不问何种学校，学风之坏实已不堪言喻，青年学子诚无可以安心求学之所。如能出洋劬力研究攻读，即外国文一端，当较胜于国内学生数十倍，他不必论矣。百揆之去，男曾告以每年需洋若干，并应如何求学。去年渠抵法国，即寄来一函，上月又寄到一函，函中所言颇有志趣，非寻常空骛出洋留学之美名者可比。是以为学业计、为个人将来之前途计，有金钱力量者，当不可以惜费耳。

家中子弟日繁，培植读书已颇不易，其他大人自不能尽管。婚姻之事似应听其自行解决。七官婚事，男不敢置辞，静远婚事当俟其自能立身谋生时，听其自图解决也。现盐务署长已易人，男事未审能保存否？夫马费已三个月未发，男日待其发放，得寄汇若干补助家用。讵知非特夫马费领不到，而事之本身尚有问题。只可稍待，再行筹寄。杏仁粉服之有益，当续寄。

专此敬禀。肃请福安。不一。

男舆叩

旧历二月廿八日

父亲大人膝下：

谨禀者。日前奉到手谕，并药方数纸，均收悉。

媳妇病已渐就痊愈，似可不再服药，俟天气稍暖当上山休养。男近来体气尚佳，惟时运多蹇，奈何上月盐务署长易人，男之谘议亦随之而去。今日外交部改组，全体职员一律停职，男尚未奉派职务。据闻次长意欲派男出外充任领事。惟外放固善，但恐离家太远照料不便，若部中有相当地位，当仍在部。盐务署方面不特地位失去，且尚欠夫马费四月未能发放。男每拟待该项夫马费发出后，寄汇若干以应家用，迄不能如愿，痛恨何如。

男近日不到外交部，如寄函件，请暂寄京都市政公所编译室为要。马寅初复函已由二哥转到，男现已函托浙江大学秘书赵述庭兄转催。

专此。敬请福安。不一。

男舆叩

四月七日下午

244

1928-4-23

父亲大人膝下：

谨禀者。前寄一书，谅承察阅，近维福体康健为颂。

荫东之病，男去年曾于家书中言其恐系肺痨重症，应速回家休养，并请大人转告叔父速令回家。男在此屡劝荫东回家，孰知彼父子均不信男之言。又劝其在京就医，亦不见听。

前日其寓中厨丁到男处报告荫东病状，男即拍发一电告知叔父，请即来人照料。本日男带同德医裴慈苏往珍视，据云肺已腐坏，其大半业成不治之症，恐只能延命一二月耳。男已函告叔父，请其速行汇款，俾便随意就医，并须令五弟媳来京侍候陪养为是。

男外交部方面事已暂停，不久恐当派往驻外使领馆任事。盐务署夫马费积欠三四月未发分文，致不克寄款助家，至歉至歉。

专此。敬请福安。不一。

男舆卬

三月初四日夜

顷得荫东处电话，言已舌短不能言语，恐已危险万分矣。

父亲大人膝下：

谨禀者。本月初四日寄上一禀，谅承垂察。

荫东丧事已由男办理完竣，灵柩暂厝于妙光阁浙寺，须俟战事稍稍底定后方可设法运回本籍。客岁楣弟夭折于粤中，今年荫东后殂伤于都门，两家各折壮丁，频遭不幸之事，窃恐祖上坟墓或先祖母坟地容有不吉利或损伤之处，尚冀大人就便查看为要。以男而言，倘按命理论，近一二年应交佳运，而实际则反是。前年伤财，媳妇得吐血之重症。去年外交部无故停职，媳妇几终年在病乡。今岁盐务署之事甫中断，而外交部又发生问题。媳妇近复发吐血之症，连吐几天，较前为剧。男因此疑及故乡坟墓必有不利之处，似宜查察，及早修正，俾两家前途顺利为幸，未审大人意见如何？

媳妇之肺痨症亦已有年，若非西医诊治，病象当更险恶。近延西医打一种杀肺痨菌之药水针，日有起色，血亦停吐，再过数星期仍当上山调养。

专此敬禀。肃请福安。

男舆叩

五月六日夜

246

1928-5-18

父亲大人膝下：

谨禀者。三月初六初八两谕，均先后奉悉，并稔福体康健，游兴甚佳，至以为慰。

下石园事尚未解决，良深焦念。若调停无效，不得已而起诉，诚恐大人因此生气，亦非所宜。男意似尚以和平手段解纷，不使决裂为善。外交部事尚未定夺，部内无优美地位，不欲应允外放，恐使领费无着，正在踌躇，拟稍待再行酌定进止方针。如至六七月间，犹无相当机会视为可以就者，即当回南一行，现暂以市政公所事暂安一时再说。

赵述庭现任浙江大学秘书，与蒋梦麟、马寅初二先生均甚密切，故二哥事曾寄函托其转催，未知能发生效力否？只可再寄函催问马寅初先生。倘男到杭，当面请托，自较有效，惟此时男亦不能遽尔南旋也。

荫东在京亏欠尚多，故日前叔父来函嘱男代为变卖荫东所开公寓之木器家具及检收其行李，其寓所厨丁出而拦阻，以其生前尚欠款项未曾清偿。男因此不能代办此等事件，业已函复叔父。其治丧费约二百元左右，棺木价洋一百二十五元，由岳父代为看定赊买，特别便宜，已将二哥汇来之百元偿之（叔父函中提及此款）（此款叔父业已接头，无庸讳言矣）。余若寿衣等费亦收叔父汇寄荫东之五十元偿付之。男无款可垫，零星小数不能欠者由男先付，其余则均记账，现除收到之一百五十元外，尚欠五十元之谱未能清偿。至于运柩一层，须待六个月后方能办理，以北京警察厅有章程规定也。

现男与媳妇均在香山，系由岳父借居鲍督军别墅，满山松柏，空气清香，于养肺病最为相宜。媳妇在北京时吐血发微热，病象颇剧，故不得不来此以资静养，并以山间之松柏清气用天然方法疗养之。据医生云，治肺病以此法为上，饮食滋养品次之，药石为下，男亦深然其说。男近来身体尚佳，拟在此静养读书坐待良会，或者大局潜移时机将至，亦未可知也。

专此。敬请福安。不一。

男智舆谨叩

三月廿九日夜

247

1928-7-9

父亲大人膝下：

谨禀者。接读三月廿四日挂号手谕，敬悉一是。

梓弟客死他乡，至为不幸。男观其去年入秋以后所经过之情形，尤足凄伤，既乏医药之资，又无陪养之人，适男亦困于经济未能多所资助。倘听男言而早日南归，或当苟延二三年之寿命亦未可知。今竟惨死于此，诚可哀哉。其灵柩停于浙寺，每月租洋三元。若停厝无时日，所费亦不赀，五弟媳主张将灵柩运归本乡，极是。梓弟既惨死都门，诚当运柩还乡以安其灵爽。叔父乃欲落葬检骨，实不知熟察事之可办与否也。惟目下津浦铁路交通尚未恢复，运柩颇不易。一俟津浦交通恢复原状，当即报告一切。现请大人通知叔母及五弟媳预筹三四百元之款，以备将来应用。至运费，究需若干，男亦尚未探悉，但不可不先行预备也。

三嫂生一女，母女均安，甚慰。承大人寄送茶叶，已于日前取到，谢谢。下次请不必多寄，免多费银钱也。北京自南军到京后，所有各部院、各机关均已根本推翻，现已由南京国民政府接收旧有人员，咸有失职失业之苦。男自上次外交部停职后，始终未回部办事。当时系奉派人员主持部务，现易国民政府人员，在男之地位说话当较易也。将来若有外放之机缘，尚拟出洋一行。国内政局太纷乱，办事既不易，且颇难安于其位。俟有行止可定，即当禀闻。男昨晚由香山返京，媳妇仍在山，病体较前稍强，胃口亦较健，想可渐次就痊。叔父处当即遵谕函告一切，至祈勿念。

肃此。敬请福安。

男舆叩

旧历五月廿二日

父亲大人膝下：

谨禀者。接读旧六月二十日手谕，备悉种切，并稔福体平安，至以为慰。

男自收读三月廿四日谕示（挂号寄来），后尚未收到其他函件，四月十六日之书谅已在途中遗失。男于三月间寄去杏仁粉、蜜枣等物一箱，不知曾否送到？念念。前次蒋、阎[1]辈各总司令来京住在西山，彼时男亦在西山。男以无事求见，故亦无往见之必要，惟第四集团军前敌总指挥白崇禧，第一集团军第一军团总指挥陈调元[2]之介绍，男曾往见一次。现北京旧有各行政机关均已撤销，国民政府外交部设在南京。此间外交部所有职员皆根本裁撤，现均星散或改就他职事。从前出洋一说，一时当作罢论。男现在北平特别市市政府供职，市长何其巩[3]对男颇以青眼相待，男此次并不运动或拖人恳求，而何市长竟派男为编译主任，若薪金优厚（日薪若干，尚未批定）可以维持，目前拟不他去。

蔡子民先生现已辞去本兼一切职务，携眷赴沪矣。庚三任上海面粉总税局副局长，现在津筹办天津面粉税局。日前到京，曾一度来访，送其所著《面粉特税计划书》一册，并陈说其此次如何如何而获成功，对男亦颇能开诚相谈。

来谕中所说香画灵符一纸，是否附在函内？并未寄到。

1. 蒋，指蒋介石；阎，指阎锡山。
2. 陈调元（1886—1943），字雪暄，曾任国民革命军第三十七军军长。
3. 何其巩（1899—1955），字克之，桐城人。民国时期北平特别市首任市长。

专此。匆匆，禀请福安。不一。

男智與谨叩

七月初六日

来谕言吾乡灾情异常重大，未知吾家所受损失如何？深以为念。男现在公事甚忙，每日几无休息之时。照特别市市政府办公时间，上午七时到府十一时出府，下午三时到府六时可出府，故每日早晨六时必须起来。男任编译主任，所有洋文事物均由男一人担任，其他无能为男帮忙者。

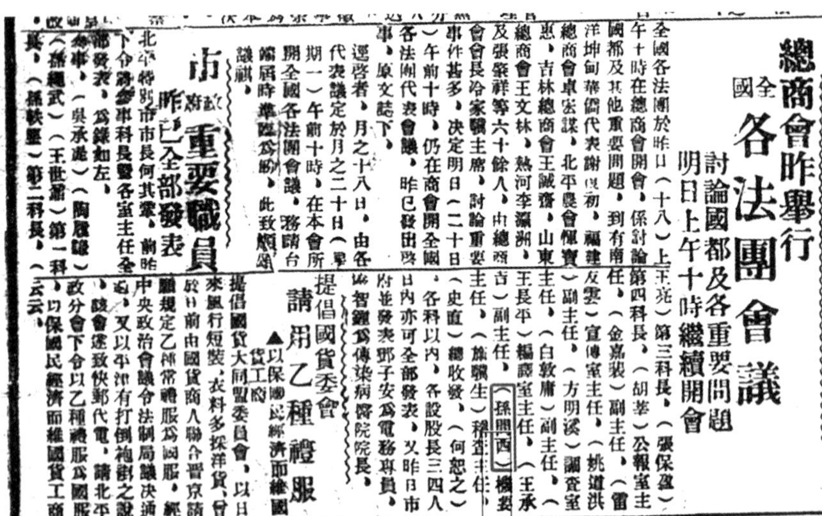
總商會昨舉行
全國各法團會議
討論國都及各重要問題
明日上午十時繼續開會

市政府重要職員
昨已全部發表

提倡國貨委會
請用乙種禮服
▲以保國民經濟而維國貨工商

《北京益世报》（1928 年 8 月 19 日）刊登“市政府重要职员名单”载有孙问西任北平特别市机要主任

父亲大人膝下：

谨禀者。接奉八月十五日手谕，敬悉种切，并稔福体康健，至以为慰。

来书责男前在香山时何不于蒋、阎亦在西山时访候慰劳。要知此辈阔人岂能轻易见人。若非恃素昧平生者，往谒必不接见，即经人介绍，亦将视介绍人之地位声势而定接见与否。上次蒋、阎辈在西山时，前往求见者车水马龙，皆一时之要人，其普通之朋友或经人介绍而往见者均派人代见，倘有可见之机会，男岂能交臂而失之？

男在北平市政府供职，原系一时无可奈何之办法，讵愿久居于斯？去年与今年上半年均拟南归，别作良图。惟以平日毫无积蓄，困于经济，兼以前年中止，赴坎亏欠尤巨，故对于无把握之事，不敢轻于行动耳，实非惮于奔波也。倘经济方面稍稍活动，早当南归。即斯时亦日日思归，奈何不易筹措三四百元之川费。盖南归谋事非一到即有机会，至少亦须预备二三个月之用费，如无机会，更须预备回来之川资也。

蔡、马二人固系昔日北大之师友，惟以关系太浅，亦不敢冒昧前往投奔。国民革命军到北京，此间外交部根本推翻后，男曾寄函蔡孑民先生，表示请其介绍相当机会之意，迄无复函。倘男亲自回南面托，或可得其允许。马寅初先生已相离多年，或已忘却男之姓名也。现男决定不再在普通衙门作事。男在外交部多年毫无良好结果，以后拟投奔军阀作事，或谋一县知事缺，藉图经济上之活动。

日前见报载鲍督军之侄[1]升任军长消息，已请岳父函询彼处情形，

1. 鲍毓麟（1899—1995），字书微，辽宁海城人，鲍督军（鲍贵卿）之侄。

将来即拟往东三省做事，或许有发展之希望。若在普通行政衙门供职，决难有良好之结果，征之男七八年之经过可以了然矣。男命运不佳，自出学校作事以来，尚未遇有优美机会，以是不能多赚银钱供给家用，思念及此，无时不疾首焦心，愤恨靡已。以男一时之无好际遇，兼以家境之困难，致引起来谕中所谓家中人不能共相安居，时常吵相骂，个个愿分家云云，读悉之下，良用怆然。惟家中情形如是，个个既多愿分家，似不如顺个人之意思为妥。现时家中虽声称不想享男之福，倘男能立业兴家，非常发达，此时虽分家，将来仍可共享福也。惟男不能于过去数年间得到好运多赚银钱，俾大人得重拱治家，一无忧虑焦劳，诚男所叹息痛恨者，惟亦皆系于命运无可如何者也。种种经过之失败事实，颇望与大人竟日谈，以畅心胸为快。

逵苏、松祥二人处均收寄函，图书馆或医局事亦可探问逵苏，惟此种事非男亲自回函面托恐无结果。仁友等望大人以善言相告，俾对于其借款不至有着急之情形。俟男川费有办法即当言旋，若东三省有优美机会，或即先往东三省一行。惟望大人珍重身体，俟男有优差，即可优游以自娱。

专此敬禀。肃请福安。不宣。

男舆顿首

十月六日

三月间寄来之茶叶，前已函复收到并以附白。

叔父来函并汇洋百元，托代设法运荫东灵柩，并称款项不敷，嘱先垫付。查该项运费，仅运至上海至少二百元左右，由上海运至富阳须另行接洽。款既不敷太钜，事亦难办，且近来衙门薪水不发，垫款尤非所能，业已函复通知矣。

250

1928-11-22

父亲大人膝下：

谨禀者。久未寄书问安，无任驰思，不审兴居何似？伏乞珍摄为要。

男近来以媳妇病象甚重，心神不安，兼以各种公私事物杂沓，致无暇定心握管以是，禀候如是之疏。幸托福庇，媳妇之病业已渐就痊安，可以无危险矣。据医生云，媳妇之肺病病情十分郑重，若不及时急施救治，再过数月即不易治矣。现每日注射药针并服药品数种，病况日日轻减，身体日趋康健，至可引以为慰。

至男本身前途之事，现正在力谋发展，并结识白崇禧等要人。俟有机会，即可设法进取矣。

匆此。祈请福安。

男與叩

十一月二十二日

前函所说计划，亦在徐图进行。

251

1929-1-18

父亲大人膝下：

谨禀者。接读十一月廿六日手谕，及任父先生来函，藉悉福体康健，至以为慰。

仁友之款，年内无法清偿，请向其说明，准于明年二三月间本利一并归还。破石头之款，须俟男进行之买卖事物成功，方能本利如数寄还。以男近二三年来运气太坏，所入薪金非恃不能敷用，尚须随时设法补凑也。媳妇嫁妆、衣服、首饰虽值一万余金，但现钱有限，不过二三千元耳。

前年男赋闲半载，未赴坎拿大领事任，又损失许多。客岁及本年均赋闲数月，即不赋闲，有时薪水亦不敷用。媳妇又连病将三年，耗废颇大，故媳妇之现钱早已用罄。自去年以来，平时经济拮据，时常由恽家补助，否则安能居家于北平？惟恽家近亦亏空，不然媳妇本人无钱，当亦可向恽家通融款项，以偿积欠也。

至家中年前所短用费，男当设法借贷，一俟借得即可汇寄应用。男现在进行之事甚多，若能成就一二件，此后不患无钱用。人之富贵穷通，早有运命铸定，不能强求，亦不可强却，亦不克于一定期间内力图而必其成功。尚望家中人安心忍耐，静以待之。倘男能渐渐发展而如愿，家中人无不可坐享其利也。

至于家中后辈婚姻问题，大人可以不必急急欲谈。此问题第一步当先解决生活问题，若生活问题不先解决，而进行婚姻问题，是自累而兼害人也，是自招烦恼也，未审大人意见与男相合否？男友朋中过三十而未婚者颇多，此目下外间情形，乡中所不及知者。

专此。敬请福安。

男舆叩

十二月初八日

252

1929-1-26

父亲大人膝下：

谨禀者。日前寄上一函，谅可送达。

款项一节，兹男于无法之中竭力筹得伍拾圆汇上应用。以年关在迩，故勉强赶办此事也。此后若能筹措，当再续寄。媳妇病状日就痊，可堪以告慰。男亦平善。

专此敬禀。顺请福安。并颂阖家年禧。

附五十圆汇票一纸。

男舆叩

旧历十二月十六日发

253

1929-4-1

父亲大人膝下：

谨禀者。兹接二月初六日手谕，敬悉一是。

近来杂事纷繁，兼以媳妇多病，致心神未有安适舒畅之时。家书虽有两月未寄，而神思之驰向辄无时终止也。日前秉枢到平，来寓晤谈良久，就审福体康健，家中俱安好，至以为慰。男近年运气太坏，本人事业既不顺利而称心，媳妇又复多一时不能痊愈之病，诚亦无可奈何。

男去年进行之事，如能成功，至少可得五六万元之巨款，惜乎命不如愿，祇可静待时机，将来当必有成功之一日，望大人勿以一时之不克使心愿圆满而伤感为幸。至男所进行之事，不便在书信中禀告，仅能俟日后男回家时面谈。任父先生在正月中曾有信寄到，现未知在何处，拟查悉再行函复。静远如秉级能为介绍就事甚善，否则只可再令读书数年，俟有机会方能设法。

去年所谈仁友之事，男准当于阴历三月杪竭力设法筹寄，请转告，勿焦急是幸。仙第叔尚未到此。梓弟灵柩运费，男向各处调查均需二百数十元（运到沪滨计二百二十元左右，运到杭州计二百六十元左右）。叔父嫌贵，故亦未便代办。

专此谨禀。肃请福安。不一。

男智舆谨叩

阴历二月二十二日

254

1929-4-22

父亲大人膝下：

谨禀者。日前寄上一书，谅已早承垂察矣。

男现以在平就事无远大之希望，对于北平市政府编纂主任一职决心辞去，日内即将提出辞呈。拟于本月内赴南京一看，再行回家省视，藉慰多年之离思。至在何处做事，当俟南下后察看情形方能决定。

男近数年来之所以不克回家暨在江浙一带别作良图者，实缘经济方面太形拮据之故。此次之决心辞去现职南下，设法以定前程者，实有不得已之苦衷在也。目下生活程度高昂，男所得百数元之薪金颇难敷用，兼以媳妇多病更感困难，而在一市政府供职，希望亦有限，长此以往前途不胜战栗，故不得不出以毅然断然之态度也。惟在外做事十年，地位仍如是之卑，积蓄毫无，非无所积蓄，且亏负累累，良是伤感。

此次拟定南下，川资之筹措尚觉未有把握，盖现在南京生活程度高出北平数倍，南归一次非一二百元之数目，所能应付裕如也，奈何奈何！且客岁腊月间，尚有仁友之约，上次家书中并已一再声明默念，款项之事正令男焦急万分。惟仁友之约既已应诺在前，决不便失信于此时，定当竭力筹划以全信用。若男能于本月内南旋，当亲自带去，否则寄去。

专此。匆匆谨禀。顺请福安。不一。

男智舆叩

阴历三月十三日

禀中所谈各节，勿向他人言及是幸。何日南旋，或何日抵宁，当再禀明。

255

1929-5-12

父亲大人膝下：

谨禀者。上月寄呈一书，谅承垂察。日前仙第叔到平，藉悉福躬清胜，至以为慰。

梓弟灵柩之运送护照，由男托人赶办，非常迅速，故一切手续得于数日内了结。渠已于阴历四月初二日由平转津南下。托带上小洋铁箱一只，计果哺二包、蘑菇二包、杏仁粉四包，尚有顶针等物临时忘却未装入，俟日后再带上。男乘此次仙第叔回里之便，请岳父书对联一副亦托带上。惟以仙第叔急于离平，男不及购买精致之对联，岳父即就其家中现存之普通对联书送一副。俟仙第叔到当可送呈察收。

市政府事男曾于半月前提出辞呈，何市长不肯批，次日即托吴参事到寓慰留，并退回辞呈。惟男已不愿继续担任原有职务，故虽退回辞呈，亦不到府办公。拟筹划妥帖即南归，别图进取，并当先回里一行。

仁友之款，去年已答应在前，兹特筹凑二百元，由邮局汇上，祈于收到后即行清理前欠为盼。惟以清理此项欠款之故，一时不易筹措川资，男之行程缘是不克遽行决定，俟可设法南下，当即起程。

专此敬禀。肃请福安。不一。

男智舆谨叩

阴历四月初四日

附汇票一纸，计二百元正。

正在发函之际，忽得三月廿六日手谕，敬悉种切。别直参当如数筹买，驴皮胶亦当购寄一二斤，定明日寄出。

256

1929-5-15

父亲大人膝下：

谨禀者。接读三月廿六日手谕，祇悉大人左乳肿起，身微寒热，远道闻之，不胜焦虑。现乳肿未知消尽否？体质已复康否？念念！

需用别直参、驴皮胶等物，男前日买到吉林别直参一两一钱八（每两价洋十六元正）、高丽别直参一两（每两价洋八元）、上等驴皮胶一斤，均于昨日寄出，想不久即可送到应用。倘大人需用别种药品，祈即函示。男当竭力设法购寄。同善社传单，俟探听详悉，即行购致寄去。

仁友之款已于日前由邮局汇上，计贰佰元正。若差短若干，俟后再行补寄。男一时恐不能启行，须待川资筹划妥当，方可定期南下。市政府事，男虽提出辞呈，但何市长不肯批，次日即托吴参事到寓慰留，并退还辞呈。但男自提出辞呈后，迄未到市府办公。至市府职员薪俸已两月未发，此可证做官者之生活问题实不易解决也。

梓弟灵柩已于四月初二日起运，仙第叔亦于是日动身转津南下。

专此。敬请福安。不一。

男智舆谨叩

五月十五日

257

1929-5-31

父亲大人膝下：

谨禀者。日前叠上数禀，谅已先后送呈垂察。汇寄之款及邮递之参、胶等物未审收到否？念念！嘱买之书尚未觅得，俟购齐即当寄去。大人乳肿之病不知已医愈否？体力已复原否？时刻在念。近半月以来未接片纸只字，驰系更深，惟有默祝福躬，早就健康而已。

男本拟四月间起程南归，别图进展，但南归谋事，经济方面须预先筹划三四个月之用费，且往返川资亦在二三百元之数，一时不易筹凑，祇可稍候，俟经济上有办法后方可酌定行期。

此间市政府方面，自男提出辞呈即不到府办事，辞呈虽经何市长当即派吴参事到寓退，还并力劝继续任事，但男以在市府从公无所希望，故仍辞谢不去，因之此事乃成僵局。现何市长已经国府免职，新市长尚未派定，倘新市长派出后，可以谋一较高之地位。

拟暂居北平二三个月再行南归。以暑天南方天气太热，若往南京寄居，更不易令人安寝也。（目下南京房租贵，且普通房屋狭小不堪）

专此敬禀。祇请福安。不一。

男智舆谨叩

阴历四月二十三日

258
1929-6-29

父亲大人膝下：

谨禀者。久未寄禀问安，不审福体近状何似？至以为念。上次寄去之参想已服用，未知效用如何？以何者为较佳？倘尚需用，当再购寄若干。

前者来谕，称有乳病须服补药，岳母曾赠送鹿茸数量，价值约八九十元，男以珍贵物品邮寄恐有遗失，且不知需用否？如大人以为可以服用，俟男回南时当带去。媳妇喜食笋尖笋衣，如能购致，请买寄若干。茶叶不必再寄，以清茶性太寒，男不能饮用，前数次寄来之茶叶均转送他人。男平常不喜饮茶，偶有饮用大抵购买红茶或香片，以其性较温暖也。男此间市府事前经辞职，已停止两月（虽经慰留，仍未前往办公）。颇拟即时南行，仍从外交方面设法，惟经济上尚无确实之计划，故不能即行。

现岳父在山东，与山东省政府陈主席系二十余年之旧交，拟为男谋一县长地位，如能成功则亦可敷衍一时。惟男本意则仍拟出洋作领事，以现在之县长不如从前县知事之易做也。故拟双方进行，何方先成，则拟先行暂就何方。仁友之款已归还否？倘男到南方去谋事，可否再向渠商借一二百元？如大人认为可以试办，则请先与接洽，俟用款时再行通知。大人请其拨借，如认为不易向渠通融，则作罢论可也。目下天气炎热异常，乡中何如？一切均祈珍重葆卫为要。

专此敬禀。肃请福安。并颂暑祺。不一。阖家均此问安。

男智與谨叩

六月二十九日

259

1929-6-30

父亲大人膝下：

谨禀者，昨日寄上一禀，傍晚又接奉旧历五月十六日所发手谕，敬悉种切。

男年来运气太坏，致一无成就可以上慰大人之心，愧恨无似，而家庭状况又散乱如是，诚足令人短气，千望大人安心静养，暂为容忍，勿为闲气所病闷为要。

男本拟阴历四月间南归，惟以尚有琐杂事务牵制，并以经济方面亦未能筹划妥善，致不克如愿。现固急拟南归省视，只因经济状态百孔千疮，捉肘露胫，迄无完善之办法，缘是迟迟不克果行。如能有完善之办法，即当速行，否则七八月间无论如何当南归一次，借以解决各种问题。后辈读书事，须俟男回南设法。此时虽天天索款，男亦无法应命。要之，男非不肯寄款，实无款可寄也。

专此。肃请福安。不一。

男智舆叩

六月三十日

再者：俟男环境稍稍改善，凡关于大人一切奉养事宜，归男负责，此时务请宽心静养为要。

260

1929-7-25

父亲大人膝下：

谨禀者。昨接阴历六月十一日手谕，祇悉大人乳病尚未尽除，并添发疮毒，以至坐立不安，深为焦念。

乳病由肝气而来，此项疮毒未知是否因服补药及驴皮胶等物致湿热积郁而生，如尚需用驴胶，男回南时当带购若干。男现拟于阴历七月初离平南下，倘需用北平何种物品，请从速示知，但回示是否能于男离平前寄到，实在不可知之数。恽家所赠鹿茸届时当随身带去，以备大人应用。笋尖、笋衣等物有则购寄少许，否则俟男回南时，再行觅购亦可。

至男前途事，现拟各方面设法进行，将来择一善者而从。秉枢临行时曾至男寓一次，男以当日身体不舒，且以其寓所离男处太远，未克回访，见时乞道及为盼。仁友处尚须添补若干，俟男经济稍宽裕，当照补，可先告明。至渠占田一节，似宜好好商量和平解决，免伤情感。家中事只能听其自然，大人务宜宽怀，当做不知不问，俟男否运稍过，即不患无兴家立业之办法，现时只可暂时忍耐。行期在即，一切均容面禀。

敬请福安。不宣。

男智舆谨叩

阳历七月二十五日

前次谕中所云向天华书馆购致同善社传单，该书馆迄今未能探知在何处。至同善社业已停办矣。

261

1929-8

问西主人安览：

别后不胜想念。十五日寄上函并人参糖、西洋参、油料、多尔饼，想均未收到。人参糖家中尚有一匣，如要，可寄去。近日父亲大人福体如何？甚为悬念。到后，尚未收到只字，不胜挂念。

我不知何故，初六夜忽见红，不多（你行时，收拾行裹时，我在黄皮箱内拿我的衣服，我搬椅子拿包袱一碰，想系因此。我的衣服他们穿的否？），次日二少娘娘知道，一定要请高大夫来。看后我不肯晚间（次日初七）请产科医院医生来看。伊云系劳动之故，并不要紧，不要下楼，三四日即愈。前寄信，恐你着急并未提。近日已愈，可勿悬念为要。

小顺甚好，昨日已断乳（因母亲在家，所以给他断乳，我可以不用费心），夜间并不闹。今日亦未闹，望勿念。暇时望常来信，以慰远念。寄去报收到否？日来身体安好否？胃口如何？望来信告知。

草此。即请近安。

行时忘带西蒙蜜[1]，到沪时可买一研，冬天不能不用。

蔼[2]白

十八日晚

吃西洋参精神若觉着好，千万来信告知，并不贵，可以天天吃。

1. 西蒙蜜，指膏霜用西蒙蜜型香精，曾在国内流行。

2. 蔼，即孙问西妻子恽蔼。

若他们没功夫炖，就放在口内吃亦好。因身体不好，若精神再不好更难过。曹大夫配的药方我想配半料丸药，你意如何？你走后，我闷不可言，终日心中如有所失，不知何故？近两日稍好，亦能安睡，千万勿念。丸药家中有肉桂，想亦不会太贵。明日我叫吴连元至同济堂一问，下函告知。因同济堂掌柜同吴连元要好，上次买的西洋参二元四角一两，系最好的。我写的太乱，不知看的明白否？

蔼又上

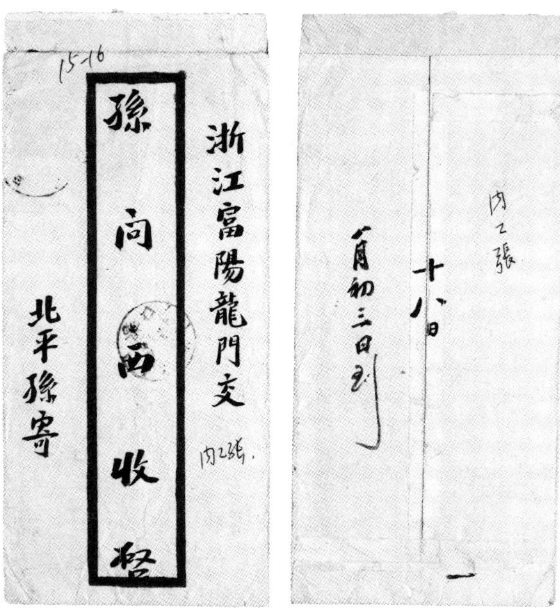

1929 年孙问西回富阳，在北京的妻子恽蔼给他写信。图为原信封

15

問西主人安覽別後不勝想念十五日寄上函並
人參糖西洋參油科多爾餅想均未收到人
參糖家中尚有一匣如要再可寄去近日
父親大人福體如何甚為懸念到後尚未收到隻
字不勝掛念我不知何故初六夜忽見紅不多（係行時收拾行裏时我在黃皮箱內拿我的衣服我擱椅子拿包袱一碰想係因此我的衣服他們穿的多）
次日二少奶奶知道一定要請高大夫來看後我不肯
次日初七晚間請產科醫院醫生來看伊云係勞動之
故並不要緊不要下樓三四日即愈前寄信

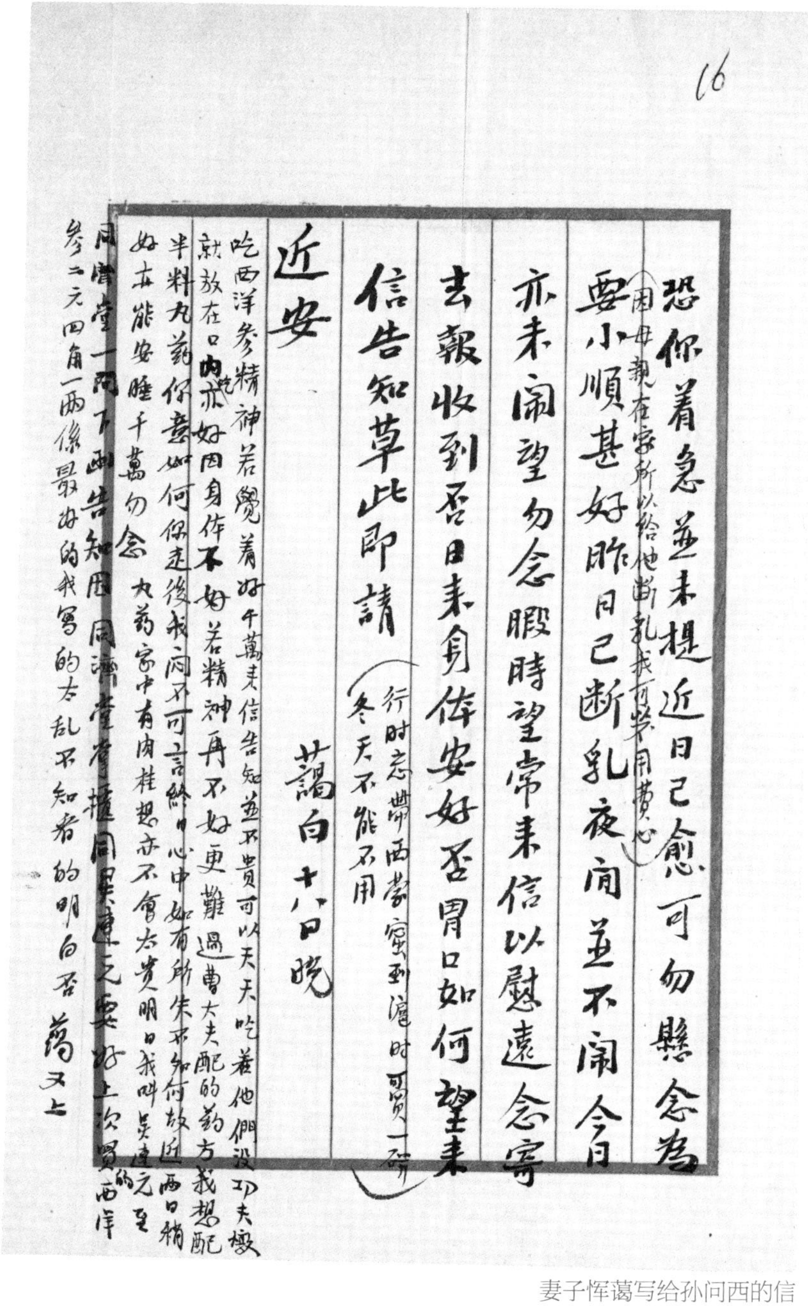
16

恐你着急並未提近日已愈可勿懸念為
（因母親在家所以給他断乳我可省用費心）
要小順甚好昨日已断乳夜间並不闹今日
亦未闹望勿念暇時望常来信以慰遠念寄
去報收到否日来身体安好否胃口如何望来
信告知草此即請
（行时忘带西参蜜到沪时可买一瓶 冬天不能不用）
近安
藹白 十八日晚

吃西洋参精神若覺着好千萬来信告知並不貴可以天天吃着他們說功夫嫂
就放在口內亦好因身体不好若精神再不好更難過曹大夫配的藥方我想配
半料丸药你意如何你走後我闲不可言然心中如有所失不知何故近西日稍
好夜能安睡千萬勿念 丸药家中有肉桂想亦不會太貴明日我叫吴连元至
同濟堂一问下画告知 同濟堂有攞同吴连元要好上次買的西洋
参二元四角一两係最好的我写的太乱不知看的明白否 藹又上

妻子恽蔼写给孙问西的信

262

1929-8

问西主人安览：

自十三日早接到电报后，至今未收片纸只字，真令人望眼欲穿矣。

日昨请枚弟替书一函，想已收到。母亲大人今日偕尌弟晚车赴津，月内（廿八）即可抵沪，至今未接君一函，何时至沪？家中如何情形，一概不知，真真焦急万分。蔼声哑至今不好，口内发烧，想系胃热之故。惟不得来函，终日心神不定，人更觉难过。今日下午母亲又一走，家中更闷，只好自劝自己而已。

君日来身体如何？极为悬念。寄去药今日想可收到。数日来没有药，人难受否？千万来信告知，以慰远怀。琴雪芬添箱礼已请母亲带去，此信寄至家中，恐君已至沪矣。

草此。即请侍安。

蔼手上

廿四日晚九时

多写恐发烧，故草之，不要怪我。

父亲大人膝下：

谨禀者。揖别以后，深盼福体日进，健康为祝。

男自八月初三日偕七官弟由家启程后，沿途均托庇平安，在杭住两日，初六到沪，在沪亦小住两日。昨日初八下午二点半由沪开车来宁，晚九点半到下关。本日早晨搭十一点钟火车进城，送七弟入遗族学校，所有手续及保证书等均已办理完妥，敬祈放心勿念为幸，并请转告母亲，弗庸远念是盼。

此次送七弟来宁，沿途一切杂费、轮船费及杭宁各处旅馆房饭费等项共用去五十元左右，均由男支付，未令七弟耗费分文，俾将大人交七弟之银钱留作日后零用，并备作不时之需。查遗族学校分高小班及中学班两级，中学班仅织工部一科，该部学生已到一、二十人，并已开课。全校学生经核准入学者共计五百人，现已到校者尚不及二百人，但均已上课矣。

男此次因为火车票日期所限，故在沪不能多留几日，匆匆来宁，烟土缘是未及购寄。俟回沪时再行设法觅购寄去，希稍候数日为幸。

专此谨禀。余俟续陈。敬请福安。不一。

男智舆谨叩

八月初九日夜

264

1929-9-21

父亲大人膝下：

谨禀者。接奉八月十七日由二侄女代书来示，欣悉一切，就审大人福体渐次康和，至以为慰。

男十二日由宁回沪，诸亲友均已会过。至进行之事须再赴南京分谒外交当局晤商后方能定夺，一俟有相当的结果当即报闻。男前在家时，曾告明欲在沪购买烟土若干作为大人医病之用，男已觅购二两余，包好送往邮局寄带。不料现在邮局检查邮包甚严，强欲先行启视再行寄送，男不令启视，邮局检查员益形猜疑，坚持非启视不可，致竟为其破获。照现在邮寄违禁品科罚新章，最低额罚金为五十元。男不堪负此重任，乃急中忆及有一旧同事在上海邮包检验局办事，于是驰往，托其说情，减低罚金为十五元，而此段纠葛之事方始告终，亦云幸矣。

现时寄带此项物品均感不便，只可俟男日后回家时再行设法购带，目前需用若干，只能由近处采买先用再说。北平寄来之西洋参，倘大人需用或可以服用，请即留用可也。至人参糖一匣及油科多尔饼一瓶希为男暂留，以便回家时所用，如可转寄至上海汪任三处代交最好。又凡家中收到男之信件，均祈转寄上海任三兄处为要。以男须往来宁沪，任三当知男之临时地址也。

至转谢岳母赠送鹿茸事，俟再会见时，即当代为声谢。

专此谨禀。余俟续陈。敬请福安。不一。

男智舆谨叩

阴历八月十九日灯下

家中收到之信件，望速转寄。现仅收到两信，由任三交来。

第十二章

或悲宿草　叹凤伤麟

或悲宿草

命运的狂风骤雨，毫无征兆地席卷了孙问西的生活。妻子与亲人的相继离世，让他始料未及，仿佛置身于无尽的黑暗深渊。然而，命运的捉弄并未停息。岳母将他的两个孩子接去北平抚养后，却突然一病不起，致使两个孩子无人照料，这无疑是雪上加霜。不久之后，岳母也撒手人寰，这四五年间的种种不幸，千言万语都难以尽述。

此后两年间，孙问西在天津、南京、上海等地四处奔波，只为谋得一份可靠的工作。多年为生计操劳，让他患上了眼疾。在南京医治两星期，却毫无效果，左眼甚至完全失明。无奈之下，他辗转到上海，在宝隆医院住院治疗，才终于有了渐渐恢复光明的希望。尽管身体状况糟糕，但孙问西仍一心惦记着为老父亲向内政部申请匾额予以褒扬之事，同时也未曾停下手中编译书籍的工作。1933 年 12 月，凝聚着他心血的著作《美国现代史》在商务印书馆正式出版发行。

父亲大人膝下：

谨禀者。本月十日快信及十五日手谕，并复电各一件，均已先后收悉。汇票伍拾元亦于函内附到。

男此次遭兹变故，诚非始料所及，亡媳之不克永命，男固早已知之，特不知其事出仓卒若是，此实为男先母见背后第一次最痛心伤感之不幸事也。至亡媳最近数月之病情及其生平经过之种种情形，俟下次再行详禀一切。因现时急须整理行装，明日午后即随岳母前往济南，男则在济南稍留数日，转赴青岛。青岛特别市市长马福祥[1]系岳父之换帖兄弟，招男往彼处就事。若彼处无满意之事可就，拟折回南京进外交部，再徐徐设法谋一总领事外放也。

男于亡媳生前以其病重心烦意乱，既亡，则形单影孤，抚髀兴嗟叹。此生命运之何如是，其屯邅困踬耶？是非男前生之不德所由致耶？

专此谨禀。余俟续陈。恭请福安。不一。

男智與谨叩

十一月二十四日夜十二点钟

担青情义甚高，借男贰佰元已汇到。

1. 马福祥（1876—1932），字云亭，甘肃临夏人，北洋将军府祥武将军。

266

1930-1-3

父亲大人膝下：

谨禀者。前由北京挂号寄上一禀，谅已早承察阅。

男自遭遇此次奇变，及七八月间南北奔走之辛劳以还，精神上受之前未有之打击，身体上亦感无上之疲敝困乏。近一月来意兴毫无，万念俱灰，间尝泫然愤叹，何我生之不幸若是耶！

亡媳之得有肺病，男固知其必不永年，特不料其弃我如是之速。去年冬季病亦甚笃，经多方医治，病已减去大半。今春有孕，男时引为深忧，但亦不敢去胎。一以本人胆小未必肯往医院打胎；二以恽家亦未必同意，恐亦有不测之险，男因是迟疑不决，惟嘱其静养以听天命。三、四、五数月间身体尚好，颇能随男出门，男因此不甚注意其病体之危险。六月间在西山养病时，男有事回城，尽留一女仆陪侍，不意受一宵烈风雷雨之惊吓，嗓音顿低，哑痨之现象渐露。次日迎归，已非上山前之健康活泼矣。熟料未数日而大人病重，催男速归之电又到，亡媳既惊且急，深夜助男料理行装，亦劳亦愁，自男阴历七月初六日行后十余日，昼夜未合眼（此后每日仅睡一二小时）。一以不知大人当时病状何如；一以不知男路上情形何如。盖男自民国十五年结婚后从未离亡媳以远行也。自是以还嗓音全失，身体顿形衰弱，故召男速归之电实不啻亡媳之一纸催命符。亡媳性情太好，七、八两月男不在北京时，病势深沉，天天发热，不能安眠，寄男之书信中从未肯道一嘱男回平之语，盖恐男之糟急心不安也。迨八月底，岳父急函嘱男速先回平一行，男即整理行装北旋，及至见亡媳消瘦已失人形，然犹能照常起床自由行动。以嗓音哑，并嗓子痛兼有咳嗽，请北京名医曹巽轩（苏州人，曾充总统府医官）医治，连服三剂即不能起床。继请德国名医诊治，称已无法施治，服其药十日，嗓子更痛，至滴水粒米不能下咽，昼夜不克安睡，而元气于是大挫。男亲侍其侧，见其所受痛苦及本人所感之痛苦，迄今每一思之，不禁泫然流涕，此阴历九月底之情形也。迨十月初，稍见转机，方以为由是可以日渐复原，不意立冬后病情急变，胎动欲生，而母体乃随之不支矣。

唉！男经过此种不幸之变故，伤痛岂能言语形容耶？现男以精神上所受之刺激太深，尝觉心志无所适，终日昏昏不知所措也。

专此敬禀。肃请福安。

男舆叩

十二月初四日灯下

父亲大人膝下：

谨禀者。久未奉禀叩安，良感歉愧，伏维福履清胜为祝。

男自上年冬季突遭变故后，心绪恶劣，万状惨痛，不堪言喻。而一年来复东西南北奔波，行踪靡定，故心神迄无安顿之时。诚哉君子不能与命争也。

兹于日内赴平为亡室灵柩觅借公共场所暂厝，俟将来再行择地安葬。夏历本月十三日为亡室忌日周年，定于是日在长春寺饭僧超度开吊，厝葬日期亦以批，拟择在二十日前后。兹将所撰《亡室事略》一篇寄奉察阅。如荷大人撰书挽联（如仅寄联句，请寄至北平西城成方街四十号收转），请于本月十五日左右径寄北平宣外下斜街长春寺孙恽氏灵右可也。（能在十五日前寄到最好）

专此谨禀。祇请福安。不一。

男智與谨叩

十一月廿三日夏历十月初四日

阖家均此问好。

268

1930-12-5

父亲大人膝下：

谨禀者。日昨奉读夏历十月初九日赐谕，敬悉一是，并稔福体康愉，至以为慰。

男初意拟于十月十三日忌日周年为亡媳唪经开吊，即于次日移灵暂厝，惟以上月在安庆滞留太久，到平太迟，诸事均未预备妥帖，讣闻亦未印就。故改于国历十二月二十一日（夏历十一月初三日）开吊，二十二日移灵南城公善堂暂厝，一俟诸事料理清楚，拟赴津小住一二月。现天津特别市市长臧启芳（字哲轩），系男民国八年第二届高等文官考试经济专科同年，故拟往津谋一局长或特别区主任官之职，但此种优美地位非短期间所能办到（因现已有人），须徐徐商量设法调动，当在津候三四个星期方有办法。惟男近三四个月来各处奔波淹留，所用旅费约在千元以上，足知在外生活之艰，并足证谋事之难，然仍一事未成。上半年三四月间因奔波所出旅资亦在五百元以上，至其余各月就事所得之俸金，不过维持本人之生活及寻常用费而已。在平，两小孩每月需二三十元之用款，常由恽家代出，而男各处奔波之资均承友朋美意相助。

现届葬事完毕，又须赴津旅居，男在平，一时不易调动款项，务请大人代嘱潜德从速筹措贰佰元以应急，定半年为期（接洽情形如何，请即示复为要）。倘贰佰元不易立时筹集，先汇壹佰元应用，如潜德索取收条或期票，即请赐为代写可也。男近数年时运多舛，明年流年甚佳，据术者言当可剩余一二万元，自四十二岁至六十一岁有二十年大运，此二十年中贵为特任官，富在五十万以上（星相家对余多如是说)。男对兄弟姊妹暨子侄辈毫无分别，一律待遇，将来后辈子侄当可稍稍享福。惜男行运太晚，长者未必能目睹华富而亲与其盛耳。男连年来虽潦倒万分，而迈壮之志气犹昔，目光精神俱未稍逊也。此则可为长者稍慰者也。

男以浦石头之款迄未清偿，心中殊感歉愧，故上月函托杨州淮南盐务缉私局陈局长为百朋外甥安插一事，陈局长函复局中职员均已委定，惟既系男之外甥，令其前去帮忙可也(月薪可在五十元以上)。百朋外甥以新病之余，年内未能前往就职。亲友中颇有垂涎此事者，男均不予推荐。百朋亲系外甥，又有别种关系，故虽不托，男见有机会即为设法。其他亲戚或友朋以空面子托男谋事者，固难心愿为之设法也。要之，我人在外得一相当地位，在友朋间得一可以荐人之交情，谈何容易。到有用之时，固不能随便轻轻送人一人情，此中委曲情节，可婉转向潜德道之。[(潜德外甥(盛法菴)曾托我谋事，我□无机会，并亦以无代为谋事之深交情)]

专此谨禀。余容续陈。敬请福安。不一。

男智舆谨叩

国历十二月五日夜三时

父亲大人膝下：

谨禀者。本月六日挂号寄上一禀，谅可送到。

亡媳丧事定二十一日唪经开吊，二十二日移灵厝。葬事毕，拟赴津暂住。丧事讣闻东梓发一个，大源发一个，在龙门旭楼叔父及京第、中秋二叔各发一个，以其为最近之叔叔不得不稍通知，亦非令人送礼之意。其余亲友同族一概不发，未审大人之意以为何如?

前禀中请向潜德接洽款事，务盼从速，力与商妥为要。此与男明年一年之利达与否大有关系，望弗等闲视之。接洽情形如何，至祈先行示知是幸。

专此谨禀。顺请福安。不一。

男智舆谨叩

十二月十三日

270

1931-2-19

父亲大人膝下：

谨禀者。阳历年前十二月间寄到北平两次谕示，均已敬悉。男自上月一日到津后，将及两月（计一月另二十日）。此两月以来常以事往来津平间及他各省市，大有席不暇暖之势，缘是在津，每无五日、十日之休息时间，身心甚觉困惫。至男前途进行计划，大致已定，继续努力当可见诸事实，即或不成，亦命运所定耳。据星相家言，今、明两年当较前数年为佳，且财运亦甚亨通，四十以后（四十四、五、六、七、八等）必有大得意之时，现在一时运气不佳，只可忍之。尚冀大人勿以家事败坏至斯而忧虑伤心为幸。俟男好运转来，家事概由我负责可也。倘男经济状况稍佳，能有富裕款项，即当资助三哥一二千元在本省经营商业，家中儿侄辈教育费及他各项应用之费均可由男设法筹划，惟目前尚谈不到此。望家中上下大小坚忍勤俭守下去，将来必有兴旺快意之一日。家庭以和睦为上，弗以小事而闹意气，相争不下，为他人所窃笑也。

男上月以各处奔波身体常感不适，近日尚觉健愉，敬祈弗念。男前数月在平时承亲友们均以男断弦无人招呼小孩为虑，欲为说媒。张文襄公（即张之洞）之孙（系旧日同事）自动的欲以其妹字我，托人向我提亲数次，男均婉谢。一则男此时不愿攀结高门第自增负累，一则男此后四五年间当系一四方奔波之人，有家实属不便（在津时总住青年会，惟常往来各处，行踪殊不定。倘寄信，即寄至天津东马路青年会三楼四十四号）。非俟男生活问题解决后，绝对不谈此事，且目前亦无再娶之必要。拟于男生平志愿达到功业粗就之时再行计议。前次谕示问及盛法菴是何人，即盛式如之号，闻现在中东路任事，当尚可维持也。

专此肃禀。余容续陈。敬请福安。并颂春禧。

男智舆谨叩

初三日夕

家中大小，均此问安，并道年禧。

上年恽氏安厝（系平厝，并未入地）日期，系照原定计划，以不便改定也。窃意我运已败极至此，当已无再趋败极之余地。倘时日之关系如此重大，则善择时日及精通地理者，当必个个做高官发大财矣，然欤？否欤？

271

1931

父亲大人膝下：

谨禀者。三月十四日来谕读悉。以心烦意乱，所谋均未成，故迟迟回禀一切。

男闲居熟思家庭生活总解决问题，及以后儿侄辈出路，辄百思而不得妙计。以目下置田造屋时价计，有洋千元，未必能置上等田十亩，或造屋一所。以我家人口之繁殖，倘积洋五千或一万，仍未必能解决全家生活问题。我家世居乡村，自先代以迄后辈子弟，均质朴老实，为官为商均非所宜，均非人敌。男意研究农业设法往边疆经营垦荒及森林事业，则三五年后必有成绩可观。男近闻东三省友人谈及吉林、黑龙江两省上等膏腴之田地，每百亩不过值洋百数十元，倘有洋五千元，可以购置上等好田四千数百亩，以言建屋则木料非常便宜，万山松林可以自由采取，较之南方情形大有霄壤之别。男意倘于五年之内不能致五六万之财富，则将迁居吉林、黑龙江，以解决全家生活问题。

俟男将债务清偿后，筹得五六千元之资本，则拟舍作官而前往经营垦牧事业。五年、十年以后，虽不能成一大富翁，必将成一大地主，子子孙孙不愁衣食矣。如男目的达到，一切布置妥帖，凡家中人愿随我往者则均请迁居焉（请抚慰家中人勿愁目前现状，将来自有解决困苦方法）；不愿者，则俟男富有力时为买田数百亩作为祭田，留居故里照管祭田看守坟墓，此乃我家穷极无法之政策。穷则变变斯通，倘假大人十年之寿，遨游长白山清室发祥之地，得一余脉而作百年后之吉地，则我家后世其大昌矣（昔日江苏、浙江省长齐耀琳、齐耀珊之祖坟，即在长白山据之，系清室发祥地之右侧龙脉）。

专此。匆匆禀白。敬请福安。并询阖家安好。

男舆叩

父亲大人膝下：

谨禀者。上月由沪寄上一禀，谅承察阅。

赴宁后二日（上月十五日起）即患目疾，在宁医治两星期，不特毫无效果，且致左目完全失明（失明已有三星期），乃于本月八日来沪就医。经沪上眼科名医李清茂诊治后，近二日来，左目已有渐渐回复光明之希望，惟医药费为数浩大，实难筹措。眼为读书人最要之官能，倘左目自此失明即成为废人，决不能以经济之困难置而不理。此次南来，疾病重重，不幸万状进行之事，以政局之骤变而搁置，诚运之蹇也。

专此谨禀。敬请福安。

男智與谨叩

十七日

273

1932-1-27

父亲大人膝下：

谨禀者。接读本月十五日来谕，敬悉种切。

上年恽室丧事，系暂时安厝，并非正式穴葬，柩在土面亦非埋入地下，向则朝南，日期利不利所关甚微。忆去年谕称向宜东西，不利南北，此次则称向宜南北，不宜东西，未知何故？男此次安厝地方之局势不能朝东西，故仍朝南。以谕称宜向东西，故南向而微偏西也。

恽家岳母本年阴历七月十五日逝世，是时男在北平，自己送挽联，送经（和尚念经）一天，又送祭席做头七，代大人送双丝葛祭幛一轴。男以当时通告由龙门送吊礼，恐到开吊日未必赶得及，故代购送双丝葛祭幛了事，且当时悼启并未拟就，即通知大人撰联，致送亦无从下笔。此时距开吊日期将过四个月，联轴均不便再送。虽未安葬，仍尚停灵北平长春寺，但灵堂已无挂联余地。男意单钞送联句、挽诗、备函、慰唁可也，倘大人手头尚余裕，能致送奠敬伍拾元，至少或式拾元则可。客岁四内弟婚事，男即送缎幛一轴，敬伍拾元。今年则以实在经济困难无法筹措，故仅送祭席送佛事（诵经）及挽联等物而已。若经济宽裕，则以彼此关系之深，至少当送奠敬百元，盖以近年来恽家境况并不宽裕如前耳。

男之两孩雇女仆看管，寄寓恽家，由二内弟妇及四内弟妇代为招呼。大女孩自其母逝世后即寄寓二内弟妇处（另雇女仆服侍），托其照管。今年春天，男小孩亦由二弟妇收管。自阴历四月间，恽岳母自安徽回平后，租定房屋，始将两小孩接去看养，不料岳母回平后竟一卧不起，两小孩致无人负责照管，诚极大不幸事也。总须待男本人事定，方能筹划安顿办法。四五年以来种种不幸之事笔难尽述，每一念及既往与将来，两眼不觉为之欲裂。

此番到宁所谋之事，又遭失败行运之坏，诚蔑以加矣。男目疾初起时微红，并非泻红，近日则由表面而观与好眼无大差异，惟看不清任何物件耳。现在医院医治主治人系德国人，不吃药亦不注药于眼中，惟用药针注射皮肤内，据称此等目疾非吃药及添眼药于眼中所能疗治，完全在眼睛中间，即眼睛中层有痨菌耳。拟在此疗治半月再说，倘有进步，当即禀闻。

专此奉闻。敬请福安。家中均此问好。

男智舆叩

一月廿七日

274

1932-2-9

父亲大人膝下：

谨禀者。上月二十八日寄上一禀，谅早送呈察阅。

男在宝隆医院[1]经德国医生诊治以来，左目业已渐向光明之途。近数日来更觉奏效神速，已能辨别物件及各种颜色，惟不能认清字画。再过三四星期或能恢复原有目力，亦未可知。医治之法既不吃药亦不用眼药，纯以药针注射药水于肩背间，二日或一日施治一次，此非眼科专家且具有经验者不知用此法。男初求治于沪上眼科名医李清茂，诊治十余日，尚难断定病由。而宝隆医院之德人诊察之后，即断定系结核性菌之眼疾，按法施治，日起有功，诚此不幸中之幸也。

承垂询上年恽府丧事应送何礼，男于前函曾详陈一切，不审如何办理？便中还希谕示一二为祷。男现在外抱病，用费甚巨，虽向友朋暂借数百元，亦仍不敷。如能设法代借一二百元以解男之困境，实所盼祷。

专此书陈。敬请福安。并颂阖家春禧。

男智舆谨叩

九日

来示请仍寄法界霞飞路东昌旅社。因在医院将近一月，或当移出休养。

1. 宝隆医院，即同济医院，由埃里希·宝隆始建于 1900 年，是“德文医学堂”（同济大学）的实习医院。1909 年宝隆去世后，为纪念他的功绩，同济医院更名为宝隆医院。

宝隆医院大门（民国时期）

275

1932-2-13

父亲大人膝下：

谨禀者。日前寄上一禀，谅可送达。

恽家丧礼，男意于抄送挽联联句及挽诗外，至少须送奠敬式十元，能多送更善。礼尚往来，犹忆十八年男回南时，先岳母因知大人重病恐系老年体虚，故为时疫所侵，嘱带赠鹿茸数两，该物值价甚贵。凡人未曾得过我好处者有礼来，遇到特殊事情发生时，即当以相当礼物报赠之，否则必为人所讥笑。恽家系江南望族，在平素以豪奢出名，倘送礼过薄与自己面子不好。吾人平日居家宜俭，于应酬上，宜从丰者即特别从丰，此处世之道也。

至男之目疾，医治费未始不想减省，无如欲目疾之速愈（心甚焦急），不得不请沪上外国名医诊治，倘目疾能速愈，虽目前牺牲一切均可。所称杭州弼教坊[1]有一好眼科，果系真好，男亦不妨前往就医。据本医院有患目疾者数人面称，曾往弼教坊求治悉无效（大概能医普通目疾），到此医院则渐有进步。又所称瞳神反背，能用神针拨转，此系神话，此系医者愚弄无智识之乡民作为敛钱之计，此种谈话非能称道，或能证明于现今科学昌明，医术进步之时代也。沪上亦有称为某某道人能疗治各疾病，并可不用针药并登报声明不取费者，男往探问均系愚骗乡民之神话，且假称能治好，但须设坛念咒四十九天，需索香烛费五十元。开口即所钜费，男既不信其言，即诘问该道人：“你登报声明为结缘不取费，何为索费？”该道人语塞无以对。男涉迹欧

1. 弼教坊，区片名，今浣纱路至中山中路附近区域。

西，遍历中外名都，所有思想当然与大人不同。昔日恽媳之物，故非因吃外国药水打外国药针之故，实因境遇不佳，自忧兼且为男忧，致抑郁以终。

男之境遇困难一至于斯，近四五年来做事之不顺利，即因十五年不赴坎拿大就任领事之故。男之不赴坎拿大系恽媳及恽氏父母力阻，当时男亦曾函商大人，亦经以年老劝阻。而自十六年以来，男事事与愿违，处境甚困，又非富有子弟，故恽媳口虽不言心中深悔当年不从男言赴坎拿大，朝夕幽闷，既无以对我，又感境遇艰难无以安然维持，故常幽闷抑郁致肺痨日深，而竟以此而终也。甚矣无资产之吃亏。男上次事之失败及种种不利皆以经济困难之故（现在做官与从前不同，友朋同学无交情，完全势利）。

专此。敬请福安。不一。

男智舆叩

二月十三日

现在外交次长徐谟[1]及教育次长段锡朋[2]均系同学，男以贫病交加未能赴宁设法活动。

闻庚三在沪做公债生意，大亏空，现避往他处云。

---

1. 徐谟（1893—1956），字叔谟，江苏吴县人，中国现代法学家、外交家。
2. 段锡朋（1896—1948），字书贻，江西永新人，曾任南京国立中央大学代理校长、中央训练团教育委员会主席等职。

父亲大人膝下：

谨禀者。上月迭奉数函，谅均承察阅。

男目疾虽渐就痊可，但离恢复原状时期尚远。惟以在医院需费浩大，经济上无办法，故于日前向恽媳姑母处挪用弍百元，付清医院各项用费，迁出医院。现因上海受日本攻击，时局紧急，各方面经济均极形竭蹶，实难向朋友通款，有钱之朋友亦不肯通款，而屡次向间接之亲戚借钱，甚感难以启齿。务请大人在本乡先代为筹借百数元，从速汇寄，以资维持现状。另有一函致树穀叔祖，即希着人带去面商。

男之所以不回家养病者，则以在沪可时与沪相见有清闲之职务，即可托为介绍，若回家则与友朋隔绝矣。当中日未开始冲突以前，曾有友竭力代向淞沪警备司令部、上海市政府、英国工部局等处接洽，谋一清闲职务，藉得在沪医病。不幸中日发生冲突，诸事停顿，运之不通有如此者。现男急盼将目疾治愈，日后不患无事可做。若目疾全愈，即可托军政部何部长之弟介绍到兵工厂就事。兹目疾未愈，人必以男不便做事，不肯竭力设法介绍。实际上紧要之事，男亦不肯担任，因双目伤一，他一目亦不能多用故也。

男计划甚多，皆关于实业事务，惜以目前情形，并因时局关系，无一能达到目的。倘有一事能贯彻男之希望，则吾家子孙不患贫矣。运之未到，无一事能凑巧抱定宗旨做去，将来必有翻身之一日，惟须忍耐待之耳。

敬请福安。不一。

男智舆谨叩

三月五日

现出医院后，一面继续请医生打针，一面服中药(杞菊六味丸)，目疾完愈，必较迅速。

现在南京任部长、次长之同学，平素既少交情，此时往，我必无结果，且本人决不肯在同学之下任一小事。现拟筹办别种事务，成则大利可图。又拟往安徽一行。新任安徽印花烟酒税局长系数年老友，较有交情。但目疾未痊，经济不活动，遽难言行。

现任部、次长之同学均系昔日学力平庸或考试不及格者。现今国府用人，学与不学、才与不才倒置。

277

1932-3-16

父亲大人膝下：

谨禀者。十日前寄奉一禀，谅早已送达。

男目疾虽渐见痊，但仍尚不能恢复原状，焦急无似。设男经济宽裕，诚可安心静养，现窘迫异常，虽养而不能安心，以如斯现状养病，实难卜病之何日告痊。

目前男以如此病体，虽有事亦不能做，而欲觅一清闲挂名，又非男之能力所克办到，奈何！奈何！前禀所谈各节，务请从速设法，俾资接济为要。

男目下情形已非一言能尽，前两月间，倘无恽媳姑母之帮忙，则诚不知伊于何底，运气之坏，一至于斯，夫复何言。

专此禀陈。敬请福安。不一。

男智舆谨叩

三月十六日

阖家均此候安。

父亲大人膝下：

谨禀者。顷奉手谕，敬悉种切。所称十日寄出一函，不知寄在何处？函既未到，洋更不知所云，又未知此函及洋托何人报递，念念。

男目前情形惶窘异常。树榖叔祖所答一节，殊属缓不济急，且未知是否推托之辞，焦急无似。此外有无别的办法，良深驰悬。男现在两目表面完好如平时，惟左目不能视察清晰，写字不能作较小之楷书耳。照目前情形而言，即使有事亦不能做。向人托说，亦必以俟目疾完愈为言。奈何！奈何！

陶英生之《振瞶复明书》，男未之前知。日内即将函索一阅，以资疗养补助。杞菊六味丸已服半月有余，近精神较佳，目力较有劲，惟视察不清晰，则仍依然如故也。

敬请福安。不一。

男智舆谨叩

三月十九日

279

1932-3-26

父亲大人膝下：

谨禀者。日前寄上一函，谅可送到。

男目前待款甚急，所称张梦香之子笃生[1]迄未见莅止，亦不知其寓居何处，并无介绍，无自访会。树榖叔公所云，俟谷可粜，即可设法，惟期间不定，其意可感，无如，男迫不及待何。张笃生是否大人直接认识？有无交情？如向来熟识而有相当情感，即请书写介绍函件寄来，男即可往会向人通款。而望其自来，非至亲深交万难办到。况男在此不得意之秋，更难盼此善遇。昔日处境稍佳之际，同乡朋友闻男到沪，即追踪而集会。今则请其来，亦托故不来，世态如斯，固所深知。张处，非男亲自往访不可。肯否帮忙，尚是问题。

专此谨禀。顺请福安。

男舆叩上

廿六日（三月二十六日）

1. 笃生，即张笃生（生卒年不详），曾任杭州银行公会会长、富阳县善政乡乡长。

父亲大人膝下：

谨禀者。四月五日及十五日两谕均已收悉。

男目前所急要者，在立刻得款以应急需，非可俟之数星期或数月之后。譬如打仗前线士兵早已断粮在急，得粮食直送前方。故所开示种种迂回曲折之方法均属无济于事。树穀叔祖迄无信到张笃生处，未便自行开口，从未见过一面，安能向人通用银钱？至其他所示各节，更渺茫而无从下手，前途如何，只可待之命耳。

请匾一节，俟男他日到南京见到逵荪及他教部友人面询详情，再行酌办。现国难期间，教部职员有迁洛阳办公者，有仍留南京者，所有教部熟人，现均未通讯，尚不知其在何处。稍缓，当图之。

专此谨禀。敬请福安。

男智舆谨叩

四月二十三日

家中均此道候。

父亲大人膝下：

谨禀者。今仙第叔来寓，奉到古历元宵节及二月初四日两次手谕，并念元汇票一纸，敬悉种切。

男目疾虽渐就痊，但进步极慢依然不能看小字，大约尚需一二月工夫方可完愈。西医费用虽较大，但若治法适当，则痊愈较中医为神速。男在一月间初到上海时，左目视力张眼一物无所睹，自经宝隆德医诊治后渐放光明，今竟能略辨认小字，不可谓非治疗尚属合法。若交中医诊治，恐无如是速愈之办法。所恨者，男环境太坏，心绪恶劣，致目疾难完好欤？且目疾之起因，恐亦系当时环境之不如意，经济之无后盾，以至忧虑焦急，演成此疾。现既如斯，惟有任命，听其所之耳。

恽家吊礼，现已阅时太久，不能再送，惟诗文尚可补送，但当修函慰问并道歉意，声明北平讣闻到时，适大人赴浙东游历名山水，归来时见，距领帖开吊之期已远，不及赶办吊礼，敬寄诗文以慰幽灵云云可也。

胡公强、陈荣安[1]均十余年未见、未通讯，其他富阳亲友均如是。借款一节，未便开口。

专此谨禀。敬请福安。

男智舆谨叩

五月二日

阖家均此问好。作事有机会，惟目疾未痊，经济不活动耳。

1. 陈荣安（1897—1961），浙江富阳人。曾担任富阳上官乡副乡长、代理乡长。

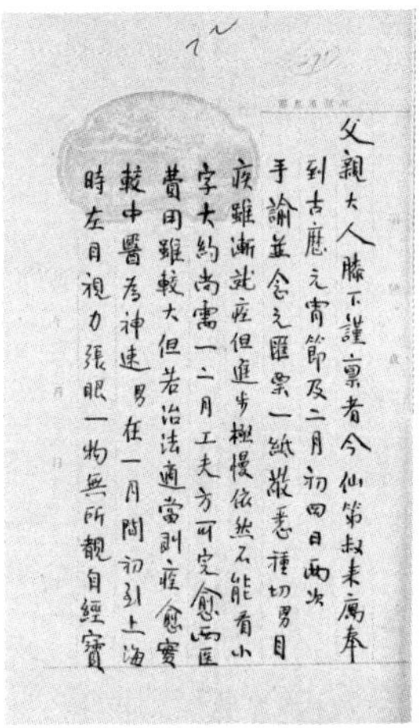
父親大人膝下謹禀者今仙弟叔来廣奉
到古歷元宵節及二月初四日兩次
手諭並合元匯票一紙敬悉種切男目
疾雖漸就痊但進步極慢依然不能看小
字大約尚需一二月工夫方可完愈西醫
費用雖較大但若治法適當則痊愈實
較中醫為神速男在一月間初到上海
時左目視力張眼一物無所覩自經寶

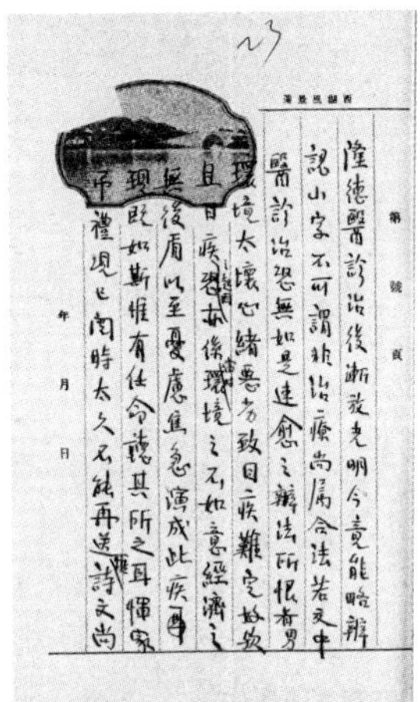
隆德醫診治後漸放光明今竟能略辨
認小字不可謂非治療尚屬合法若交中
醫診治恐無如是速愈之辦法所恨者男
環境太壞心緒惡劣致目疾難完好致
目疾…係環境之不如意經濟之
無後盾以至憂慮焦急釀成此疾再
現既如斯惟有任命聽其所之耳俾家
予禮現已閱時太久不能再送詩文尚

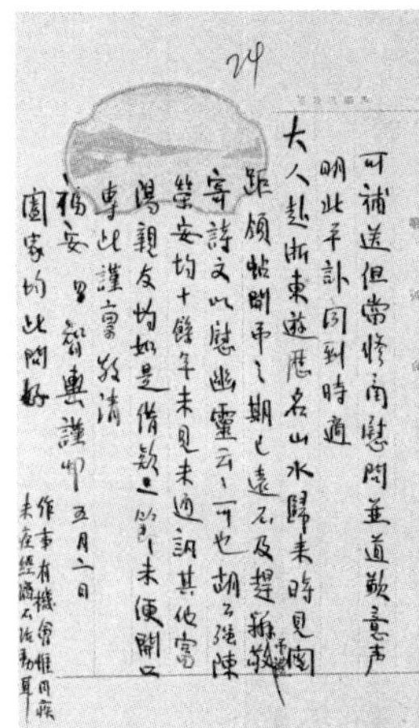
可補送但當修函慰問並道歉意聲
明此乎訃闻到時適
大人赴浙東遊歷名山水歸來時見閱
距頒帖開弔之期已遠不及提前致
寄詩文以慰幽靈云云可也胡石涯陳
榮安均十餘年未見未通訊其他官
場親友均如是備款之家未便開口
專此謹禀敬請
福安　男　智典謹叩　五月二日
園家均此問好
作事有機會唯目疾未痊經濟不能動耳

信稿书影

父亲大人膝下：

谨禀者。上月杪仙第叔来访，看后即寄奉一禀，谅早已送到。

本月五日接读二哥来书，知已亲往富阳为男催款，至慰。上月郑震亚（郑清泉之子）到沪造访，倾谈数次。男曾切托其向树穀催汇借款，嗣于本月初郑君来函，谓树穀叔祖已允于本月十日左右筹汇二百元。男深防其言而不信，或因当郑君之面，难以推辞，固料其十日左右必无款寄到，但急用多种，实难顷刻等候，故又函请郑君转函张笃生先行填付，以应急需当。蒙郑君于七日由杭函知张笃生先行填付一百元，张即于九日约男宴饮时面交该款。若无此款，则数日间男将发生无穷困难。

仙第叔来时男曾托其向仁友处移借二三百元，务希速办，以便款到后将欠账料理清楚。后赴皖一行，男处境虽甚困难，但不肯随便向人开口借钱。一以维持本人身分，一以无交情而向人借钱，徒招辱耳。缘是，男虽不得意而令名依然无伤也。仙第叔若往大人处陈达一切，敬祈共同即速办理为要。

专此谨禀。顺请福安。

男智舆谨叩

五月十三日

阖家均此候安。

283

1932-5-19

父亲大人膝下：

谨禀者，日前寄奉一禀，计已送达。

张笃生虽已认识，但毫无交情，未便即开口借钱。本月九日由郑震亚函托先行填付一百圆，系指树縠叔祖借款项下划还（此款曾托郑君催汇）。前项收到之百圆，业已还付上年在南京青年会所欠之住宿费七十余圆，及托人携送行李费十数元，故该款收到后，即行告罄。现天气大热，所有夏季衣服均在北京。又急须赴皖一行，需款孔殷，迫不及待，时时焦心苦虑，神志无片刻之安。

前禀曾谈及老友方君现任安徽印花菸酒税总局局长，男拟前往当面商量，盼任一分局长。税收丰旺之分局长，每年亦可赢余数万元。而以旅费无着，此间欠账不能清偿，迄难成行，恐将坐失良机，莫可挽回。本可先行函商方君，目下世人势利万分，虽系十数年老友，若函商必当以空函答复，亲往恳求定有若干面情帮一次忙。且方君在沪时曾会晤多次，彼此已有一种默契，及时前往商托，当不致落空，晚则不及矣。方君于本月一日就职，现已将三星期，务请大人从速为男贷备三百元以应急需，一切债务责任由男自负。

仙第叔回里，不审已与大人照面否？念念。倘不愿自行出面借款，用男名义或请他人代为筹划应急。二哥往马家找树縠叔祖，未知结果如何？并念。

专此禀陈。敬盼速复。顺请福安。不一。

男智舆谨叩

五月十九日

284

1932-7-13

父亲大人膝下：

谨禀者。上月初仙第到沪交到手谕一件，银洋二百元。当时以杂事繁琐，日夜不得安定，故迄未能作复禀告一切。

同月五日偕安徽王君赴芜，在芜旅八九日，与方局长谈商数次，始允于一二月间设法腾出一缺。十四日回到南京住一星期，仅访熟友数人。盖男现尚不胜奔波之劳，为大人请匾额事已托钱卓英兄向内政部询查代办，最好于便中开寄一行述节略，俾得代作呈文，呈请颁给匾额。

至教育部方面，须捐资兴学者方得呈请云。离南京后到常州住数天。上月二十六日返沪，以目疾转剧，兼以天气热不可耐，身体稍觉不适，故未克握管作函。今日天气尤热，男现所住房屋狭小，自上午十一时迄下五六时简直一事不能做，烈日诚可畏也已。

仙第叔何日来沪？请转告到沪时来寓一晤为要。天热不克多写。

容再续陈。敬请福安。不备。

男智舆谨叩

七月十三日

家中均此问好。安徽事可有希望，但预缴税款保证金须数千元（大局三四千元、小局一二千元），将来事成，尚须找人合办。

父亲大人膝下：

谨禀者。月初寄上一禀，谅已早承垂察。

男目疾近更稍有进步，惟完全恢复原状，一时恐尚谈不到。进行各事，近有一二机会，约十日内外可以决定，安徽税务事尚须稍待时机，且须自己有钱可填缴税款方可承办，此层颇感困难。此外，尚有一友曾充师旅长等职，现正与当道接洽，拟重集队伍编成一师。如能达到目的，该友曾面约数次，必请男任师部秘书长。现男亦甚愿为军人帮忙作事，盖在军界作事可以有权，文官无权且升迁甚慢。现在各省省府委员、厅长多半均系行伍出身，或与军人有深切关系者。论其学问资格，则远不如我辈，故观察目前政界情形真令人气死，只可静候时会耳。

男现在情形困难万分，既须有钱生活，复须有钱医病，以致债台高筑，无自脱身也。请匾额事，男返沪后曾催询钱君卓英，尚无复音，日内当再函问之。上次来谕，所述家事各节，拟俟男自身职务确定后，设法处理一切。目下心烦无状，未便答复。总之，俟男运气稍转，本人有相当办法（秋后或有好运）。家中儿侄辈前途之事，均男之责任也。目前潦倒万分之时，催询逼迫，均无裨益。至树穀叔祖前借贰佰元款项，在民国八、九年间一峰向男支出一百二三十元，后在民国十三、十四年间一峰尚在北平，彼时男适回国，又迭向男支去六七十元。男曾嘱一峰函告其父，想树穀叔祖未必不知情也。

专此。匆匆禀陈。敬请暑安。并颂阖家安好。

男智舆叩

七月三十一日

仙第叔何时来沪？到沪，务请其来寓一谈。前称为男借妥一百元，现急切待用。

现寓法界金神父路二二五弄（即群贤别墅[1]）十八号朱宅。

1. 群贤别墅，现位于上海黄浦区瑞金二路 225 弄。

286

1932-8-3

父亲大人膝下：

谨禀者。前寄上一禀，谅可送达。

男现所进行之事，日内当有一事可成，但尚未完全确定，俟确定即当函报。仙第叔似久未来沪，男已数次函沪南福安公司，请其来寓一晤，迄未见到。当以本地天气亢旱，因农事不克分身到沪也。

渠前称已为男借妥一百元。目前急待需用。倘渠一时不能来沪，请其速函福安公司划交为要，为盼！迫切待候，务望从速转为商催，是幸！

专此。敬请福安。并颂阖家安好。

男智舆叩

八月三日

287

1932-8-13

父亲大人膝下：

谨禀者。月初肃奉一禀，谅承垂察。

本月十一日仙第叔来寓相晤，藉审家中上下均嘱安善。乡间农事亦已得甘霖相济，甚慰！甚慰！男近半年所谋主要事务皆未达到目的，而试谋不望有成之事件业已得有一种成功，即前日上海特区法院（现称江苏高等法院第二分院[1]）送到命令一件，派男为该院书记官兼洋文秘书院长（此种小事，聊以维持生活，望弗告人）。

沈先生[2]系男昔日共事之长官，即民国十七、八年间北平市政府之秘书长。当时男在市政府秘书处充编纂主任，有此渊源。上月底复经有力友人之关说，因能得此迅速之结果。职位虽不佳，但在沪之生活费及医药费自此可有着落，不必时时月月告贷于友人矣。

其他进行之事仍拟竭力图之，一俟得有较善之机会即当迁调。想承垂念，用特奉闻。请匾事屡次催询钱卓英兄，迄未见复，不知钱兄是否病倒？抑往他处矣。诚闷！诚闷！

专此禀陈。余容续达。敬请福安。并颂阖家安好。

男智舆谨叩

八月十三日

来谕请寄金神父路二二五弄十八号为要。

1. 江苏高等法院第二分院正式成立于1930年4月1日，管辖上海公共租界内一审政治案件和地方法院民刑事上诉案件的审理和检察。
2. 沈先生，即沈家彝（1882—1954），字季让，江苏江宁人。曾任京师高等审判厅厅长、北平特别市政府秘书长等职。

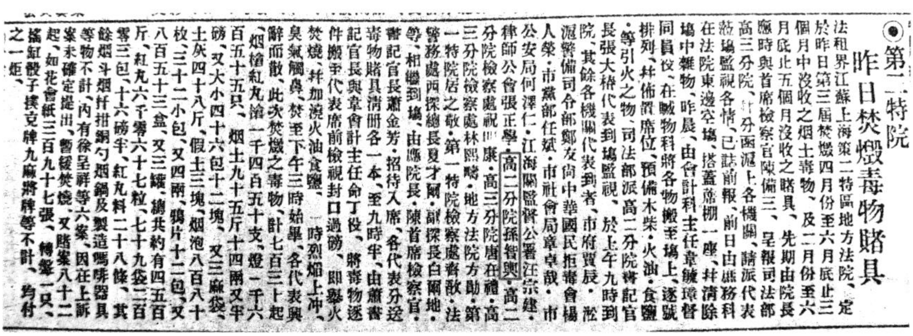

◉第二特院

昨日焚燬毒物賭具

法租界江蘇上海第二特區地方法院、定於昨日第三屆焚燬四月份至六月底止三個月中沒收之烟土毒物、及二月份至六月底止五個月沒收之賭具、先期由院長應時與首席檢察官陳備三、呈報司法部蒞塢監視各情、已誌前報、前日由庶務科在法院東邊空塢、搭蓋蘆棚一座、幷清除塢中雜物、昨晨、由會計科主任章毓璋督同員役、在贓物科將各物搬至塢上、逐號排列、幷佈置席位、預備木柴・火油・食鹽・等引火之物、司法部派高二分院書記官長張大椿代表到塢監視、於上午九時到院、其餘各機關代表到者、市府賈晨・淞滬警備司令部鄭友尚中華國民拒毒會楊人槃・市黨部任斌・市社會局章卓哉・市公安局何澤仁・江海關監督公署汪宗建・律師公會張正學・高二分院孫智輿・高二分院檢察處祝世康・高三分院唐在禮・高三分院檢察處林熙曦・地方法院方勛・第一特院居之敬・第一特院檢察處齊敔・法警務處西探總長夏才爾・副探長白爾地・等、相繼到塢、由應院長・陳首席檢察官・書記官長蕭金芳・招待入席、各代表分送毒物賭具清冊各一本、至九時半、由蕭書記官長與章會計主任命丁役、將毒物逐件搬至代表席前檢視封口過磅、即舉火焚燒、幷加澆火油食鹽、一時烈焰上冲、臭氣觸鼻、焚至下午三時始畢、各代表與辭而散、此次焚燬之毒物、計七百三十起、烟槍紅丸槍一千四百五十支、燈一千六百五十五只、烟土九十五斤十四兩又半磅、又大小四十六包十二塊、又三麻袋、土灰四十八斤、假土三塊、烟泡八百八十枚、三十二小包、又四兩、鴉片十二包、又八百五十三盒、又三罐、總共約有四五百斤、紅丸六千零六十七粒、七十九袋二百零三包、十六磅半、紅丸料二十八條、其餘烟斗烟扦扭銅勺烟鍋及製造嗎啡器具等物不計、內有徐呈祥等六案、因在上訴案未確定提出、暫緩焚燒、又賭案八十二起、如花會紙三百九十七張、轉盤一只、搖缸骰子撲克牌九麻將牌等不計、均付之一炬、

《申报》（1932 年 8 月 24 日）刊登“第二特院”新闻载有孙问西工作消息

288

1932-9-20

父亲大人膝下：

谨禀者。月初，接读上月中旬所寄手谕，敬悉种切。

请匾事，钱卓英兄寄到内政部章程二本，但中秋节前仙第叔来寓，时适男尚未归，故不克即行奉呈。至请匾手续可由本地县政府依序呈请，或径向内政部呈请，拟俟大人披阅章程后再定办法。尚有一事函中不便直陈，拟俟仙第叔到沪时详告。时局情形，托其转达（到冬季，大局恐重大变化）。

男目疾依然未有起色，虽中西医疗并行，进步仍甚缓慢，焦恨无似。前托仙第叔借妥之款，现急待需用，请转告。此次来沪，即向对方接洽妥帖为要。

专此肃陈。敬请福安。不一。

男智舆叩

九月二十日

谕称共寄两谕，收到一件。树榖叔祖已故，试问多金而吝啬，何为？

父亲大人膝下：

谨禀者。十月五日来谕，敬悉请匾一事，男时在心中。惟以本人不在南京，诸多不便自办。托友代办，或函去而不复，或复而迟延，极感不快。且在南京向内政部请匾，有同乡官在简任以上者，二名具保。男现不在京，又潦倒如斯，恐寄函宇襄、赋林诸兄托为代办，恐未必能应求也。不如在县呈请转详省府，较为便捷。索到内政部褒扬条例两本，已托仙第叔带呈查阅，请照条例，请求褒扬方法，嘱二哥办理可也。

十一月间男倘能脱身，拟回里一行。男现在又复进行他事。届时如获成功，达到目的，并当为大人稍稍铺张祝寿。至事之成或否，一二月内谅可决定矣。

承询静远婚事，男拟暂行从缓再说，理由俟他日见面时详谈。

专此。匆匆禀复。敬请福安。不备。

男舆叩

十月十六日

家中均此候好。

290
1933-3-11

父亲大人膝下：

谨禀者。数月未通音问，实以男昼间事务甚忙，竟无暇晷可以写信，夜间又以目疾未愈，不敢写字看书，致阻进步，缘是禀信稀少，甚为歉憾。

至于为大人请匾褒扬事，男虽时在意中，但以本人不在南京，事事托人未有可靠者，且必须荐任以上之同乡官吏具结呈保。男现在不得意，恐同乡官吏太势利，不之应也。且国民政府之命运或不长，某室将有复兴之希望。彼时倘大人欲得褒扬匾额，无论任何时均可办到。以北京亲家与某室有特殊关系故也。男民八所考得之官吏资格，民政府且不承认，遑论其他，故男因是亦不欲急于在现时代下作官也。

至开示药方一纸已敬悉，效果如何且不谈。姑请预备好后，送至沪上一试为要。

肃此奉禀。敬请福安。并请阖家均安。

男舆谨叩

三月十一日

男不久将移寓，并拟赴南京一行。来函请寄上海爱多亚路[1]伯庸药房汪宝荣君（此人系男学生）收转。

---

1. 上海爱多亚路，今延安东路。

父亲大人膝下：

谨禀者。月初寄上一禀，未知送到否？日前接读关金妹丈来函，藉悉大人于二月中旬有大源之行，谅福体必康健胜常，至以为慰。

男以法院事待遇微薄，不特无以赡家，且一人在外，生活及医药各费尚时虞不给，故拟别图进行。惟目前做官如经商，非有钱与人联络，难以进身。男经济状况如是，兼有目疾未疗，奈何！但亦不能不努力奋斗，以期打开困难之环境。现所进行之事有若干件，如克达到目的，则亦可以苟安一时。

前谈匾额，已于上次禀中约略叙明，兹不赘及。医眼药方，请购备妥帖带来应用为要。

专此。匆匆禀陈。余容续达。敬请福安。

男智舆谨叩

三月二十日

男现住上海法界福履理路二三八号。

男目前仍拟赴外洋一行，此事已在进行中。

292

1933-5-15

父亲大人膝下：

谨禀者。仙第叔到，携来眼药一研，手谕一封，收悉种切。

男目疾略见进步，惟一时殊难恢复原状耳。杞菊六味丸及济生归脾丸两药自上年正、二月间起连服年余，从未中断。恐想因药力薄弱，难见速效。此次带到药水洗用时须吃斋，旅居在外，实感不便，当勉试之。煎药一节，容后试服，此时不易办到。

至承询进行之事情，男已赴京两次，曾数度与外交当局磋商，已蒙允为设法。惟男必欲赴南洋，以期实现我之目的与计划，故须稍候以待调动，谅一二月内必有确实消息。苟能达到此项目的，则男之微志略可借以伸展矣。

人生命运有定数，男近七八年来经过，实不堪回首推想也。今惟尽力设法，以图向前进行已耳。坟事恳祈，即赐斟酌办理为幸。

专此禀复。余容续陈。敬请福安。不一。

男舆谨叩

五月十五日

蔡府上，均祈代为问好。不另。

父亲大人膝下：

谨禀者。日前寄上一禀，谅已早承察阅。

男进行之事，外交方面已蒙当局允为设法。内政方面亦承老友卢君[1]（现任内政部司长）允，向内政部黄部长[2]推荐。现卢君因事尚在北平，近迭来两函，称不日回宁，到后即将代为设法云云。

男法院事早已辞去，编译书籍[3]事因目疾，不耐辛苦，未克竟日工作，故成绩甚鲜。现惟静候希望中之事之速成耳。但沪居不易，且兼有疾病，奈何！奈何！

专此谨禀。顺请福安。不一。

男舆谨叩

十九日

蔡府上均希代为问好。

1. 卢君，即卢锡荣（1895—1958），字晋侯，云南陆良人。早年留美，著有《欧美十五国游记》。曾任教于大夏大学、中央大学等高校。
2. 黄部长，即黄绍竑（1895—1966），原名绍雄，字季宽，广西容县人。早年入广西陆军小学第四期，与李宗仁、白崇禧是同学。
3. 编译书籍事，指编译《美国现代史》一事。

1933 年孙问西的著作《美国现代史》由商务印书馆发行

父亲大人膝下：

谨禀者。小暑日手谕，敬已读悉。承示及村中煤田煤山拟集股开采事，此诚事业界之重要工业，甚佳！甚佳！

惟矿业资本重大，至少一二十万，集股不易。官商合办，谋官家之协助资金，尤为在目前时局下所难期，此其一；工商事业之创办，目的为谋利，苟无利可谋，当不能任意投掷资本，目下沪市烟煤价格每吨（一吨计三千六百斤）约自三四元起至十七八元，此项价格恐仅敷运煤，由村中山上至江边挑送之力费。其他人工运输等费，及本金之利益、股东之酬劳，各项均无所出。故纵能集资兴办，不久终当停歇，此其二。总上两种理由观之，男认为此种事业，非近数十年内所能举办，在目前且为绝对的不可能之事，未知大人意见何如？

嘱为七弟函托郑震亚兄荐一农场职务，兹已缮就一函附上，即祈转交七弟，持函亲往观前谒见郑兄为要。沪上天气炎热异常，所寓房屋不大，尤觉难耐。

专此肃陈。余容续禀。敬请福安。并候阖家均安。

男舆卬

七月十四日

七弟到富阳城内民众教育馆一问，即知郑震亚兄在何处。

295

1933

父亲大人膝下：

谨禀者。上月寄复一禀，附致郑振亚一函，谅可送达。

男于月初来宁有所进行，一二星期内或可有相当结果，惟现在尚无切实把握。俟有成就，再行禀报。至大人前欲请匾额事，现男可以办到。因内政部礼俗司司长卢君系男老友，若男在宁时当面嘱托，当无不允诺也。请将事略及呈请文件准备妥帖，由男下次到宁时办理可也。

专此谨禀。诸容续陈。敬请福安。并请阖家均安。

男智舆谨叩

十七日灯下

七弟事已有结果否？念念！

后记

2017 年，我有幸参与浙江图书馆藏信稿的整理与编目工作，就此与 7 册《问西家书》结下了不解之缘。信稿中的内容深深触动了我，也正是这份最初的感动，支撑着我在过去的 6 年里断断续续地整理释读。这 6 年，但凡稍有闲暇，我便沉浸其中，逐字逐句释文，不知不觉间，竟积累出了 16 万文字的体量。那些为《问西家书》做释读的深夜，键盘敲击声清晰如昨，至今仍历历在目。那时的我，心中常有一个朴素的念头：日后是否有机会将《问西家书》出版？能否让我的孩子长大后也能有机会读一读这些家书，了解那个时代一位知识分子的人生轨迹？

这让我想起孙问西先生在信中曾对其父亲说过的话："日记册前数年曾行之不倦。去年秋间，以事忙间断，此后自当仍循前规，以留平日之言行述作，俾后人得有以知我之所以为我。"这番话，与我出版《问西家书》的想法不谋而合，更让我坚定了心中的信念。

缘分总是来得及时又突然。2023 年底，一次偶然的机遇，我结识了浙江教育出版社的王凤珠和洪滔老师。他们对《问西家书》的出版表现出浓厚的兴趣，很快便将其列入出版项目。2024 年 9 月，《问西家书》顺利通过了省社科联的科普项目评审。这既是对孙问西先生的告慰，也意味着我多年的准备与等待终于有了圆满的回应。

缘分的奇妙之处还不止于此。2024年，我有幸结识了孙承安、孙华、孙伟良、骆建冲等老师。在孙承安老师的引荐下，何列丽女士将孙问西在 1947 年写给她奶奶的信（详见下文附件）无偿捐赠给了浙江图书馆。何女士是何满子（孙承勋）先生的长女、孙问西先生的侄孙女，如今已 80 岁高龄。这封信由她奶奶珍藏多年后传至她手上。何女士的慷慨捐赠，让这些家书得以团聚，仿佛亲人再度重逢，可谓是先祖庇佑。

这通信件意义非凡。孙问西父亲 1934 年去世，家书也于 1933 年中断。家书中最后一次提及的孙问西与恽蔼所生的两个孩子，此后便再无音讯。而在这封信中，孙问西提到北平的两个孩子已长大成人，一个二十岁、一个十八岁，正值风华正茂。相信读过《问西家书》的读者朋友都会为此感到欣慰，因此，我也将这封信件作为《问西家书》的结尾——它不仅是一段家族记忆的延续，更象征着希望的传承。我相信随着更多文献的发现，孙问西先生的人物形象将会更加饱满立体。

我常和朋友们聊起，这些家书展现的是一个不平凡的世界。孙问西先生虽然出身平凡，却凭借不懈努力，让人生绽放出别样光彩。他的经历让我明白，无论结局如何，我们都应当全力以赴、心怀希望。透过这些家书，我们更能真切感受到那个时代读书人的坚韧与执着。

如今，家书即将出版，我心中满是感激。在此，我要感谢中共杭州市富阳区委宣传部的大力支持；感谢浙江图书馆胡海荣馆长为本书作序，在学术研究道路上始终给予我鼓励与支持；感谢吴格老师、特约审读陈根民老师，他们为本书提出了许多宝贵建议，给予我极大的帮助；感谢分管领导谢贝妮副馆长、古籍保护研究中心童圣江主任及各位同仁，在信稿整理过程中给予我诸多帮助。

最后，我心中还有一个小小的愿望：希望能带着这本书，踏上孙问西先生曾经走过的路，重走他当年的“北漂”求学之旅。在这条路上，回望那个艰难动荡的时代，追忆像孙问西先生这样的读书人，为梦想拼搏的热血岁月，从中汲取前行的力量。

（附件）

二嫂[1]垂鉴：

昨日由杭州回金华，解读十八日来示，欣悉一切！

本乡圆谱，弟自当设法抽暇回去一次。惟以校中正在闹学之初，课务甚忙，那时能够抽身回家，极所愿望！家乡已多年不回去，弟时刻纪念家中，但以公务在身，兼以交通不便，迄未能如愿返家（因公赴杭，不克顺道回家一转，至为怅惘），心颇怅惘！

家中产业事务，因我们二家尚未分开，二嫂系我家中最长者，自可有完全管理之权。如三哥不听，亦可请本房长者理喻。弟亦定当觅一较长期间，回家清理一切也。

北平两小孩[2]，女名舜慕，今年二十岁（三月生辰）；男名念慈，今年十八岁（十月生辰）。本年夏天由北平到温州，现在金华。慈儿已进

---

1. 二嫂，即孙家栋夫人，杂文家何满子（孙承勋）的母亲。
2. 两小孩，即孙舜慕和孙念慈（原名孙承熊），孙问西与恽宝惠长女恽蔼所生。

金华高中，舜女拟投考英大[1]文理学院。慈儿目前校中功课很忙，圆谱时，恐不能令其回家。须待明年始可带其回家一次，拜见其祖母暨二嫂以及家中各长辈。兹附上其照片一张，希检收观看，并保存为幸！（日前曾以公事赴杭州，住数日，每天忙得了不得）

弟现在金华，离家不很远，很想请二嫂到金华来暂住。家中事，已多年烦劳神管理，心甚不安，但亦只可仍烦劳神管理，以待弟日后回家，再面商妥当办法。

匆复。敬请玉安。

弟问西手启

附慈儿照片一张。舜女因无现成照片，俟日后再寄。

1. 英大，即国立英士大学，创建于 1928 年，校址在浙江松阳和丽水两地。1942 年 5 月，学校迁到云和、泰顺，随后改校名为国立英士大学。1945 年 11 月，学校迁到永嘉，1946 年 3 月，学校移址金华。1949 年 8 月，英士大学停办，改由金华市军管会接管，原有院系并入浙江大学、复旦大学。孙问西后来在浙江大学校长办公室担任秘书一职。

1892 年孙蓉第撰写“祖有家无”十一言联

参考书目

《龙门孙氏智七公派支谱》4 册，孙秉寿 续修，余庆堂，民国二十八年（1939）。
《富春孙氏宗谱·龙门睿五公派卷》，孙德锋 编著，未出版，2015 年。
《美国现代史》，孙智舆 著，商务印书馆，民国二十二年（1933）。
《驻外使领各馆职员录》，外交部，民国十一年（1922），上海图书馆藏。
《外交部职员录》，外交部，民国十四年（1925），上海图书馆藏。
《外交部职员录》，外交部，民国十六年（1927），上海图书馆藏。
《国立北京大学历届同学录》，民国三十七年（1948），国立北京大学出版部，五十周年筹备委员会 编，国家图书馆藏。
《外交公报》，外交部 编，文海出版社，1987 年。
《政府公报》，中国第二历史档案馆 整理编辑，上海书店出版社，1988 年。
《京报（邸报）》，国家图书馆 编，全国图书馆文献缩微复制中心，2003 年。
《申报·影印本》，《申报》编写组 编，上海书店影印，1985 年。

《益世报（北京）》，刘航琛 编，全国图书馆文献缩微中心，1986 年。
《西方的中国影像（1793—1949）》，卞修跃 主编，黄山书社，2016 年。
《老照片 南京旧影》，叶兆言、卢海鸣、韩文宁 撰文；卢海鸣、王雪岩 编选，南京出版社，2012 年。
《皕年宗文》，石仲耀 编，上海科学普及出版社，2006 年。
《民国时期北京的欧美同学会（1913—1949）》，许睢宁 著，华文出版社，2014 年。
《北京大学图史：1898—2008》，北京大学档案馆校史馆 编著，北京大学出版社，2010 年。
《富阳龙门孙氏俊杰录》，中共富阳市纪律检查委员会、富阳市监察局、富阳市文学艺术界联合会等 编，未出版，2007 年。
《浙江省富阳市龙门镇中心小学校史（1913—2013）》，浙江省富阳市龙门镇中心小学校史编撰组，未出版，2013 年。
《细说龙门》，孙奎郎 著，杭州出版社，2014 年。
《北洋大学—天津大学校史资料选编（一）》，北洋大学—天津大学

校史编辑室 编，天津大学出版社，1991 年。

《南社人物吟评》，邵盈午 著，团结出版社，2022 年。

《民国文官考试制度研究（1912—1949）》，秦昊扬 主编，国家行政学院出版社，2009 年。

《中华民国外交史资料选编（1919—1931）》，程道德、郑月明等 编，北京大学出版社，1985 年。

富春龙门孙氏嫡派世系之图（局部）

第三十二世
第三十三世
第三十四世
第三十五世
第三十六世

孙秉元（曾祖）

孙寿彭（祖父）

孙容第（父亲）

孙家模
承鲁
承鳌

孙家栋
承煦
承焘
承勋

孙家杰

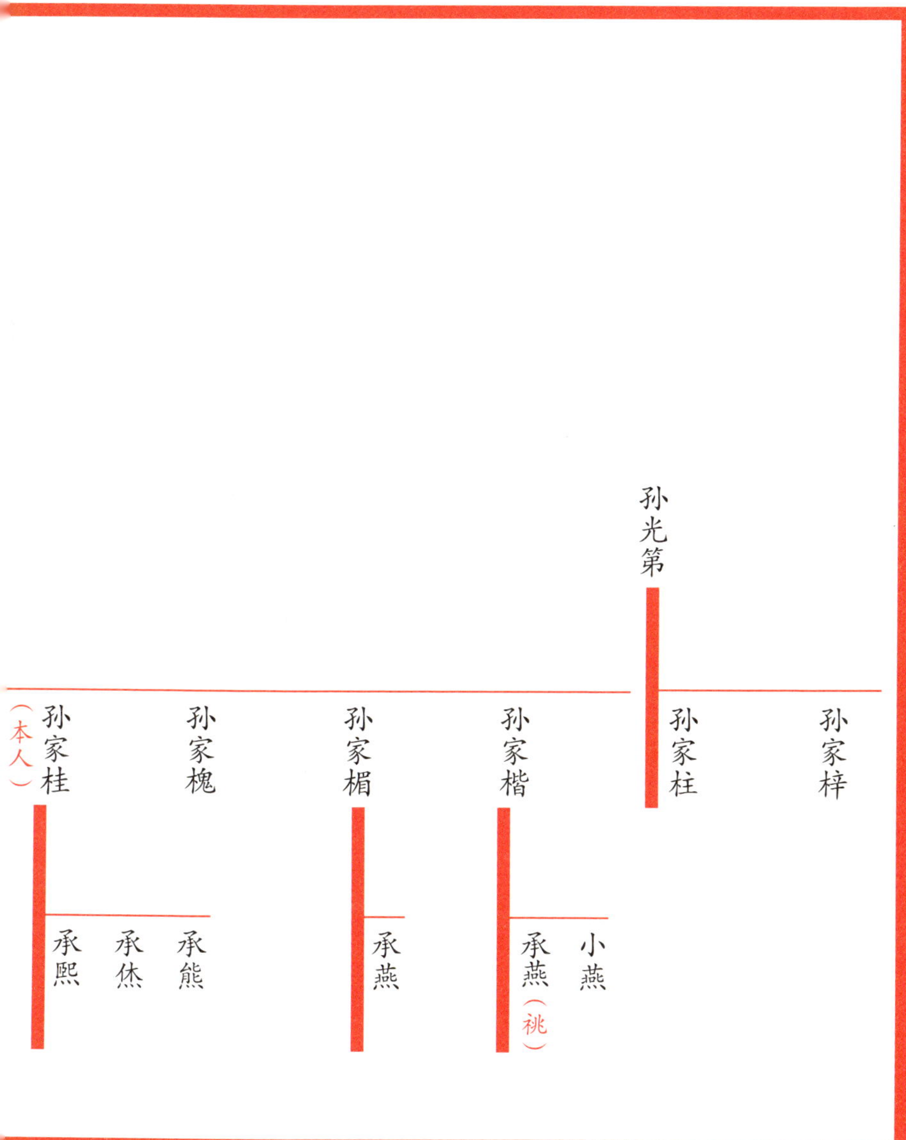
孙光第
孙家梓
孙家柱
孙家楷
孙家楣
孙家槐
孙家桂
（本人）
小燕
承燕
（祧）
承燕
承能
承休
承熙

图书在版编目（CIP）数据

问西家书 / 胡镇整理. -- 杭州 : 浙江教育出版社, 2025. 4. -- ISBN 978-7-5722-9624-6

Ⅰ. K825.46

中国国家版本馆 CIP 数据核字第 2025509T7Y 号

问西家书

WENXI JIASHU

胡　镇　整理

责任编辑　洪　滔　　**美术编辑**　韩　波
责任校对　苏心怡　　**责任印务**　陆　江
装帧设计
插画绘制　融象工作室_顾页
特约审读　陈根民　　**藏书票设计**　陈悠然
出版发行　浙江教育出版社
（杭州市环城北路 177 号　电话：0571-88909724）
图文制作　杭州林智广告有限公司
印刷装订　浙江新华数码印务有限公司
开　　本　880 mm×1230 mm　1/32
印　　张　14
字　　数　403 000
插　　页　8
版　　次　2025 年 4 月第 1 版
印　　次　2025 年 4 月第 1 次印刷
标准书号　ISBN 978-7-5722-9624-6
定　　价　98.00 元

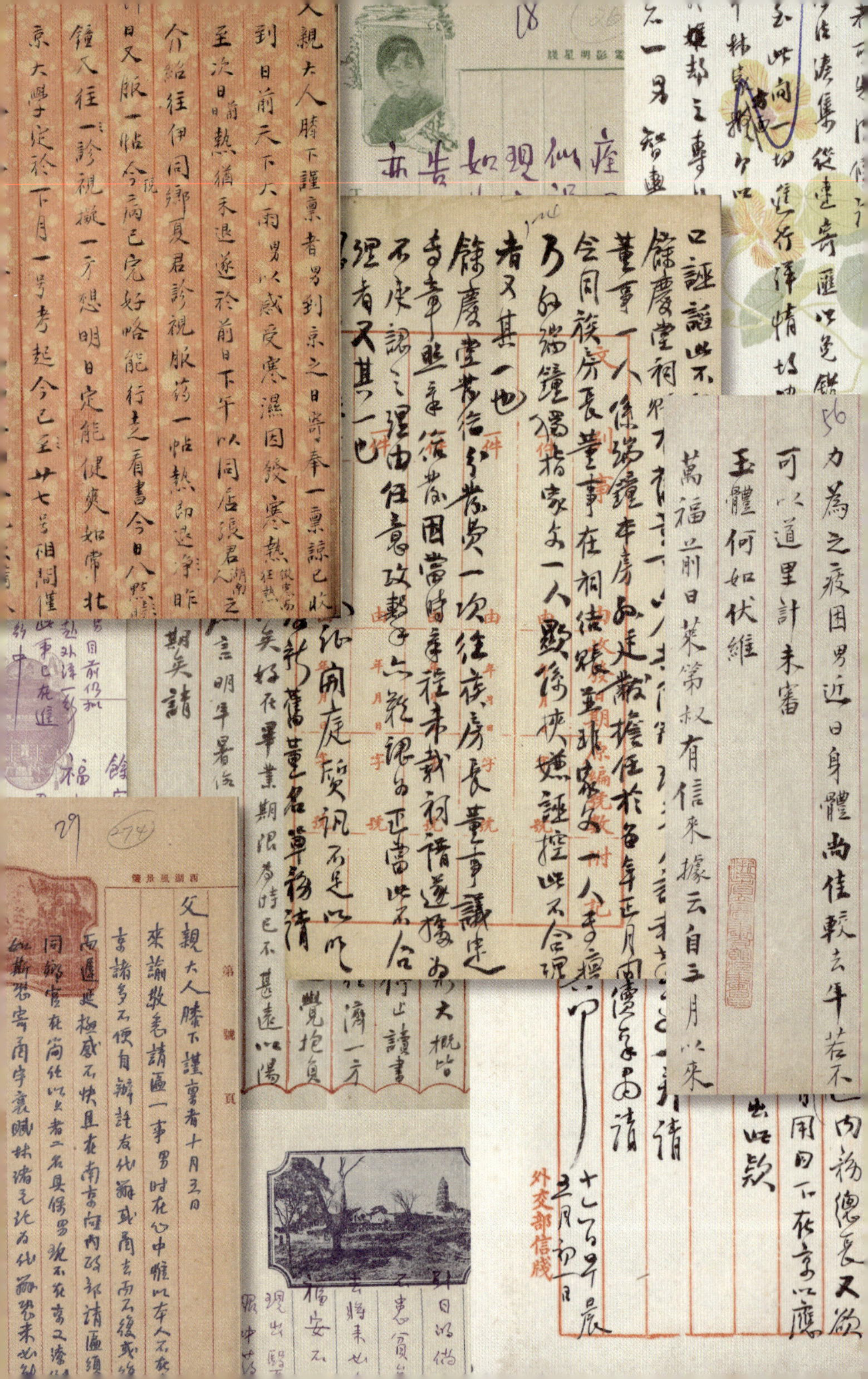

父親大人膝下謹稟者男到京之日寄奉一稟諒已收
到日前天下大雨男以感受寒濕因發寒熱
至次日前熱猶未退遂於前日下午以同居張君之
介紹往伊同鄉夏君診視服藥一帖熱即退淨昨
日又服一帖今病已完好略能行走看書今日八點
鐘又往一診視擬一方想明日定能健爽如常北
京大學定於下月一号考起今已至廿七号相隔僅
18
口誣諂此不
餘慶堂祠
董事一人係端鐘本房
乃向端鐘獨指家丁一人
者又其一也
餘慶堂
理者又其一也
56
力為之疫因男近日身體尚佳較去年若不
可以道里計未審
玉體何如伏維
萬福前日莱第叔有信來據云自三月以來
29
西湖風景箋
父親大人膝下謹稟者十月三日
來諭敬悉請匾一事
第 號 頁
外交部信箋
十七日早晨